SNS시대
지역신문
기자로
살아남기

SNS시대 지역신문기자로 살아남기

초판 1쇄 발행 2012년 12월 14일

지은이 김주완
펴낸이 강수걸
펴낸곳 산지니
편집 양아름 권경옥 손수경 윤은미
디자인 권문경
등록 2005년 2월 7일 제14-49호
주소 부산광역시 연제구 거제1동 1498-2 위너스빌딩 203호
전화 051-504-7070 | 팩스 051-507-7543
홈페이지 www.sanzinibook.com
전자우편 sanzini@sanzinibook.com
블로그 http://sanzinibook.tistory.com

ISBN 978-89-6545-206-5 03070

* 책값은 뒤표지에 있습니다.
* 파본은 구입하신 서점에서 바꾸어 드립니다.
* 이 도서의 국립중앙도서관 출판시도서목록(CIP)은
e-CIP 홈페이지(http://www.nl.go.kr/cip.php)에서 이용하실 수 있습니다.
(CIP 제어번호 : CIP 2012005728)

SNS시대 지역신문 기자로 살아남기

김주완

산지니

여는 말

2007년 『대한민국 지역신문 기자로 살아가기』(커뮤니케이션북스)라는 책을 낸 적이 있다. 그땐 자치행정부장이었고, 지금은 편집국장이다. 사실 5년 전에는 마음대로 내 주장을 펼쳐도 책임질 일이 별로 없었다. 그저 기자로서 살아온 내 삶과 책 속의 말이 일치하기만 하면 되는 일이었다. 2010년 7월 《경남도민일보》 편집국장을 맡으면서 그 책에 썼던 내 글을 다시 읽어보았다. '지역신문을 위한 십계명' 이라는 타이틀 아래 이런 주장이 실려 있었다.

- 관행과 관념을 벗어라.
- 지역신문에서만 볼 수 있는 뉴스를 만들어라.
- 냄비근성과 떼거리 저널리즘에서 배워라.
- 끝장을 보는 기사를 써라.
- 비판할 땐 확실히, 그러나 스타도 키워라.
- 반론을 무제한으로 수용하라.
- 공공저널리즘을 도입하라.
- 신문사에 '민원실' 을 만들어라.
- 외부 전문가를 기자로, 기자를 전문가로 키워라.
- 인터넷 공짜뉴스를 과감히 없애라.

책에는 이런 말도 있었다.

"나는《경남도민일보》가 하는 데까지 해본 후, 도저히 희망이 없으면 장렬한 전사를 택해야 한다고 생각한다. 창간정신과 정체성, 그리고 언론으로서 기본적인 윤리를 포기하면서까지 우리 사원들의 밥그릇을 위해 존립할 필요는 없다는 것이다. 그런 상황에서 억지로 신문사를 유지하는 건 사회적인 해악이다."

어쩌면 상당히 위험하고 건방진 말이다. 하지만 이제 내가 편집국장 겸 이사를 맡은 이상 이에 대한 답을 내놓아야 할 처지가 되었다.

2년 6개월이 지난 지금 중간결산을 하자면 '희망이 있다'는 것이다. 구주모 대표이사와 내가 경영을 맡은 이듬해, 회사는 만성 적자를 벗어나 3억 원 넘게 흑자를 냈다. 그것도 과거에 발생한 미지급 상여금과 부채를 하나하나 해결해나가면서 얻은 성과였다. 게다가 2012년엔 임금 인상(기본급 8.1%)도 이뤄냈다. 물론 이런 성과의 99.9%는 대표이사의 지도력과 전 구성원이 합심한 결과다. 나는 그 과정에 작은 힘을 보탰을 뿐이다.

물론 이 정도로《경남도민일보》가 지역신문의 성공 모델을 만들었다고 하기엔 턱없이 모자란다. 다만 아직 '장렬한 전사'를 고민하기에는 이르다는 이야기 정도는 할 수 있겠다.

구주모 대표이사는 2012년 3월 주주총회에서 연임되었고, 나 역시 6월 편집국장 임명동의 투표에서 재신임을 받았다. 또 대외적으로는 지역신문발전위원회 주최 지역신문 컨퍼런스에서 발표한 우리의 사례가 2년 연속 대상과 은상을 수상했다. 2011년 'SNS를 활용한 스토리텔링 사업', 2012년 '지역인물 스토리텔링'이 그것이다. 그보다 앞서 2008년 지역신문 컨퍼런스에서는 '블로거 지역공동체 구축'으로 우수상을 받은 바 있다. 세 가지 사례 모두 내가 발표했는데, 하나하나 다 연관성과 연속성이 있는 내용이다. 이를테면 블로거 지역공동체를 구축함으로써 SNS를 활용한 스토리텔링 사업이 가능했고, 이 경험을 확장 · 발전시킴으로써 인물 스토리텔링도 가능했던 것이다.

아직은 가야 할 길이 더 많은 작은 성공사례에 불과했지만, 한국언론진흥재단과 전국의 지역신문들로부터 강의 요청이 줄을 이었다. 그러나 평일의 강의 요청은 정중히 사절할 수밖에 없었다. 나에겐 《경남도민일보》의 현업이 더 중요하기 때문이다. 그것이 내가 이 책을 써야겠다고 용기를 낸 이유 중 하나이다. 책 한 권이면 두세 시간 강의보다 훨씬 더 많은 걸 담을 수 있으니 말이다.

이 책은 또한 5년 전 『대한민국 지역신문 기자로 살아가기』가 제기한 문제에 대한 자문자답형 결과보고서이기도 하다. 그 책에서는 주로 지역신문의 잘못된 실태와 관행을 드러내고 고쳐야 할 과제를 제기했다면, 이 책은 그런 문제를 고치고 극복해나가는 과정과 새로운 실험의 성과를 공유하자는 것이다. 물론 최종 결과는 아니고, 일종의 중간보고서에 불과하다.

1장은 내가 편집국장을 맡은 후 우리 기자들과 공유하기로 한 원칙과 다짐을 담았다. 기존의 취재관행을 극복하기 위한 출입처 개념의 재정립, 소셜미디어 의무 방어 및 기사 세일즈, 실시간 기사 출고, 윤리 가이드라인 설정, 그리고 편집국장의 반성문 등이다.

2장은 기자윤리를 지키면서 편집국도 돈을 벌 수 있다는 가설을 실험하는 과정을 담았다. 이른바 공공저널리즘과 수익사업을 접목시키는, 나름 야심찬 프로젝트다.

3장은 지역신문만이 할 수 있는, 지역신문에서만 볼 수 있는 킬러 콘텐츠를 찾는 작업이다. 그게 바로 지역인물 스토리텔링이었다. 보도 사례와 독자의 반응, 인물 중심의 월간지 창간에 이르는 과정을 담았다.

4장은 우리가 2008년부터 해온 '블로거 지역공동체 구축' 에 관한 내용이다. 처음엔 블로그 하나로 시작했지만, 지금은 지역신문 SNS 영향력 최강이 되기까지의 과정을 담고 있다. 이 또한 수익사업으로 연결된다.

마지막 부록에서는 내가 후배기자들을 교육시킬 때 늘상 하는 말들을 담았다. 혹 동종업계나 기자를 지망하는 젊은 친구들이 참고할 만한 이야기가 있으면 좋겠다.

참! 그리고 이 책에 나오는 이야기는 신문사 편집국의 실험에 한정된 것임을 미리 일러둔다. 편집국을 넘어선 경영 분야에 대해선 이야기할 깜냥이 안 된다.

차례

제3장 지역신문의 **킬러콘텐츠**를 찾아서

제4장 **블로그** 지역공동체 구축

제1장 편집국장의 반성문

나는 진보든 보수든 정치 · 사회적인 성향을 막론하고 문제가 있으면 과감히 드러내고 비판해야 한다는 입장이다. 특히 '진보'를 내세우는 사람이나 단체가 진보답지 않은 짓을 했을 땐 더 많은 비판을 받아야 한다고 생각한다. 마찬가지로 '보수'를 앞세우는 사람들이 보수의 가치를 저버린 채 자기의 이득만을 챙기는 모습 역시 비판받을 일이다.

출입처와 취재영역은 '권리구역'이 아니다

2010년 6월 23일 편집국장 임명동의 투표가 가결되었다. 7월 1일자 공식 임기가 시작되는 날 편집국 인사를 단행했다. 전체 55명 중 27명이 승진 또는 전보 발령을 받았으니 제법 대규모였다. 그날 나는 이런 당부 글을 사내 인트라넷에 올렸다.

각 부서별, 기자별 취재영역과 출입처가 결정되었습니다. 그러나 분명히 말씀 드리지만, 출입처나 업무영역은 그야말로 '의무방어구역'일 뿐이지 '배타적 권리구역'은 절대 아닙니다. 다른 기자가 침범해선 안 되는 불가침 구역이 아니라는 것입니다. 누구나 영역과 출입처는 물론 부서를 넘나들며 취재하고 기사를 쓸 수 있습니다. 다만, 꼭 써야 할 기사를 놓쳐 명백한 낙종을 했을 시에 책임지는 구역일 뿐입니다.

따라서 우리 기자들은 출입처나 영역에 관계없이 누구나 좋은 아이템이 있으면 취재할 수 있습니다. 편집부 기자라도 기삿감을 현장에서 목격했다면 곧바로 사진을 찍고 기사를 송고해야 합니다. 그래야 신문이 살아납니다. 주말 휴일에 자기 동네에서 재미있는 행사가 열려 그걸 구경했는데, 기사로 써서 실을 만하다 싶다면 소속 부서에 관계없이 출고해주십시오. 그게 바로 지역밀착보도입니다.

한 출입처나 지역에 오래 있다 보면 써야 할 기사라도 안면이 받혀서 못 쓰는 경우가 있습니다. 그럴 땐 즉각 부장이나 국장에게 말씀해주십시오. 그렇게 하여 취재영역을 넘나드는 취재가 활발해져야 물이 고여 썩지 않습니다.

앞으로 국장석 이승환 기자와 뉴미디어사업부 이혜영 기자를 통해 영역을 무제한으로 넘나드는 취재를 시키도록 하겠습니다. 자치행정부의 서브데스크를 맡은 이원정 차장도 모든 출입처를 아우르는 폭넓은 취재를 해주십시오.

취재영역과 출입처를 참고하시되, 영역 침범이 활발하게 이뤄지는 도민일보의 취재시스템을 만들어주십시오.

이날 인사에서 특이했던 것은 '국장석'을 신설해 기자 1명을 배치했다는 것이다. 그에겐 기동취재와 공공저널리즘 수행, 각종 사업과 행사 기획 등 업무를 하게 되며, 이슈가 있을 땐 타부서 담당기자와 임시취재팀을 이루어 취재에 투입된다고 공지했다. 또한 뉴미디어사업부 이혜영 기자는 인터넷 뉴스 편집 시간 외에는 영역과 상관없이 온라인 뉴스 취재에 투입됨을 알렸다.

출입처 중심의 취재시스템이 문제가 있다는 것은 오래전부터 해온 생각이었다. 2010년 당시 온 나라를 뒤흔들고 있던 '총리실 민간인 불법 사찰'과 '검사 스폰서 비리' 등 〈PD수첩〉의 특종만 해도 그렇다. 청와대와 총리실, 정부부처는 물론 각급 법원과 검찰, 일선 경찰서까지 촘촘하게 '출입기자'를 두고 있는 신문사들은 왜 이런 사실을 제대로 밝히지 못했을까? 게다가 두 사건 모두 〈PD수첩〉만 독점적으로 제보를 받은 사안도 아니었다. 민간인 사찰 건은 6월 21일 국회에서 폭로된 후 〈PD수첩〉이 상세히 파헤치기까지 9일이라는 여유가 있었다. 검사 스폰서 건 역시 〈PD수첩〉이 취재에 들어가기 전부터 이미 수차례 진정이 있었고 웬만한 신문사는 비리 검사 리스트까지 입수해 갖고 있었다고 한다.

나는 신문기자들의 이러한 무력증이 배타적인 출입처별 취재시스템에서 기인한 바 크다고 본다. 아는 사람은 다 알고 있겠지만, 기자와 출입처의 관계는 '공존공생' 을 기반으로 한다. 이런저런 부탁도 해야 하고 신세도 질 수밖에 없다. 각종 편의 제공은 기본이고, 접대나 촌지도 완전히 사라졌다고는 할 수 없다. 그러다 보면 '검사와 스폰서' 까진 아니겠지만, 해당 기관의 공보실은 넓은 의미의 '기자 스폰서' 가 될 수밖에 없다. 아니, 어쩌면 액수나 빈도의 차이는 있을지언정 '검사 스폰서' 와 별반 다를 바 없는지도 모르겠다.

매일 기자실로 '출근' 해 공무원들만 상대하다 보니 생각도 점점 그들과 닮아간다. 기사에 대한 피드백도 주로 공무원에게 받는다. 그러는 사이 자신도 모르게 일반 시민의 관심보다는 공무원들이 관심 있어 하는 기사가 더 가치 있다고 착각하게 된다.

그래서 필경 〈PD수첩〉보다 먼저 검사 스폰서 건을 접한 법조 출입기자는 '별로 기삿거리가 안 된다' 고 생각했을 가능성이 높다. 검사들과 폭탄주깨나 마셔본 기자들은 오히려 제보자를 '치사한 사람' 으로 취급했을지도 모른다. 총리실 건도 마찬가지다. 대통령이 나서서 '철저한 진상조사와 엄중 문책' 을 지시하기 전까진 이 사건의 진정한 가치를 제대로 판단한 신문이 없었다. 이 또한 기존의 출입처

시스템을 극복하지 못한 요인이 크다.

그러면 출입처 외에 다른 대안은 없는 것일까? 사실 나도 편집국장직을 맡고 나서 이 부분을 고민했다. 하지만 다른 매체들이 모두 주요 기관에 출입기자를 두고 있는 이상, 우리만 그 시스템을 해체한다는 것은 위험부담이 컸다. 결국 출입기자는 두되 '배타성'을 완화시키는 쪽으로 절충했다.

사실 출입처별 취재시스템은 그 자체의 폐해보다 그것을 '배타적 권리구역'으로 생각하는 기자들의 굳어진 인식이 더 큰 문제일 수도 있다. 마치 자신이 맡은 출입처는 같은 회사의 다른 동료기자가 침범해서는 안 되는, 존중받아야 할 영역으로 여기는 것이다. 편집국장이나 데스크들도 그런 분위기를 암묵적으로 인정해왔다. 그러다 보니 이른바 출입기자단의 '당고(담합의 일본말)'라든지 엠바고 남발로 인한 문제가 있어도 관대한 태도를 보여온 것이다.

그래서 우선 시민사회부를 시범 부서로 선정하여 기존 출입처가 아닌 다른 분야로 취재분야를 나눠주었다. 기자 개인의 관심사와 전문성에 따라 생태 · 환경, 의료 및 의료행정, 노동 · 시민사회단체, 교통 · 대학 · 복지, 법률 · 여성 · 이주민 등 분야별로 영역을 맡겼다. 그리고 그 취재분야에 따라 타부서 관할인 경남도청이든, 창원시청이든 출입처에 상관없이 자유롭게 취재하도록 했다.

또한 아예 아무런 출입처 없이 별동대처럼 영역을 넘나들며 취재할 기자 2명을 확보했다. 1명은 국장 직속, 1명은 온라인 뉴스 전담을 맡도록 했다. 물론 인터넷판에 먼저 쓴 기사라도 필요할 경우 지면에 활용할 계획이었다. 그들을 통해 우리 신문이 지향하는 '동네밀착뉴스'를 개발하고, 문제해결 과정까지 시민들과 함께하는 '공공저널리즘' 을 실천해볼 계획이다. 거듭 말하지만 출입처는 '의무방어구역' 일 뿐이다. '권리구역' 이라는 개념이 해체되어야 신문이 산다.

편집국장 업무지시: 소셜미디어 의무 방어

《경남도민일보》는 내가 기획취재부장으로 있던 2008년 7월부터 당시 1인 미디어로 떠오른 블로그 사업을 시작해 2010년 즈음에는 100여 명의 파워블로거 네트워크를 구축했다. 이로써 신문사는 SNS(소셜네트워크서비스) 분야의 최강자로 자리매김하고 있었지만, 정작 편집국 기자들 중 블로그나 트위터, 페이스북을 하는 이는 다섯 손가락에 꼽을 정도였다.

단순히 권장 또는 권유만으로는 안 되겠다 싶었다. '편집국장 업무지시' 라는 다소 강제성이 느껴지는 제목을 달고 이런 공지를 인트라넷에 올렸다.

> 굳이 트위터나 페이스북 등 소셜미디어를 하지 않아도 자기 업무와 아무런 관계가 없다는 분은 하지 않으셔도 됩니다. 마찬가지로 그딴 걸 하지 않아도 그것보다 월등하게 좋은 기사를 계속 생산할 수 있다거나 특종을 날릴 수 있다는 분 또한 하지 않으셔도 됩니다.
>
> 하지만 오늘 이 시간부터 트위터와 페이스북을 하지 않아 낙종 또는 우리 지면의 퀄리티에 중대한 타격을 주는 일이 발생했을 땐 엄중히 그 책임을 묻겠습니다. 당장 경남문화재단 사무처장으로

일하고 있는 김병태 전 편집국장도 트위터를 본격적으로 재개했습니다. 김태호 국무총리 후보자도 트위터를 통해 이미지 정치를 하고 있습니다. 정용진 신세계 부회장과 박용만 두산인프라코어 회장도 연일 트위터를 통해 기삿거리를 쏟아내고 있습니다.

최근 들어 거의 모든 매체가 김태호 총리후보의 트위터를 기사화하고 있음에도 우리 신문에는 단 한 줄도 언급이 없습니다.

김태호뿐 아니라 대부분의 거물 정치인들과 행정가들이 이미 트위터와 페이스북을 하고 있습니다. 김두관 도지사와 강기갑, 권영길 국회의원도 그렇습니다. 강병기 정무부지사도 그렇고, 조유행 하동군수, 정현태 남해군수도 트위터, 페이스북을 모두 하고 있습니다.

적어도 당장 자기가 마크해야 할 주요인사가 소셜미디어를 하고 있다면, 그 담당기자도 계정을 개설해놓고 팔로잉과 친구맺기를 통해 하루에 최소 한두 번씩은 체크를 해야 합니다. 마크해야 할 대상이 많을 경우 리스트 기능을 활용할 수 있습니다. 구체적인 방법은 뉴미디어사업부 정성인 차장에게 문의하십시오.

정치인과 행정가는 물론, 시민단체 인사, 노동계 인사, 문화계 인사, 경제인들 등 모든 분야를 망라하여 우리가 마크해야 할 많은 사람들이 소셜미디어로 몰려오고 있습니다. 소셜미디어도 이제 엄연히 하나의 '출입처'가 되었습니다.

일단, 트위터나 페이스북을 개설한 후 익숙해지면 두 번째 미션을 말씀드리겠습니다. 이건 궁극적으로 우리 신문이 살아남는 것과도 밀접하게 관련된 일입니다.

이 공지 이후 자치행정부와 시민사회부, 경제부 등 외근 취재부서 기자들 상당수가 트위터와 페이스북 계정을 개설했다. 페이스북엔 《경남도민일보》 페이지도 만들었다. 그러나 그 정도로는 성에 차지 않았다. 매체 환경의 급속한 변화를 기자들이 먼저 경험하지 못한다면 결국 뒤처지고 도태될 게 뻔했다.

몇 개월 후 아예 홈페이지 안에 있던 인트라넷 정보보고 게시판을 폐쇄해버렸다. 대신 페이스북에 비밀그룹을 개설해 거기서 일상적인 소통과 정보보고를 올리도록 했다. 그 후 《경남도민일보》는 편집국 내·외근 기자는 물론 전 임직원이 페이스북에 가입했다. 이제는 편집국 비밀그룹뿐 아니라 '경남도민일보 광고판매' 그룹, '언론노조 경남도민일보 지부' 그룹, '경남도민일보 독자모임' 그룹, '경남 맛집' 그룹 등으로 확대되고 있다.

기자들이 SNS에 어느 정도 익숙해진 후 다시 이런 미션을 부여했다.

> 지금 시대는 기자가 기사를 데스크에 출고하는 것으로 끝나는 시대가 아닙니다. 《오마이뉴스》 선대식 기자는 자기 지면에 쓴 기사에서 이렇게 말했습니다. "영향력이 큰 매체에 기대 독자를 기다리는 시대는 저물고 있다. 콘텐츠에 자신 있는 기자라면, '기사 세일즈맨' 이 될 수밖에 없다."
>
> 그의 말처럼 다음 날 인터넷에서 자기 기사를 다시 읽어보고, 추천도 누르고, 트위터와 페이스북에 보내 기사를 전파시켜야 합니다. 우리 인터넷사이트에도 개별 기사 아래에 소셜플러그인이 있습니다. 페이스북에 공유하기 버튼도 있고, 트위터에 보내기 버튼

도 있습니다. 그 버튼 한 번 클릭하면 됩니다. 그렇게 소셜네트워크에 자기 기사를 보낸 후, 독자들이 외면하는지, 흥미 있어 하는지, 어떤 멘션을 보내오는지 반응을 살펴야 합니다. 그게 바로 피드백입니다.

이렇게 하여 전 직원이 페이스북에서 시민 · 독자들과 활발히 소통하다 보니 자연스레 기사에 대한 피드백과 제보가 오가는 등 저변이 넓어지고 있다. 또한 '경남의 재발견' 등 기획취재의 경우, 미리 취재 대상 지역을 페이스북과 트위터에 올려 독자들로부터 그 지역에 대한 정보를 제공받고 있으며, 인터뷰해봄 직한 인물도 추천을 받고 있다.

또 하나의 문제는 종이신문 마감시스템에 익숙해 있다 보니 실시간 기사 출고가 안 된다는 것이었다.

이미 잘하고 있는 기자들도 있습니다.

기자회견과 집회, 공식브리핑이나 공개적인 행사 등의 기사는 특별한 사정이 없는 한 종이신문 마감시간과 관계없이 실시간으로 송고해주십시오. 인터넷에 바로 올리겠습니다.

우리의 특종이나 독종(獨種), 기획도 아닌 이런 뉴스는 연합뉴스와 뉴시스 등을 통해 이미 인터넷에 공개되어버리기 때문에 다음날 아침에는 구문이 됩니다. 따라서 공개된 팩트기사의 경우, 우리도 인터넷을 통해 실시간으로 게재할 예정입니다.

특히 오전 10시나 10시 30분에 있는 기자회견이나 브리핑은 점심 먹으러 가기 전에 송고해주십시오. 점심 먹고 돌아와 컴퓨터에 앉으면 인터넷에 올라 있도록 하겠습니다.

물론 이건 아직도 잘 안 되는 문제 중 하나다. 취재 일정이 연속으로 이어지는 경우, 중간에 기사를 작성할 시간이 부족할 때가 많기 때문이다.

취재원의 술, 밥 가이드라인은?

《경남도민일보》는 나름 엄격한 '사원윤리강령'과 '기자실천요강'을 제정해 시행하고 있다. 그중 금품 수수 금지 및 품위 유지 항목은 다음과 같다.

(1) 우리는 현금과 유가증권(상품권 포함) 등 어떤 명목의 금품수수도 거절한다. 금품이 자신도 모르는 사이에 전달되었을 때에는 되돌려 보낸다. 되돌려 보내기가 어려울 때에는 인사윤리위원회에 보고하고 그 판단에 따른다. 단, 1만 원 미만의 달력 · 필기구 · 열쇠고리 등과 같은 기념품이나 선물은 예외로 한다. 예외한도를 벗어나는 선물의 경우 되돌려주는 것을 원칙으로 하되, 여의치 않을 경우 기자회를 통해 사회복지시설에 기탁한다.
(2) 우리는 신문사의 지위를 이용하여 상품을 무료로 또는 할인해서 구입하는 등 상거래에서 부당한 이익을 얻거나 그 밖의 개인적 이득을 꾀하지 않는다.
(3) 취재원이나 활동대상으로부터 제공되는 각종 청탁, 골프 · 여행

등의 향응을 거부하며, 공식적인 취재목적 이외의 공연장 · 경기장 등의 무료입장을 거부한다. 단, 재난현장 취재 등을 위해 군 · 경, 정부기관의 교통수단을 이용해야 할 정도의 긴급을 요할 경우 동행 취재할 수 있다.

(4) 행정기관 · 기업 · 의회 · 정치인 등 취재 대상의 국내외 여행에 동행취재가 필요할 경우 그 취재 비용 일체는 회사의 부담으로 한다. 단 동행취재 심의위원회에서 공익성이 아주 높다고 평가받은 사안에 대해서는 예외를 인정한다. 사외에서 지원을 받아 동행취재 할 경우 별도로 정한 양식대로 지면과 인터넷 매체를 통해 사전에 공개한다. 심의위원회는 노사 동수 10인 안팎으로 구성하며 표결이 가부 동수로 나오면 부결로 본다. 심의위원회의 법적 지위는 단체협약에서 정한다.

(5) 지위를 이용해 취재원으로부터 주식 · 채권 등 유가증권을 일절 받지 않는다.

(6) 주택 · 자동차 구입 등 개인의 이익을 위해 소속 언론사의 이름과 신분을 이용해서는 안 된다.

(7) 취재 및 활동과정에서 알게 된 미공개정보를 이용해 개인, 친족, 친구의 투자, 재산증식 등 금전적 이익을 추구하지 않는다. 또한 취재 담당분야의 기업 주식에 대한 직접투자나, 지분참여 등 이해관계를 맺어서는 안 된다.

(8) 보도 및 논평에 필요한 서적이나 음반 및 테이프 등 자료를 받을 수 있다. 이 같은 자료는 회사의 소유로 한다.

(9) 동료기자에게 개인적인 민원해결 및 청탁을 하지 않는다.

(10) 본인과 그 가족, 친구들의 사업 · 금융활동이 기사작성이나 보도

에 영향을 미쳐서는 안 된다.

(11) 취재과정에서 취재원으로부터 비난받을 여지가 있는 저급한 언행을 삼간다.

(12) 출입처의 기자단에 가입하지 않으며, 기자실을 이용하더라도 이 공간이 취재활동의 편의 이외의 집단 또는 개인이 이익을 취할 목적으로 운영되지 않도록 한다.

(13) 취재 이외의 목적으로 출입처에서 편집국 간부나 출입기자들을 대상으로 개최하는 각종 수련회나 통상적인 범위를 벗어나는 회식 등 행사에 참석하지 않는다.

(14) 소속회사의 출판물 강매 및 광고 강요 행위를 하지 않으며, 이를 취재보도와 연계하지 않는다.

(15) 우리는 취재 이외의 목적으로 정보나 자료를 수집하지도 제공하지도 않는다. 또 회사의 운영이나 신문 제작상의 기밀을 누설하지 않는다.

(16) 취재 이외의 사적인 목적으로 행정기관과 기업 등과 접촉할 땐 기자의 신분을 밝히지도 이용하지도 않는다.

이들 항목은 당연히 잘 지켜지고 있다. 혹시라도 촌지 등 금품수수 사실이 드러날 경우 해고 또는 권고사직에 이르는 중징계를 받게 된다. 실제 그런 사례도 있었다. 하지만 징계에 앞서 '도덕적으로 완벽한 언론사에 근무하고 있다는' 구성원들의 자존심에 심각한 상처를 입히는 행위라는 인식이 확립되어 있는 조직이라 자부한다.

문제는 취재원과 밥이나 술을 마실 때, 어디까지 향응으로 볼 것이냐가 늘 애매하고 찜찜한 구석으로 남아 있었다. 결국 편집국장이

유권해석을 내릴 수밖에 없었다. 그 유권해석은 이러했다.

출입처 취재원과의 밥과 술에 대한 가이드라인입니다. 이른바 '기자실천요강'의 '금품수수 금지 및 품위 유지' 분야 13항에 대한 편집국장의 유권해석인 셈입니다. 13항은 이렇게 되어 있습니다.

"취재 이외의 목적으로 출입처에서 편집국 간부나 출입기자들을 대상으로 개최하는 각종 수련회나 통상적인 범위를 벗어나는 회식 등 행사에 참석하지 않는다."

첫째, 이 조항에 따르면 출입처 주관으로 기자들을 단체로 모아 1박 이상 시외로 놀러가는 것은 안 됩니다. 과거 경남도청에서 출입기자들을 데리고 남해로 1박 2일 놀러간 게 문제가 된 적도 있습니다. 요즘도 그런 게 있다면 빠지는 게 좋습니다.

단, 이런 경우에도 아주 특수한 예외는 있을 수 있습니다. 부서장을 통해 편집국장에게 미리 보고하고, 허락을 얻은 경우에는 예외가 인정됩니다.

둘째, '통상적인 범위를 벗어나는 회식'을 어디까지로 보느냐 하는 게 애매합니다. 혹자는 자유토론방에 '5000원 이상의 식사는 안 된다'는 글을 올리기도 했지만, 우리 회사 사규나 실천요강 어디에도 그런 기준은 없습니다. 그래서 유권해석이 필요합니다.

제가 생각하는 가이드라인은 이렇습니다. 술과 밥에 대해서는 액수를 따지는 게 무의미합니다. 금액과 관계없이 얼마든지 참석해도 좋습니다. 일식집도 좋고 고깃집도 좋습니다. '카페'나 '바'에서 맥주나 양주를 마셔도 됩니다.

다만 '정보보고' 를 통해 서로 공유할 수 있는 자리여야 합니다. 우리 내부 동료나 상사에게도 보고할 수 없는 자리라면 '통상범위' 를 벗어나거나 부적절한 자리일 가능성이 큽니다. 그런 경우 외부의 다른 경로를 통해 구설수에 오르게 되면 문제가 될 수 있습니다.

그리고 어떤 경우든지 '접대부가 나오는 술집' 은 절대 안 됩니다. 접대부가 나오지 않더라도 '노래방' 까지는 가지 않는 게 불가근 불가원(不可近 不可遠) 원칙에 맞습니다. 그건 '업무의 연장' 이 아니라 '유흥' 이며, 취재원과 '부적절한 관계' 이기 때문입니다. 그런 경우는 없는 걸로 알고 있지만, '접대 골프' 도 당연히 안 됩니다.

출입처의 기관장이나 부기관장, 홍보책임자 등과 밥을 먹거나 술자리를 하는 경우가 가끔 있습니다. 편집국장도 종종 그런 일이 있습니다. 앞으로 저도 그런 일이 있으면 '정보보고' 를 올려 공유하도록 하겠습니다. 기자와 데스크들 역시 그렇게 해주십시오.

밥이나 술자리에서도 훌륭한 기삿거리가 나올 수 있습니다. 물론 모든 밥자리나 술자리에서 억지로 기사를 만들 필요까진 없습니다. 하지만 그럴 경우에라도 '정보보고' 는 필히 올려주십시오. 별 내용이 없어도 좋습니다. 그냥 누구와 밥을 먹었는데, 아무 내용도 없이 그냥 소맥만 서너 잔 먹고 이런저런 잡담만 하다가 헤어졌다는 내용도 좋습니다. 그것 자체도 정보입니다.

취재원과의 술자리 밥자리는 절대 '사적인 자리' 가 아닙니다. 기자이기 때문에 그런 자리가 있는 것이고, 취재원이기 때문에 밥도 사는 겁니다. 따라서 공적인 기자의 업무 중 하나입니다. 공적 업무에 대한 보고는 필수적인 의무사항입니다.

신문사에 들어오는 선물, 어떻게 처리할까

한 공공기관의 장으로 취임한 분으로부터 아래와 같은 질문을 받았다.(그분이 난처해 할 수도 있을 것 같아 일부는 익명으로 바꿨다.)

"내가 여기 와서 곤란한 점은 내부, 외부의 선물을 처리하는 문제입니다. 휴가 갔다 온 직원이 과자를 가져왔고, 해외 출장 갔다 온 직원이 ××박물관의 도록과 작은 물건을 가져왔고, △△국에서 멸치 한 박스(처에게 물어보니 3만 원이 안 된다고는 하지만)를 받았습니다. 외부적으로 ○○장이 자체적으로 만든 선물(보석함), 그리고 한 기업체에서 화장품 세트를 보내왔습니다. 이럴 경우 경남도민일보에서는 어떻게 처리하는지요. 우리는 외부 부조는 5만 원 이하(물론 기관 이름으로 하는 것), 선물도 아마도 어떤 액수 미만만 받도록 규정되어 있는 모양인데, 답변 주세요."

빙그레 웃음이 나왔다. 명색이 차관급 대우를 받는 고위공직자가 이런 사소한(?) 일로 고민하고 있다는 게 순진해 보였고, 한편으론 신선하기도 했다. 국무총리와 장관 후보자들의 인사청문회 과정에서 나온 온갖 부정과 비리, 그리고 외교통상부의 특혜 채용 파문을 보고 있노라면, 우리나라에 과연 제대로 도덕성을 갖춘 공직자가 있기나 할까 하는 의심이 들기도 한다. 하지만 이런 분도 있다. 최대한 성심

껏 답변을 써서 보내드렸다.

"저희 신문사는 1만 원 이하의 기념품류 외에는 받을 수 없도록 규정하고 있습니다. 그래서 돈이든 상품권이든 선물이든 아예 처음부터 받지 않거나 받은 후에라도 돌려주는 걸 원칙으로 하고 있고요. 불가피하게 받아 온 경우, 저희 기자회에 맡깁니다. 그러면 기자회 사무국장이 그런 선물들을 모아서 '아름다운 가게' 또는 사회복지시설에 기증하고, 영수증을 받아다 해당 기자에게 줍니다. 그 영수증은 기자가 보관하든, 원래 선물을 준 사람에게 전달해 주든 자유입니다.

인사이동 시기에 배달되어 오는 화분은 개인소유로 하지 않고, 전체 구성원이 공동으로 받은 것으로 간주합니다. 그렇게 액수를 직원 수로 나누면 1만 원 이하가 되죠. 따라서 개인 앞으로 배달되어 온 화분이라도 개인이 집에 갖고 가는 것은 금지되어 있습니다. 화분이 너무 많을 경우, 사원들을 상대로 경매를 한 후, 그 돈을 사회복지시설에 기탁합니다. 가끔 수박이나 떡, 빵, 음료수 등 먹을거리를 받았을 경우에도 전체 사원이 공동으로 받은 것으로 간주하여, 사무실에서 나눠 먹습니다.

명절 때는 어떻게 집 주소를 알았는지 택배를 통해 집에 선물을 보내오는 업체나 기관이 있는데요. 보낸 사람을 확인한 후, 즉석에서 택배 배달원에게 '수취거절'로 반송을 요구합니다. 실수로 가족이 받아버린 경우에는 다시 회사로 갖고 와서 역시 기자회에 처리를 맡깁니다.

편집국장을 맡고 보니, 기관 단체장이나 기업주를 만날 경우 넥타이나, 지갑, 벨트 같은 선물을 주는 분이 있더군요. 자기 회사의 로고가 박힌 선물도 있고, 그렇지 않은 것도 있더군요. 로고가 박힌 것은 '아름다운 가게' 에 기증하기도 뭣하여 제가 보관하고 있다가 특종을 하거나 좋은 기사를 쓴 기자, 특별한 취재로 고생을 한 기자들에게 '격려 선물' 로 줍니다. 중요한 것은 어떤 경우에도 집에 가져가지는 않는다는 겁니다.

이상이 지난 11년 동안 《경남도민일보》에서 형성된 선물이나 촌지 처리방식이었습니다. 참, 저희 사내에서 직원들끼리 선물을 주고 받는 경우는 거의 없습니다만, 가끔 외국 여행을 다녀오거나 하면 작은 선물을 사 오는 경우가 있습니다. 그런 경우엔 그냥 받습니다. 그러나 관직에서 그걸 어떻게 해야 할지는 잘 판단하기 어렵네요."

이렇듯 밥이나 술자리뿐 아니라 선물도 참 애매하다. 받아도 될 선물과 안 될 선물을 어떻게 구분할지 생각해보자. 내 기준은 이렇다.

"내가 기자나 편집국장이 아니어도 그가 내게 선물을 보낼까?"

선물은 주고받는 것이다. 내가 그를 위해 뭘 해줬거나 앞으로 해줄 일도 없는데 선물만 받아 챙기는 것은 후안무치한 일이다.

그래서 명절을 빌미 삼아 나와 일면식도 없는(있더라도 업무상 취재원과 기자의 관계에 불과한) 기업체 대표나 간부, 그리고 기관단체장들이 보낸 선물을 받으면 기분이 나쁘다. 나는 그들에게 그만한 선물을 보낼 마음도 없고 능력도 없다. 그런 나에게 일방적으로 보내는 선물이라면 결국 '기사로 보답하라' 는 무언의 압력이나 다름없다. 그딴 선물로 기자에게 어떤 영향을 행사하겠다는 의도 자체가 불쾌하고 모욕당한 느낌을 받는다.

우리가 그런 선물을 받지 않으려는 것은 물론 우리 사규와 기자실 천요강에 그렇게 되어 있기도 하지만, 그들에게 그런 채무의식을 갖지 않으려는 행위에 불과하다.

우리끼리 하는 말이지만, 대개 그런 선물이나 촌지를 주려는 기업이나 기관일수록 우리 신문에 광고를 하는 일도 드물거니와 신문구독에도 매우 인색하다. 액수가 큰 광고 대신 푼돈으로 때우겠다는 것이다. 따라서 조금 비약하자면, 촌지나 선물을 낼름 받아 챙기는 행위는 그 몇 배에 이를 수 있는 우리 회사의 광고나 구독자를 좀먹는 것이다. 내게 추석 선물을 보낸 사람이나 기관에 이렇게 말하고 싶다.

"이런 선물 대신 광고 하나, 그게 어렵다면 신문 한 부만 더 봐주시면 안 될까요?"

위에서 밝힌 기준처럼 '내가 기자나 편집국장이 아니어도 그가 내게 선물을 보낼까?' 라는 말은 공무원이나 교사, 또는 국회의원에게도 그대로 해당된다고 본다.

그래서 추석이나 설 명절을 앞두고 매번 《경남도민일보》는 인터넷에 이런 알림 글을 올리고 있다.

[알림]경남도민일보는 추석 선물을 사양합니다

민족 최대의 명절 중 하나인 추석이 다가오고 있습니다. 벌써 저에게도 선물을 보내겠다며 주소를 물어오시는 분들이 계십니다. 또한 편집국에도 이미 몇 개의 선물상자가 기자회장 뒷자리에 쌓여 있습니다.

하지만 저희 경남도민일보 임직원은 취재원으로부터 촌지는 물론 선물도 받지 않는 것을 원칙으로 하고 있습니다. (단 1만 원 미만의 기념품류는 제외) 만일 이 원칙을 위반하고 돈이나 상품권, 선물을 받았을 경우, 사규에 의해 중징계하도록 되어 있습니다.

'받지 않으면 그만이지, 꼭 이렇게 티를 내야 하느냐' 고 비아냥대는 분도 있을 것입니다. 그러나 이렇게 시시때때로 환기하고 강조하지 않으면 윤리와 도덕성 문제는 허물어지기 십상입니다. 작은 병균이라도 적기에 치료하지 않고 놔두면 중병이 되듯, 사소한 원칙이라도 한 번 어기기 시작하면 큰 원칙이 무너지는 것도 시간문제입니다.

그럼에도 불구하고 저나 우리 기자들에게 선물을 보내시면, 우리는 택배를 통해 다시 돌려드리는 번거로움을 감수하거나, 노조 및 기자회 사무국장을 통해 사회복지시설 또는 아름다운 가게에 기탁하는 수고를 겪게 됩니다. 따라서 아예 보내지 않는 게 저희들을 도와주는 일입니다.

불가피하게 받은 선물이나 유가증권에 대해서는 추석 명절이 지난 후, 저희들에게 보내온 선물 내역과 사회복지시설 기탁 결과로 다시 공지해 올리겠습니다. 감사합니다.

여기서 밝힌 대로 우리는 매년 명절이 지난 뒤 선물 처리 결과를 인터넷과 지면에 싣고 있다. 사실 편집국장을 맡고 나니 나한테도 예전보다 더 많은 명절 선물이 배달되어 왔다. 우선 나부터 이를 투명하게 공개하는 게 좋겠다 싶었다. 내 블로그에도 별도로 이런 글을 올렸다.

제가 받은 설 선물, 이렇게 처리했습니다

아시다시피 《경남도민일보》는 취재원이나 취재대상 기관 · 업체로부터 선물이나 촌지를 절대 받지 않습니다. 불가피하게 받았을 경우에는 반송하거나 사회복지시설에 기탁하고 있습니다.

올해에도 명절을 앞두고 혹여 이런 선물이 들어올까 봐 미리부터 인터넷을 통해 공지를 올려뒀지만, 그래도 아랑곳하지 않고 선물을 보내시는 분들이 있었습니다.

회사로 온 선물은 저희 기자회에 처리를 일임해버리면 되는데, 어떻게 제 집 주소를 알았는지 집으로 보내온 경우에는 참으로 귀찮아집니다. 특히나 저는 자가용 차가 없어 선물상자를 택시에 싣고 오는 게 너무 힘듭니다. 다행히 승용차가 있는 후배기자가 도와줘서 회사까지 옮길 수 있었습니다.

지난 1월 19일부터 오늘까지 제가 처리한 선물 목록입니다.

- 모 기관장이 보낸 생선 한 상자가 편집국으로 배달되어 왔습니다.
- 모 학교재단에서 보낸 새송이버섯 세 상자가 편집국으로 배달되어 왔습니다.
- 지역의 한 백화점에서 모 기관의 선물을 배달하려 한다며 주소 확인을 요청하는 전화가 왔습니다. 정중히 '수취거절' 로 처리해 달라고 했습니다.
- 청와대 이명박 대통령 내외로부터 농산물 선물세트가 왔습니다.
- 모 기업에서 양주와 와인세트를 보내왔습니다.
- 지역의 한 백화점에서 모 기업 대표의 선물을 보내려 한다며 또

주소 확인을 요청하는 전화가 왔습니다. 역시 '수취거절' 로 처리했습니다.

• 택배 기사가 제가 이사하기 전에 살던 아파트로 모 기업 대표의 선물을 배달하려다가 이사간 줄 알고 전화를 걸어왔습니다. '반송 처리' 를 해달라고 했습니다.

• 모 학교 관계자가 내용물을 알 수 없는 선물을 신문사로 보내왔습니다.

• 모 경제단체 대표가 올리브유 선물세트를 집으로 보내왔습니다.

• 모 금융기관장이 농수산물 세트를 집으로 보내왔습니다.

• 모 업체 대표가 배 한 상자를 신문사로 보내왔습니다.

• 모 기관장이 양주 한 병을 신문사로 보내왔습니다.

• 모 업체에서 술 세트를 신문사로 보내왔습니다.

• 그 외 취재원이라기도 애매하고 지인이라 하기도 애매한 분이 선물을 보내겠다며 전화를 걸어와 정중히 사양했습니다.

이상이 저에게 배달되어 왔거나 배달되려던 선물입니다. 배달 전 단계의 선물은 수취거절 또는 반송했고, 나머지는 예전에 하던 대로 기자회를 통해 '아름다운 가게' 에 기탁했습니다. 이해해주시기 바랍니다.

그리고 부탁드립니다. 저희에게 어떤 도움을 주시려거든, 명절 선물 대신 주위의 지인들께 지역신문 한 부만 구독을 권유해주시면 정말 고맙겠습니다.

내가 신문 1면에 반성문을 쓴 까닭

나는 신문을 진보와 보수로 편 가르는 데 별로 동의하지 않는다. 그저 올바르고 정의로운 신문이냐, 사이비 기회주의 신문이냐로 나눌 수 있을 뿐이다.

그럼에도 많은 사람들은 신문을 진보와 보수로 나누어 보려고 한다. 내가 재직하고 있는 《경남도민일보》에 대해서도 시민주 공모로 창간된 신문이고 다른 지역신문에 비해 기득권층에 대한 비판수위가 좀 높다는 이유로 '진보' 쪽으로 분류하는 사람들이 있다. 특히 경남은 오랫동안 한나라당의 아성이었고 보수적인 정서가 강한 곳이어서 그런지 경남에서 도지사나 시장 · 군수, 그리고 국회의원들에 대한 비판을 하면 그걸 '진보' 라고 생각하는 경향이 있다.

게다가 《경남도민일보》는 다른 신문에 비해 진보정당이나 노동계, 시민사회단체의 목소리도 상대적으로 비중 있게 다루다 보니 그렇게 보는 점도 있는 것 같다.

하지만 나는 진보든 보수든 정치 · 사회적인 성향을 막론하고 문제가 있으면 과감히 드러내고 비판해야 한다는 입장이다. 특히 '진보' 를 내세우는 사람이나 단체가 진보답지 않은 짓을 했을 땐 더 많은 비판을 받아야 한다고 생각한다. 마찬가지로 '보수' 를 앞세우는 사람들이 보수의 가치를 저버린 채 자기의 이득만을 챙기는 모습 역시 비판받을 일이다.

언론의 가치는 시시비비를 확실히 가리는 데 있다. 그리고 그 잣대는 공정해야 한다. 우리 《경남도민일보》 역시 같은 지역의 다른 언론에 비해서는 공정했다고 자부하고 있다. 행정권력과 정치권력, 자본권력에 대해서도 우리 지역의 어떤 언론보다 과감하게 감시하고 비판해왔다고 생각한다.

특히 2010년 6·2 지방선거 때는 잠시 《경남도민일보》를 떠나 바깥에서 지역언론의 선거보도를 지켜본 바 있다. 그땐 정말 '경남도민일보라도 없으면 우리 지역이 큰일 나겠구나' 하는 생각이 들 정도였다.

그럼에도 불구하고 《경남도민일보》가 지방권력에 대한 감시견으로 제 역할을 충실히 해왔냐고 묻는다면 자신 있게 '그렇다' 고 할 수만은 없다. 그것이 바로 김태호 국무총리 후보자 인사청문회에서 여실히 드러났던 것이다.

나는 또한 언론이 최소한 정직해야 한다고 생각한다. 《경남도민일보》 또한 '상대적으로' 는 잘해왔다는 식으로 면피하고 자위해왔다는 점을 부인할 수 없다. 이번 '반성문' 에서도 언급했듯이 청문회 과정에서 김태호의 각종 문제와 의혹이 드러날 때마다 "도지사 재임 시절, 경남도민일보는 뭘 했나" 하는 소리를 수없이 들었다. 당장 내 아내도 그런 말을 했다.

독자들은 다들 그렇게 생각하고 있는데, 신문이 시치미를 뗀 채 그냥 눙치고 넘어간다는 건 너무 뻔뻔스럽다고 생각했다. 그래서 데스크회의에서 의견을 묻고 사장에게 보고한 후, 1면에 반성문을 실었을 뿐이다. 아래 글이 그 반성문 전문이다.

권력 감시역할 제대로 하지 못했습니다

정말 부끄럽습니다. 낙마한 김태호 국무총리 후보가 두 번이나 경남도지사로 재임하던 동안 《경남도민일보》를 비롯한 지역언론은 그의 권력남용을 제대로 감시하지 못했습니다.

경남도청 직원을 가사도우미로 불러 쓰고, 관용차와 운전기사를 자신의 아내에게 제공한 사실도 그의 재임 중에 짚어내지 못했습니다. 도지사 시절 그의 재산이 갑자기 늘어난 사실을 알고 있었지만, 연봉과 생활비, 채무관계 등을 제대로 따져보지 못했습니다. '은행법 위반' 으로 밝혀진 선거자금 대출에 대해서는 규명해볼 생각조차 못했습니다.

박연차 전 회장으로부터 수만 달러의 정치자금을 받았다는 의혹에 대해서도 검찰의 무혐의 처분과 김 전 지사의 해명만 전달하는데 그쳤습니다. 이번 총리 후보 인사청문회 과정에서 새로운 의혹이 드러날 때마다 '저런 문제도 있었나?' 하고 놀라는 사람들을 보면서 지역신문 종사자로서 고개를 들 수 없었습니다. 그분들의 말은 '그동안 지역언론은 뭘 했나' 라는 힐난과 추궁이었습니다.

특히 '일면식도 없었다' 던 박연차 전 회장과 2006년 2월 나란히 찍은 사진이 한 지역신문에 실려 있다는 기사가 서울 언론에 보도되었을 때의 자괴감은 이루 말할 수 없었습니다.

정말 아쉽고 안타깝습니다. 한편으로는 경남이 낳고 키운 인물이 연일 난타당하는 모습을 보며 이른바 '중앙 무대' 의 '촌놈 신고식' 이 너무 가혹하다는 생각도 들었습니다. 그러나 의혹을 해소하기는커녕 증폭만 시킨 채 허망하게 무너지는 '경남의 아들' 을 속수무책으로 지켜볼 수밖에 없었습니다. 지역언론의 감시프로그램이 제대로 작동했었더라면 사전에 예방하거나 바로잡을 수 있는 일이었기 때문입니다.

그럼에도 우리는 '보수적인 지역 정서' 와 '기득권층의 저항' 을 핑계 삼아 변죽만 울리는 비판으로 면피하고 자위해왔습니다. 그 결과 의혹투성이 상태로 내보낸 '경남의 아들' 이 끝내 국민 여론의 높은 벽을 넘지 못했습니다. 사전에 지역언론이 제 역할을 했다면 적어도 경남도민까지 덤터기로 자존심에 상처를 입는 일은 방지할 수 있었을 것입니다.

뼈저리게 반성합니다. 이번 일을 계기로 지방권력에 대한 용맹스런 감시견으로 거듭나겠습니다. 촉망받는 인물, 권력이 큰 자리일수록 더 엄격한 잣대로 검증하겠습니다.

편집국장 김주완

그런데 이게 참 재밌는 건 이런 반성문이 '뉴스' 가 된다는 사실이다. 신문에 반성문을 실은 후, 〈PD저널〉과 《미디어오늘》, 《오마이뉴스》, 그리고 《헤럴드경제》 인터넷판에서도 뉴스가 됐다. 몇몇 블로그에서도 관련 포스트를 올렸다. 댓글도 꽤 달렸다. '미디어다음' 에 전송된 《오마이뉴스》의 기사에는 90건이 넘는 격려와 질책, 충고가 있었다. 사람들이 우리 신문을 어떻게 보고 있는지 파악하는 데 큰 도움이 됐다.

나에게 직접 전달되어 온 피드백도 많았다. 내 트위터와 페이스북에도 수많은 격려 멘션이 왔고, 문자메시지도 적잖게 받았다. 그동안 우리나라 신문들이 얼마나 인정과 반성에 인색했으면 이런 게 '뉴스' 가 되겠는가 싶다.

이 정도 피드백이 있는 반성문이라면 앞으로도 종종 써야겠다는 생각까지 들 정도다. 물론 반성할 일을 만들지 않는 게 먼저이겠지만.

제2장

지역밀착 공공저널리즘으로 돈을 번다

또 하나의 실험은 '동네이야기'와 '동네사람'이라는 코너다. 흔히 지역신문이 가야 할 길로 '지역밀착보도'를 이야기하지만, 예를 들어 어떤 기사가 지역밀착기사인지를 구체적으로 알려주는 언론학자는 없었다. 결국은 우리가 스스로 실험하고 개척하는 수밖에 없다.

팔아본 사람만이 팔릴 상품을 만들 수 있다

내가 편집국장을 맡고 난 뒤, 가장 큰 고민은 '편집국도 돈을 벌 수 있다' 는 공감대를 만드는 일이었다. 그러나 그때까지 우리 조직은 그런 분위기가 아니었다. '돈에 초연해야 할 기자가 영업에 나서는 것은 사이비 언론사에서나 하는 짓이다' 는 생각이 지배적이었다. 광고 영업에 대해서라면 맞는 말이다. 하지만 내가 쓴 기사, 내가 만든 신문을 구독해달라는 부탁조차 할 수 없다면, 그건 나의 노동에 대한 자부심이나 자신감이 없다는 반증이다.

앞서 인용한 《오마이뉴스》 선대식 기자의 말처럼 적어도 콘텐츠에 자신이 있는 기자라면 기사 세일즈맨이 되어야 하고, 상품을 팔아본 사람만이 팔릴 수 있는 상품을 만들 수 있다는 말처럼 소비자의 요구(needs)를 파악하기 위해서라도 기자가 직접 신문 구독을 권유해봐야 한다. 더 좋은 상품(신문)을 생산하기 위해 필요한 일이다.

《위키트리》 공훈의 대표가 《기자협회보》에 쓴 칼럼에도 이런 대목이 있었다.

> 미국 뉴욕에 있는 미디어연구기관 팔리센터(Paley Center for Media)에서 카네기재단이 주최한 '언론 교육 서밋' 이 열렸다. 뉴

욕시립대학 제프 자비스 교수가 사회를 맡았다. 그는 미국 언론학계에서 '언론 창업' 바람을 주도하고 있는 장본인. 그는 토론 패널에게 불쑥 이런 질문을 던졌다.

"좋은 기자는 세일즈맨이 돼야 한단 말입니까?"

질문이 끝나기 무섭게 대답은 바로 나왔다.

"물론이죠!"

이 주저없는 대답을 영어 그대로 옮기면 "Absolutely!" 다.

이날 토론의 다른 한 대목은 이렇다.

"(언론이 비즈니스를 추구하면) 기자가 타락하거나 추하다는 말을 듣지 않을까요?"

"그런 말은 5~7년 전에 벌써 사라졌습니다."

공훈의 대표와 선대식 기자의 글은 우리 기자들에게 훌륭한 교육자료가 됐다. 기자들에게 다소 우스꽝스럽게 이런 매뉴얼을 제안했다.

• 누구를 만나든, 취재가 끝나고 나서 헤어질 땐 반드시 "우리 신문 구독하고 계시나요?" 라고 물을 것!

• 그렇다고 하면 꾸벅 인사를 하면서 "아이고, 고맙습니다" 라고 인사할 것!

• 아니라고 하면 "에이, 한 부 보시죠" 라고 권해볼 것!

• 그래도 핑계를 대며 못 보겠다고 하면 두 말 않고 일어서면서 "알겠습니다" 라고 말한 후 헤어질 것!

구독 권유와 관련, 우선 편집국장부터 모범을 보일 필요가 있었다. 2011년 3월 21일 블로그에 이런 글을 올리고 트위터와 페이스북을 통해 공유했다.

경남도민일보를 구독해주십시오

여러 번 망설이다 염치없는 부탁말씀 올립니다. 블친과 트친, 얼숲 친구 여러분께 저희 신문 구독자가 되어달라는 부탁입니다.

아시는 분도 계시겠지만, 저희 경남도민일보(http://www.idomin.com)는 친(親) 기득권 신문 일색인 경남에서 '약한 자의 힘'을 표방하며 6200여 분의 시민들이 공동출자하여 창간한 신문입니다. 아직 부족하지만 상식이 통하는 사회를 만들어보고자 있는 힘을 다하고 있습니다.

창간한지 12년밖에 안된 신문이긴 하지만, 토호와 기회주의 보수세력이 주류를 차지하고 있는 경남에서 다른 목소리를 전하는 가장 영향력 있는 언론임을 자부하며 온 힘을 다해 신문을 만들고 있습니다.

월 구독료는 1만 원이며, 신문고시에 따라 2개월은 무료로 서비스합니다.

자전거 경품은 드리지 못하지만, 구독해주신 분이 지정하는 시민사회 또는 노동단체에 2만 원의 후원금을 기탁하도록 하겠습니다.

구독신청은 제 메일(kjw1732@gmail.com)로 해주셔도 좋고, 댓글로 신청해주셔도 좋습니다. 전화 주셔도 됩니다.

받아 보실 분 성함과 주소, 전화번호만 있으면 됩니다. 구독료를 자동이체 하고자 하시는 분은 주민등록번호와 거래은행, 예금주

명, 계좌번호가 추가로 필요합니다. 감사합니다.

결과는 놀라웠다. 눈물이 나도록 고마운 격려도 이어졌다. 트위터에서는 무려 150개가 넘는 리트윗(RT)과 격려성 멘션이 잇따랐다. 실제로 직접 구독신청을 해주신 분들도 줄을 이었다. 하루 만에 10명의 독자가 생겼다. 인천에 산다는 어떤 여성분은 전화를 걸어와 '신문은 구독하지 못하지만 일정 기간 단위로 후원금이나마 보내겠다'며 후원방법을 물어와 웹사이트의 자발적 후원페이지를 안내해주기도 했다.

이렇게 하여 구독해주신 분들의 이름으로 그분들이 지정한 시민사회단체나 노동단체 등 NGO에 2만 원씩을 기부했고, 그 내역을 블로그에 공개했다.

4월 11일까지 20일간 이어진 구독자는 총 68명이었다.

매일 아침 독자에게 전화를 걸다

한국신문협회가 2004년 북유럽 4개국(덴마크, 노르웨이, 핀란드, 스웨덴)을 직접 둘러보고 쓴 『지방신문 특화전략-북유럽 4개국 사례를 중심으로』(차재영 · 강미은 공저)라는 책에 이런 구절이 있었다.

"가수가 가창력이 있어야 하는 것이 당연하듯이 신문 역시 독자가 원하는 정보를 전하는 것은 당연하다. 그런데 이 당연한 명제가 신문산업에서는 뒤틀릴 경우가 있다. 신문을 독자에 대한 서비스로 보지 않고, 하나의 '권력' 으로 볼 때 이런 당연한 명제가 새롭게 느껴질 수밖에 없다."

여기서 말한 '독자가 원하는 정보' 란 뭘까? 앞서 출입처 중심 취재시스템의 문제점에서도 언급했듯이, 매일 기자실로 '출근' 해 공무원들만 상대하는 기자들은 기사에 대한 피드백도 주로 공무원으로부터 받는다. 그러는 사이 자신도 모르게 일반 시민의 관심보다는 공무원들이 관심 있어 하는 기사가 더 가치 있다고 착각하게 된다.

고민 끝에 다소 반대를 감수하며 이런 미션을 아침 당직자들에게 부여했다. 독자들이 어떤 기사를 원하는지 직접 독자에게 물어보기로 한 것이다.

'독자와 톡톡' 질문 매뉴얼

• 아침 당직자는 매일 의무적으로 독자 1명의 '독자와 톡톡' 인터뷰를 당직 마감시간(오전 10시)에 출고할 것

• 편집국에 비치된 독자명부를 이용해 전화 인터뷰 후 원고지 5매 기사로 작성해 논설여론부로 출고할 것

• 전화할 땐 정중히 취지를 설명하고 응해줄 것을 요청, 거부하거나 사양하면 좀 설득해보다가 다른 독자에게 전화하여 필히 한 명은 성공해야 함

• 익명을 원하는 독자의 경우, 익명으로 처리해도 무방함(예 : 창원 ㅇㅇ동의 독자 김모 씨)

• 기사 형식은 첨부한 이승환 기자의 기사와 《시사인》 '독자와의 수다' 를 참고하되, 응용 변형해도 무방함

1. 독자의 기본 신상(남녀, 나이, 직업 등)

2. 도민일보를 구독하게 된 계기 또는 이유

3. 최근 읽은 가장 인상 깊었던 또는 좋았던 기사

4. 아쉬운 점이나 앞으로 다뤄줬으면 좋을 기사

5. 그 외 상황에 따른 질문

경남도민일보

2010년 08월 18일
18면 (오피니언)

독자와 톡톡 진주시 강남동 박은영 씨

"가게를 운영해 경제기사에 눈이 가죠"

"참 좋은데 정말 좋은데 어떻게 표현할 방법이 없네"라는 건강식품 광고가 요즘 대박이란다.

느닷없이 신문사라며 전화를 걸어와 신문이 어떠냐고 물어온다면 독자는 당혹스러울 수밖에 없다. 좋긴 한데, 혹은 나쁘진 않은데 표현하기는 어려워한다.

진주시 강남동에서 찻집을 하는 박은영(여·43) 씨는 머뭇거렸다. 1999년 창간 때부터 봐 왔던 경남도민일보에 대해 평가를 해달라고 하자 "말하기 당황스럽다"고 했다.

13년째 찻집을 운영해온 그의 하루 일과는 아침 6시부터 시작해 밤 10시 30분에 마무리한다. 신문을 자세히 본다고 했다. "시간 날 때마다 조금씩 보는데 앞에서부터 끝까지 대부분 다 보죠."

칼럼도 좋아하고, 경제기사를 눈여겨 본다고 했다. 아무래도 장사하는 이에게는 경제가 민감하기 때문이다. 진주 소식에 먼저 눈에 들어오는 건 당연하다. 신문을 보면 사람들과 대화하는 데도 도움이 된다고 했다.

스포츠 기사도 좋아한단다. 축구를 좋아하는 데 좋아하는 선수를 묻자 "당연, 박지성"이라고 했다. 국가대표 감독을 맡은 진주 출신 조광래 감독에 대해선 "조광래 감독도 괜찮지만 히딩크에 푹 빠져 있어서…"라며 웃었다.

경기도 안 좋고 요즘 통 장사가 안 된다고 했다. 1회 용 커피도 잘 나오고, 자판기도 많으니 손님이 많이 줄었단다. 평일에는 손님이 열 손가락 내외. 다행히 예식장 인근이라 주말에는 손님들이 좀 있다고 했다.

장사가 시원찮아 신문을 끊을까도 생각했단다. 가슴이 덜컹했다. 사실 전화가 연결됐을 때부터 첫 마디가 "신문 안 볼라 했는데"였다. 창간 독자인데 계속 봐달라고 아양을 떨었다. 독자는 웃었다.

신문에 대한 바람을 묻자 탁 꼬집어 말하지는 않았지만 서민경제에 도움이 되는 기사를 부탁했다. "전통시장이나 없는 사람에게 도움되는 그런 기사 많이 부탁합니다." /표세호 기자 po32dong@idom

(11.7*15.0)cm

이렇게 하여 꼬박 1년 동안 여론면에 '독자와 톡톡' 기사가 실렸다. 1년 후 독자들의 칭찬과 주문을 분석해보았다.

● **칭찬**

지역 구석구석 이야기를 느낄 수 있어 좋다.

지역의 공연정보가 볼 만하다.

환경문제에 집중하는 태도 좋다.

목요일자 책 소개란 재미있다. 문화면 좋다.

'바튼소리' 의 비꼬는 문체 재미있다.

건설업계 간의 균형 잡힌 보도 좋다.

문화캘린더, 공연일정 한눈에 볼 수 있어 좋다.

독자기고란을 통해 다양한 분야 사람들 의견 들어 좋다.

민감한 사항 숨기지 않고 보도하는 자세 좋다.

신세계백화점 마산점 앞 할머니 기사 정감 있다.

선물이 반환되어 기자들의 청렴성에 감동했다.

찬밥 더운밥 안 가리고 쓰는 신문은 도민일보가 유일하다.

도정과 시정에서 사업 시의성이나 예산 문제 지적 좋다.

선거기간에 후보자 면면 비교, 분석하는 기사 좋다.

김태호 총리 후보자와 관련한 국장의 사과문 신선했다.

다른 신문은 모두 조선일보 아류인데 도민일보는 아니다.

지역 프랜차이즈 빵집과 토박이 빵집 비교기사 참 좋았다.

문화면에 끈 기사 좋다.

길에서 본 사람, 아는 사람이 신문에 나오니 신기하다.

경남 기네스 그 후 기사가 유익하다.

주말 나들이 할 때 가볼 만한 곳이나 축제 소개 유익하다.

독자 개인광고 참신하고 좋더라.

자유로운 광고에 나오는 내용이 재미있다.

진주 연지사 종에 관한 기사 쉽게 잘 읽히더라.

몰비춤 꼭지 풍부하고 자세해서 좋았다.

김태호 국무총리 후보자 검증 태도 칭찬한다.

도내 유명인사들의 음식 취향, 자주 가는 식당 재미있었다.

'책은 희망이다' 와 '동전' 코너 잘 읽힌다.

경제면에 퀴즈나 사진 콘테스트 코너 독자가 즐거워한다.

'바튼소리' 가 속시원하게 말해줘서 대리만족 느낀다.

직거래 장터 정보나 백화점 할인 행사 한다는 기사 좋다.

마창진 통합 시에 통합의 명암을 잘 보도했다.

문화면과 사람 기사 아는 사람 나와서 반가웠다.

갱상도 블로그 지역밀착이라는 점에서 좋게 보고 있다.

'동네사람' 기사가 아주 좋다.

'해봤더니' 기사 재미있고 좋다.

노동현장의 삶을 꾸준히 전해주어서 고맙다.

시장 상인들이 대형마트의 현안 지속 보도해줘서 고맙다.

김태호 낙마 시 사과문, 갱상도 블로그 등 항상 새로운 시도 좋다.

도민일보는 음지를 들여다보고 소외한 이웃에 관심을 두어서 좋다.

마산 산복도로 기사 잘 보았다.

● **제안**

도시 이외의 시골 풍경이나 사람들의 삶을 느끼는 기사 실어달라.

노인을 위한 기사 많이 실어달라.

기사에 전문가의 글을 직접 실어라.

지역의 소소한 이야기를 담아달라.

남부권 날씨 1면에 넣어달라.

지역발전 위한 의제발굴과 여론형성이 필요하다.

농민의 어려운 사정 보도해달라.

평범한 사람들 기사 많이 보고싶다.

토요일에도 신문 발행해달라.

독자가 참여할 수 있는 코너 만들어달라.

서민경제에 도움이 되는 기사를 부탁한다.

미담이나 감동스토리 많이 써달라.

사건보다는 문제점을 해결하는 기사 많았으면.

섹션 위주의 토요일자 신문 발행해달라.

중앙일보처럼 베를리너 판형으로 바꾸면 좋겠다.

가십기사 실어달라.

복지 관련 기사 실어달라.

캠페인과 같은 기획기사 꾸준히 다뤄서 모두 함께 고쳐보자.

문화면, 개인 예술가에 대한 깊이 있는 접근이 이루어졌으면 좋겠다.

청년 미취업자들을 위한 프로그램 개발해주면 좋겠다.

봉사활동 기사 '나날살이'에 싣지 말고 비중 늘려달라.

교통사고 잦은 곳, 도로 구조 문제 있는 곳 취재해달라.

신문에 사진 비율을 늘렸으면 좋겠다.

신문 지면을 서울지처럼 36면 정도로 늘려달라.

1면에는 독자들이 재미를 느낄 기사를 써달라.

사건기사에서 근본원인을 찾고 해결법도 제시하면 좋겠다.

부동산 추세 설명하는 도표와 그래프 활용을 늘려달라.

당선된 의원들 현재 활동사항 보도해달라.

일반 서민들이 쉽고 실용적으로 얻을 수 있는 경제 정보 실어달라.

민원인과 실무 담당자 간의 묻고 답하는 고정 코너 있었으면.

지역에 숨어 있는 스포츠 단체 발굴 보도해 달라.

청년실업의 현실을 이야기해야 한다.

복요리거리 등과 같은 먹자골목 소개해달라.

합성동 시외버스터미널과 지역민 애환 이야기 기사로 만들면 좋겠다.

이주노동자와 다문화에 대한 관심을 더 가져달라.

생활체육 시설 소개하는 기사 실어달라.

사각지대에서 열심히 예술에 전념하고 있는 젊은 예술인들 발굴해달라.

문화예술 담당 전문기자를 양성해달라.

복지관련 뉴스는 사건이 발생했을 때만 관심을 갖지 말고 정기적으로 보도해달라.

'나날살이' 지면 늘렸으면 좋겠다.

조선일보는 정치색을 떠나서 생활, 문화 부문 기사가 풍부하다. 도민일보도 이처럼 낚시와 등산, 레저에 관한 기사도 실어달라.

별지 형태의 문화섹션 발행하면 좋겠다.

주위에 산책하기 좋은 곳 등 일상에서 접할 수 있는 생활정보 풍부했으면 좋겠다.

청년이 없고 쌀이 남아도는 농촌 현실을 진단하는 기사를 써달라.

국제뉴스 실었으면 좋겠다.

무거운 뉴스보다는 비하인드 스토리 같은 것들 실어달라.

지면에 나오는 단신, 인터넷에는 해설을 덧붙여 기사를 풀어 써달라.
보수적인 사람들도 사로잡을 수 있는 기사도 실어야 한다.
질병이나 전염병 등을 알리는 기사 자세하고 정확하게 써달라.
육아에 유용한 기사가 많았으면 좋겠다.
괜찮은 입시학원이 어디 있는지 등의 학원 정보를 실어달라.
복지관 등에서 이뤄지는 서비스를 소개하는 기사 실어달라.
어려운 사람 돕는 훈훈한 이야기 자주 봤으면 좋겠다.
가볍고 재미있게 읽을거리 보충해줬으면 좋겠다.
지역의 고교진학 관련 정보 알 방법이 없다. 취재해달라.
재테크 정보 많이 실어달라.
지역에 산재해 있는 문화재나 전설, 민담, 신화를 스토리텔링화하여 소개한다면 좋겠다.
토요일자 신문 발행 고려해달라.
스포츠면 좀 더 강화해달라.
문화예술 관련 기사를 사회현상과 관련지어서 폭넓게 짚어주는 것이 필요하다.
지역경제관련 기사를 더 실어달라.
문화면에 주부들이 공감할 만한 TV비평, 영화소개 기사 실어달라.
독자에게 길잡이 될 수 있는 인문학 칼럼 실어달라.
독자대상 교육이나 메일링 서비스를 해보면 좋겠다.
컬러지면을 확대하면 좋겠다.
귀농에 관한 기사, 첨단농업에 관한 기사, 농촌여행에 필요한 체험 정보 실어달라.
문제점을 부각시켜서 독자가 생각하게 만드는 기사 또는 심층분석 기사

써달라.

사회 복지 관련 고정알림란 있었으면 좋겠다.

지역밀착형 생활정보 위주로 지면을 늘려줬으면 한다.

제보 주시면 편집국장이 저녁 사겠습니다

블로그를 통해 독자에게 말을 거는 시도도 해봤다. 독자에게 쓰는 편지 형식처럼 '제보주시면 편집국장이 저녁 사겠습니다' 라는 글을 실었다. 2010년 10월 26일의 일이었다. 내용은 아래와 같았다.

어제 《경남도민일보》 1면을 마창진 통합으로 가장 큰 피해를 보고 있는 옛 마산시청(현 마산합포구청) 인근 식당과 가게 상인들의 이야기로만 구성해봤습니다.

종합일간지가 1면을 통째로 할애해 하나의 주제로 구성하는 것은 다소 이례적입니다. 여기엔 약간의 의도가 있었습니다.

지난 10월 7 · 8일 이틀간 《경남도민일보》가 창원시 통합 100일을 기해 시민 1000명을 대상으로 여론조사를 한 바 있습니다. 이 조사에서 시민들은 통합창원시의 미래에 대해 높은 기대를 표시했습니다. '통합창원시의 미래에 대해 어떻게 생각하느냐' 는 질문에 '매우 기대한다' (14.9%), '기대한다' (49.9%)는 응답이 절반을 훌쩍 넘었습니다. '기대하지 않는다' (7.5%)거나 '전혀 기대하지 않는다' (1.6%)는 응답은 소수였죠.

비관적으로 보는 사람이 비록 소수이긴 했지만, 우리는 여론조사

후 통합으로 인해 가장 힘들어진 사람들을 찾아보기로 했습니다. 무릇 행정행위라는 게 모든 시민에게 다 좋으면 좋겠지만, 의도하지 않게 피해를 보는 사람도 있을 것이기 때문입니다. 그래서 취재해본 결과가 25일자 1면 기사들이었습니다.

물론 상대적으로 통합으로 덕 본 사람들도 있을 겁니다. 또 별 변화가 없는 사람들도 있을 겁니다. 하지만 '약한 자의 힘'을 표방하는 《경남도민일보》로서는 통합으로 인해 힘들어하고 있는 사람들의 아픔도 함께 공유해야 한다고 생각했습니다.

기사의 반응은 다양하게 나타났습니다. "미처 생각하지 못했는데 보도를 보고 사정을 알게 되었다"는 독자들도 있었지만, "통합하면 그렇게 될 줄 몰랐느냐", "자기가 피해 볼 줄도 모르고 ○○○당을 지지한 대가를 치르는 것"이라는 비아냥 섞인 반응도 있었습니다.

어려워진 그분들을 위해 당장 우리가 뭘 어떻게 해야 한다는 건 아닙니다. 그러나 함께 알고는 있어야 합니다. 그래야 그분들의 어려움을 보듬을 수 있는 방안도 생각해볼 여지가 생기는 것입니다.

그래서 독자 여러분께 제안 또는 부탁드립니다. 미처 저희들의 생각이나 취재력이 미치지 못해 드러나지 못한 또다른 '통합의 피해자들'은 누구일까요? 옛 마산시청 주변 상인들 말고도 통합으로 힘들어진 곳은 또 어느 지역일까요? 아래 댓글로 제보 주시면 됩니다. (공개댓글도 좋고 비공개댓글도 좋습니다.)

알려주시면 취재하겠습니다. 가장 좋은 정보를 알려주신 분께는 편집국장 김주완이 저녁과 소주를 한잔 쏘겠습니다.

이 글에 대한 반응은 대단했다. 트위터 DM(Direct Messages)이나 페이스북 쪽지, 블로그 댓글 등을 통해 무려 50여 건의 제보와 격려가 쏟아졌다. 하나같이 다 일리 있는 내용들이었다. 블로그에 올라온 독자들의 제보 댓글을 가감 없이 옮기면 다음과 같다.

장복산 2010/10/30 17:21

주민들의 동의 없이 진행된 지자체 통합과정에서 유난히 시민들의 거칠고 거센 목소리가 들렸던 한 해입니다.

지난해부터 시작된 '도서관을 사랑하는 어머니 모임'이 진해시립중앙도서관 이전으로 자리가 비는 시립도서관 자리에 어린이 도서관이나 장난감 도서관을 만들자는 요구를 하면서 시작한 수요집회가 1년 가까이 진행되면서 시민들의 목소리가 유난히 크게 진해 시청과 시의회에 울려 퍼지던 한 해였습니다.

그러나 지자체 통합으로 인하여 장난감 도서관 개관을 약속했던 한쪽의 이해 당사자가 바뀌면서, 지금은 구 진해시립도서관 자리는 문이 굳게 잠긴 채 '낙엽따라 가버린 장난감 도서관'만 쓸쓸하게 자리를 지키고 있습니다.

시립도서관이 떠난 자리에는 문이 굳게 잠겨 있고 주위는 온통 쓰레기장으로 변하고 가을을 알리는 낙엽만 우수수 떨어져 더욱 스산한 느낌을 주고 있습니다. (…)

마산 · 창원 · 진해가 통합되면서 진해는 주변부로 변하고 특히 진해 서부지역은 어느 한 순간 작동을 멈추고 방치한 기계같이 어디나 어수선하고 스산하게 변해가고 있습니다.

당장이라도 청소년회관을 신축할 것 같이 서둘러 진해문화원을 쫓아내고 허물어버린 자리는 생각하지도 못했던 대형차량 주차장과 공사업체 야적장으로 변해버리고 말았습니다. 누구도 간섭하지 않고 누구도 관리하지도 않는 것같이 시가지 한복판에 방치된 시유지에는 아무나 먼저 점령하는 사람이 임자인 모양입니다. 관리감독의 책임이 있는 공무원들은 모두 어디 가서 무엇을 하고 있는지 궁금합니다.

민자유치를 약속한 제황산 모노레일카는 시장 공약사항 이행이라는 명분으로 시비 34억을 투자하여 서둘러 공사를 강행하더니, 이제는 할 일 없는 모노레일카 운행요원들과 매표소 직원의 하루가 지루하지 않을지 걱정해야 합니다.

제황산 모노레일카도 지자체 통합과 함께 내용도 알지 못하는 창원시장과 시민들의 기억 속에서 점점 멀어지면서 거의 방치 수준에서 한산한 진해 서부지역을 더욱 을씨년스럽게 연출하며 시민들의 혈세만 낭비하고 있습니다.

잊혀진 계절만큼이나 쓸쓸한 진해 서부지역 끝자락에는 거가대교의 개통으로 직장폐쇄를 알리는 현수막만 쓸쓸하게 나부끼는 속천항 카페리호 부두마저 더욱 한산한 느낌을 주고 있습니다. 그나마 진해 속천항과 거제 고현항을 오가며 승객과 자동차를 실어 나르던 카페리호마저 거가대교 개통을 앞두고 운행중단을 선언하고 말았습니다.

공익을 우선하는 공공기관이 아니라 개인사업체라면 당연히 수지 타산을 먼저 따지기 마련이라 충분히 예견된 일이지만 그래도 점점 사람들의 발길이 멀어지는 속천항을 생각하면 안타까울 때

름입니다. (…)

구르다 2010/10/26 15:56

일전에 택시기사들에게 통합되고 진해 손님들 받느냐고 물은 적이 있습니다. 택시기사분들이 진해 손님은 태우면 돌아올 때 빈차라 손해라고 하더군요. 그래서 웅천 그러면 거기가 어딘데요? 하면서 외면을 한다고 하더군요.
지금은 어떤지 모르겠는데, 이것도 통합에 따른 또 하나의 문제가 아닐까요?

실비단안개 2010/10/26 16:49

저도 같은 이야기를 들은 적이 있습니다. (마산)택시 기사님께 들었을 때가 8월이었네요.
창원이나 마산에서 웅동까지 택시를 탄 건 한 번인데요, 당시(진해 시내서도 시골이라 목적지를 이야기하고 탐) 그 기사님은 타라고 하더라고요.
사실 먼 거리라 택시비가 좀은 부담이 되었는데, 통합 전보다 1만원 적게 나왔습니다. 통합 이전에는 마산과 진해 1만 5000원, 진해(육대 기준)에서 웅동까지 보통 1만 5000원 선이었거든요. 통합되어 처음으로 나름 덕이라고 본 게 그 택시 승차였습니다.
반면 부산 하단에서 우리 집까지는 1만 3000~1만 5000원입니다. 하단에 택시가 줄을 섰는데, 그들에게 용원과 웅동 손님은 최대의 고객입니다. 그만큼 이쪽에서 부산으로 나가는 손님이 많다는 이야기가 되겠지요. 용원과 웅동이 왜 부산 편입을 원하는지 이 정도로 증명이 됩니다. 교통은 부산 나가기가 정말 좋은데, 택시뿐 아니라, (부산)시내버스와 마을버스 종류가 몇 종이나 됩니다.
그런데 비해 여기서 마산이나 창원 가는 버스는 없습니다. 또 진해 시내 나가는 버스도 가뭄에 콩 나듯이 있습니다.
마을버스 승차 후 시내버스를 타야 하는 곳이다 보니 차라리 콜택시를 부르자~ 이렇게 되는 곳이 여깁니다. 참고로 우리 집에서 진해 롯데마트(홈플러스, 경화시장 비슷)까지 1만 원 ±2000원 정도입니다.
돌아오는 길은 그나마 몇 종의 노선이 있지만, 마을버스 시간이 1시간 1회이기에 장을 봐 무거울 경우 바로 택시를 탑니다.

이건 김주완 기자님께.
버스 노선 번호가 105, 115에서 1은 창원에 뺏기고 305, 315번으로 바뀌었습니다. 진해의 1자가 모두 3으로 바뀐 거지요.
통합이 되었다고 마을버스와 시내버스가 환승이 되는 거 아니고요, 시내에 나가려면 시내버스를 기다리는 시간이 길어 기린이 될 판입니다.
같은 시에서 창원까지 가려면 버스를 3~4회 타야 하는 곳이 여깁니다. 아마 진전 이쪽도 비슷한 상황이겠지요.
어차피 품에 다 안지 못할 거, 진해 그냥 돌려주면 좋겠습니다.
며칠 전 천연염색재료를 택배로 받으려니 그쪽에서 우편번호 검색이 되지 않는다고 하더군요. 우리는 창원 남양동이 아닌 진해 남양동이거든요. 하여 예전(지금도 맞나 몰라)의 우편번호를 알려주었고 택배는 잘 받았습니다.

김주완 2010/10/26 18:20

네 감사합니다. 구르다 님과 실비단 님, 그리고 장복산 님 말씀 묶어서 취재해보겠습니다.

장복산 2010/10/26 16:41

통합으로 제일 큰 피해를 보고 있는 곳은 당연히 진해라는 생각을 합니다.

아주 작은 예로, 진해시 수송동에서 자그마한 인쇄소를 운영하던 사람이 있습니다.

내가 알기로 선대로부터 물려받아 활판인쇄와 마스터인쇄를 하면서 주로 진해시청에서 발주하던 팸플릿 정도 또는 회의자료 같은 인쇄물을 납품해서 명맥을 유지해오던 업체입니다. 마창진 통합 후 관공서 수주가 끊기면서 지금은 폐업을 하고 식당이라도 차려본다고 하지만 그도 그리 여의치는 않은 모양입니다. 직접 폐업 현장 취재 가능합니다.

또한 진해에서는 그래도 제법 큰 간판업을 하던 사람이 있습니다. 어느 술좌석에서 그 사장님도 진해시청에서 발주하던 현수막이나 소소한 간판 같은 것들을 납품해서 영업을 하다가 지자체 통합 후에는 일절 공공기관 발주가 떨어지면서 직격탄을 맞았다고 합니다.

심지어는 각 동사무소에 어떤 소간판을 다시 제작하는 발주협의가 있어서 견적서를 냈다가 사실여부는 확인하지 못했지만 창원시청 본청에서 구청 담당자가 어떤 전화를 받고 발주가 취소되었다는 이야기도 들었습니다. 이 사장님도 직접 인터뷰가 가능합니다.

진해지역에서 소규모로 건설업체를 운영하던 건설업자들도 진해시청이 없어지면서 직격탄을 맞았다고 합니다.

그래도 수의계약이 가능한 작은 공사들을 과거에는 진해업자들이 순번제 비슷하게 수의계약을 하기도 했는데 이제 시청이 창원으로 옮겨 가고는 진해에서는 수의계약 50건 중 1건 정도도 계약이 어렵다는 이야기를 하면서 소규모 건설업자들도 전업을 걱정해야 한다는 이야기를 들었습니다. 건설업자도 인터뷰 가능합니다.

무엇보다 큰 피해는 진해 주민들의 정신적 상실감이라는 생각을 합니다. 갑자기 시청이 없어지고 구청에서 민원처리를 하지 못하는 업무를 처리하기 위해서 창원시청까지 가는 것 자체도 문제지만, 시청에 가면 주차도 어렵고 어느 부서가 어디 있는지 시청을 빙빙 돌다가 하루를 보냅니다.

본인도 오늘 의회 사무국을 찾아서 의회 건물을 두세 바퀴 돌다가 결국은 시청 안내 데스크의 도움을 받아서 의회 건물 3층에 있는 의회 사무국을 찾아가 시의원들에게 설문할 설문서를 접수하고 돌아왔습니다.

위에 구르다 님 글같이 택시문제도 진해주민들이 가장 큰 피해의식을 느끼는 부분입니다.

과거에는 창원이나 마산에서 택시들이 진해 손님들을 태우려고 호객행위까지 했지만 이제는 미터제로 바뀌면서 요금도 적어지고 돌아갈 문제 때문에 진해까지 넘어오는 손님을 기피하는 현상을 목격했습니다.

김주완 2010/10/26 18:19

네 잘 알겠습니다. 취재해보도록 하겠습니다.

2010/10/26 16:37

김국장님! ○○○입니다

저 역시 어제 1면 기사를 잘 보았고, 통합으로 인한 피해와 아픔을 잘 취재했다고 생각했습니다

제 의견인데, 피해라기보다 사회단체들의 통합, 특히 종친회, 향우회, 동창회 등의 사적 단체 통합을 한번 취재해보는 것은 어떨는지요?

왜냐하면 이들 단체의 사무실이 통합이 되면 아무래도 사무실이 구 창원에 있게 되고 그러면 월례회나 정기총회 등이 창원에서 이루어지게 되거든요. 그러면 식당이나 선물구입 등은 당연히 창원에서 하게 되어 마산과 진해는 보이지 않는 엄청난 손해가 있게 됩니다. 개인적으로 통합에 따른 피해는 시청사보다 이런 사회단체의 통합에 따른 행사, 회의, 사무실 위치 등이 창원에 소재하면서 뒤따르는 무형의 피해가 더 크다고 판단됩니다.

김주완 2010/10/26 18:18

아, 정말 그렇군요. 당근 취재해보겠습니다.

DD 2010/10/26 16:44

머, 결국 밥그릇 타령이네 모… 재벌이나 사회지도층 인사에겐 밥그릇 타령하지 말라고 난리지만 정작 자기 자신은 '서민' 이란 이

름표만 붙이고 내 밥그릇 챙기기는 정당하다는 사고방식을 다들 가지고 있음.

실비단안개 2010/10/26 16:52

밥그릇 타령이 아니고 불편함 등을 찾고 보완하여 보다 많은 시민에게 도움이 되는 통합의 의미를 찾자는 게 아닐까요?
서민이 밥그릇 챙긴다면 또 얼마나 챙기겠습니까. 참.

장복산 2010/10/27 07:19

이런 문제를 밥그릇 타령으로 치부하시는 님의 시각에 할 말이 없습니다.
그러면 님은 통합의 기본목적이나 취지가 무엇이라고 생각하는지 의문이 갑니다. 모든 사람들이 골고루 잘사는 세상, 모든 사람이 편하고 행복한 세상을 건설하기 위해서 통합이고 행정개편이고 필요한 것이지 정치인들의 정치적 목적으로 행정행위를 하는 것은 아니라는 생각입니다.
우리가 사는 세상에 법과 기준과 상식이 필요하고 정치가 필요한 이유는 모든 사람들이 골고루 행복한 삶을 누리기 위해서이지 결코 정치적 이해관계나 밥그릇 싸움을 하려고 하는 것은 아니라는 생각을 합니다.
어떤 시각에서 보면 지역이기주의나 DD님의 생각처럼 밥그릇 싸움 정도로 비칠지도 모르지만, 국가조직의 기본인 국민 개개인이 잘 살고 행복한 나라 건설을 위해서 우리는 부단한 변화와 개혁을 요구하고 있습니다.

진보적 사고나 사회개혁을 바라는 우리의 최종적 목표도 모든 국민들이 골고루 잘살고 행복한 세상을 만들자는 것이라면 지자체 통합으로 인하여 소외받거나 어려움에 처한 계층을 돌봐야 하는 것은 언론의 책임이며 사회의 공기라는 생각을 합니다.

정운현 2010/10/26 17:14

좋은 시도입니다. 이런 형태의 보도에 대해 불만인 사람도 더러는 있겠지만, 진정 독자들을 위한다면 이런 과감한 시도도 필요합니다. 그동안 아무도 가보지 않은 길은 조금은 위험하기도 하지만, 그 대신 좋은 길을 찾아만 낸다면 그걸로 큰 보람이지요.
요즘 경남도민일보의 새로운 시도에 큰 관심을 갖고 지켜보고 있답니다.

김주완 2010/10/26 18:19

고맙습니다. 선배님의 격려는 항상 큰 힘을 주십니다. 다음 주에 뵙겠습니다.

임종만 2010/10/26 18:40

공무원들 함 취재해보시지요. 기존 마산공무원들 풀이 죽어 예삿일이 아닙니다. 이 공무원들이 풀이 죽어 있으면 대민서비스에 문제가 있지요. 자신의 일이 죽도록 하고 싶어야 하는데 억지로 하는 일이 뭔 양질의 행정이 되겠습니까?
일반 행정은 물론이거니와 농업기술센터, 보건소 등의 사업소에선 분통을 터뜨린다는군요.

모든 돈은 창원본청으로, 예산집행이 그쪽으로 쏠리니 뭐 할 게 없어 하늘만 쳐다보는 격이라나요? 통합의 쓴맛을 톡톡히 보고 있는 모양입니다.

김주완 2010/10/27 19:23

네, 그렇겠군요. 알겠습니다. 취재해보도록 하겠습니다.

장승현 2010/10/26 21:21

우리나라의 지방행정들이 무조건 시군통합을 주장하지요. 그 이유는 몇 가지뿐입니다. 우선 시군통합을 해야 국비 도지 등 지원금을 많이 받는다는 것인데 이건 조장하는 인간들이 있지요. 우선 공무원들과 정치인들이 주도적으로 주장하고 있지요. 이에 대한 이해관계가 있는 사람들이니까요. 어느 선진국을 가더라도 지방자치가 분화되고 발전되어가지 우리나라처럼 중앙집권식으로 광역권으로 묶여만 가는 데는 없지요. 지방자치에 대한 민주주의 관점으로 가야지 지방 지역주의로 잡아가다 보면 나중에는 100만, 200만 광역으로 묶이는 수밖에 없습니다. 이는 정치인들, 중앙정치인들만 좋아지는 일이지요.

장복산 2010/10/27 07:07

장승현 님의 의견에 공감하는 부분이 많습니다.

사실 지방자치란 작은 규모로 세분해야 진정한 자치행정이 이루어질 수 있다고 생각합니다. 이번 마창진의 강제통합은 지배구조를 단층 구조로 바꾸려는 실험 대상이며 전초전이라는 생각입니다. 전국을 50~60개 광역권으로 통합하고 각 도와 광역시를 없애 버리면, 중앙정부가 통제하기 쉬운 단층지배구조로 된다는 발상이라고 생각합니다. 다시 말해서 아직은 대한민국에 지방자치는 꿈도 꾸지 말라는 생각을 정치인들은 하는 모양입니다. 진정한 지방자치는 주민들의 적극적인 행정개입이나 참여에서 시작되는 것입니다. 이제 마창진이 통합된 창원시장을 진해시민들이 한 번 면담한다는 것 자체가 대통령 면담하기보다도 어렵습니다. 지역 주민들이 토론회를 개최하고 여론을 수렴해 창원시장에게 지역 주민들의 의사를 전달하겠다고 민원실에 서면으로 면담신청을 하고 두 달이 다 되도록, 단 30분 요청한 시장면담을 하지 못하고 있습니다. 이것이 지방자치의 실상이며 지역의 현실입니다.

성진이 2010/10/27 09:04

90년대 도농통합 당시 창원시와 마산시에 분할 통합된 의창군 지역, 진북, 진동, 진전과 내서, 동면, 대산면, 북면, 구산면 등 구 의창군 지역 통합 20년에 무엇이 발전되었는지 분석해보세요. 아마 당시에 의창군을 쪼개지 않고 그대로 군으로 유지시켰더라면 지금의 몇 십 배로 발전했을 겁니다. 참고로 부산에 기장군을 보십시오. 연락 주시면 할 말 많은데…

김주완 2010/10/27 19:28

그럴 수도 있겠군요. 그것도 한번 따져볼 필요가 있을 것 같습니다. 감사합니다.

선비 2010/10/27 11:30

대국적 내지는 대중적인 관점에서 보자면 아무리 옳은 일이라 할지라도 본의 아니게 피해를 입게 되는 사람들이 생기게 되는 경우가 종종 있습니다. 대중들은 의도한 바가 아니었다는 이유로 그 피해자들을 무시하거나 외면해버립니다.

하지만 그 피해자의 입장에서 보면 마른 하늘에 날벼락 맞는 격이지요. 우리는 그 피해자를 위하여 이미 저질러진 사안을 되돌릴 수는 없지만 최소한의 배려는 있어야 할 것입니다. 그런 점에서 이런 도민일보의 새로운 기획은 대단히 바람직한 시도라고 봅니다.

저는 장복산 님이 언급한 그런 사태가 발생하리라고 예측하고 있었습니다. 어떤 분은 밥그릇 챙기기라고 하는데 그 지역에 미치는 경제적 파급효과는 시청에서 수주를 받아 업을 하는 건설업, 광고업, 인쇄업을 하는 그 사람들 만에 한정되는 것이 아니라, 그 사람들이 다니는 식당, 술집, 슈퍼마켓에까지 영향을 미치는 것입니다.

지난 선거과정에 전수식 후보와 이런저런 이야기를 나누다가 이런 이야기가 자연스레 거론되었는데 그때 전수식 후보는 명쾌한 답을 하였습니다.

구청을 3개로 하고 현재 3개시 시청을 구청사로 사용하면서 모든 민원업무는 구청에서 보도록 하고, 시장은 기획, 예산, 인사, 감사, 도시계획과 같은 업무만 가지고 사업소 건물이나 임대 오피스 건물을 사용하면 된다는 것입니다.

지금의 돌아가는 상황을 보면 그 말이 참으로 옳았다고 봅니다.

민원인들로서는 통합 전과 같이 업무를 볼 수 있어 혼란이 없고,

주변 상권에 영향이 적어 좋고, 시청 유치로 지역 간 갈등이 발생하지도 않을 것이고…
하지만 이 모든 것을 되돌릴 수는 없는 일이고 보면 선의의 피해자들을 구제는 못하더라도 위로라도 해줄 수 있는 기회가 있어야 하고, 그 출발이 지금 도민일보의 기획보도라 여겨집니다.
경남도민일보 파이팅입니다.

김주완 2010/10/27 19:29
감사합니다. 좋은 말씀입니다.

장복산 2010/10/28 20:15
선비님과 전수식 후보가 나누었다는 이야기에 전적으로 공감합니다. 통합 창원시는 3개 구청으로 통합 이전의 업무를 그대로 구청장이 시행하면서 통합시장은 조정자 역할만 하면 훨씬 발전적이고 지역 간 갈등도 줄일 수 있을 것입니다. 모든 예산과 권한을 모두 몰수하고 예산도 없고 권한도 없는 임명직 구청장보고 무슨 일을 할 수 있다는 기대를 한다는 자체가 어리석은 일입니다. 구청장이 아무 일도 할 수 없다면 그 피해는 고스란히 구민들에게 돌아가기 마련입니다. 통합 창원시장은 발상의 전환을 해야 합니다. 지금은 경직된 수직적 사고방식보다는 다양한 능력이 공존하고 경쟁하는 수평적 사고방식을 절대적 가치로 평가하는 융합의 시대이며, 수평적 융합의 가치가 새로운 삶의 생태계를 만들어가는 시대입니다.

전라도 행인 2010/10/27 21:31

하~~~ 우리나라에 이런 신문이 다 있었네요.
전라도 전주에 사는 사람입니다만… 경남도민들이 부럽네요.

전직7급공무원 2010/10/28 09:57

이렇게 해서 통합했는데, 창원시장님은 리더십은 없고, 국회의원에게 휘말리고, 수장이 이렇게 이랬다 저랬다 하면 앞으로 창원시의 앞날은 없습니다.
물론 국회의원도 창원시 발전을 위해 그렇겠지만, 결론적으로 시장의 리더십이 필요한 시기입니다. 작은 창원시장이 아닌 통합 창원시장을 기대합니다.

추신: 편집장님은 일반 시민보다 창원시장과 독대할 자리가 많겠죠. 꼭 제 말 전해주세요. 어느 정도 카리스마도 필요하다고요.

오동추야 2010/10/28 17:41

요즘 상인들이 도민일보를 많이 애독하는 이유를 알겠습니다.
저희 상인회에서 발행하는 정보지에서 마산과 진해 상인들의 어려움을 특집기사로 기획하려고 했는데 재정상의 어려움으로 다음으로 미루고 있는 실정입니다. 아무쪼록 저희 상인들의 어려움과 고충을 보도해주신 데 대해 정말 감사를 드립니다. 진해 상인들의 특집 기사도 꼭 다뤄주시길 부탁드립니다.

장영철 2010/11/02 18:53

그늘진 곳을 더 챙기려는 자세가 기본적으로 깔려 있어야겠지요. 더 가지려 하고, 나누려 하지 않으면 통합이 오히려 위화감만 조장하는 꼴이 될 텐데. 애시당초 주민의 의사는 무시됨이 문제를 안고 있긴 했지만 운용을 잘하리라 기대했었는데…. 소외의 폭을 최소화하려는 시스템을 만듭시다. 투명하고 객관성을 지닌…. 지역이기주의일랑 통합의 정신으로 돌려 앉혀야지요. 살기 좋은 창원시도 좋지만 두루 나누어지는 창원시이길.

송교홍 2010/11/04 13:06

안골포해전대첩 지원과 축제 개발 필요성

1592년 7월 10일 이순신 장군이 42척의 왜군을 격파한 진해 웅천 안골포해전대첩과 그 승전지인 안골포가 역사에 묻힌 채 쓸쓸히 방치되고 있는 것은 참으로 안타까운 일이 아닐 수 없습니다. (…)

김주완 2010/11/05 11:35

여러분들께서 올려주신 제보와 정보를 바탕으로 '마창진 통합의 그늘' 이라는 기획을 준비하고 있습니다. 감사합니다. 언제 한번 소주 번개 때리겠습니다.

독자가 좋아할 신문은 과연 어떤 모습일까?

1면에 쓴 기획기사 한 건으로 독자들에게 욕을 퇴배기('됫박'의 경상도 표준말)로 얻어먹은 적이 있다. '도내 기관장들은 어떤 음식 좋아할까' 라는 기사였다. 도지사를 비롯, 교육감과 도의회 의장, 법원장, 검사장 등의 단골식당과 즐겨먹는 음식을 조사해 그들의 얼굴사진과 함께 실었는데, '지면 낭비' 라는 비난에서부터 '그들의 입맛까지 우리가 왜 알아야 하느냐' 는 항의까지 빗발쳤다.

사실 그 기사는 《충청투데이》 2010년 8월 20일자 1면을 그대로 따라 한 것이었다. 신문 1면에는 무조건 심각하고 무거운 기사만 실린다는 관념에서 벗어나 가벼운 읽을거리도 필요하다는 생각을 하고 있던 차에 《충청투데이》 기사를 보고 '아, 이거다' 하며 취재를 시켰던 것이다. 그걸 우리 독자들은 '권력자들 띄워주기 기사' 로 받아들인 것 같다.

원래 계획은 그런 기관장들에 이어 시민사회단체장, 기업인과 경제단체장, 문화예술인 등도 연속으로 취재해볼 참이었다. 지역신문에서 '맛집 소개' 기사는 전통적으로 인기가 높다. 그래서 유명인사들이 즐겨 찾는 맛집이라면 재미있고도 유용한 정보가 될 수 있다고 생각했다. 그런데 예기치 못한 역풍에 부딪힌 것이었다. 결국 다음 기획은 깨끗이 포기하고 말았다.

어쩌면 사소한 에피소드일 수도 있지만, 편집국장을 맡은 후부터 뭔가를 바꾼다는 게 얼마나 어려운 일인지를 실감하고 있다.

내부에서도 그렇다. 내 · 외근을 막론하고 아침당직을 서는 기자들에게 새로운 임무를 하나 줬다. 매일 1명의 독자를 전화로 인터뷰하라는 거였다. 나름대로 여러 의미가 있었다. 기자가 출입처 취재원이 아닌 일반 독자와 직접 소통할 수 있는 기회를 만들고, 의외의 제보를 건질 수도 있으며, 지면에도 의미 있는 콘텐츠가 될 거라고 생각했다.

그리고 무엇보다 '취재원 친화적' 인 신문이 아니라 '독자 친화적' 신문을 만들자는 목적이 강했다. 그러나 이 또한 '아침 시간에 전화하면 좋아할 독자가 있겠느냐', '매일 비슷비슷한 말만 반복되지 않겠느냐' 는 반대 목소리가 나왔다. 하지만 그냥 강행했고, 매일 원고지 5매 분량으로 '독자와 톡톡' 인터뷰가 지면에 나가고 있다. 신문에 대한 칭찬보다는 쓴소리가 더 많지만 보약이 될 거라 믿는다.

또 하나의 실험은 '동네이야기' 와 '동네사람' 이라는 코너다. 흔히 지역신문이 가야 할 길로 '지역밀착보도' 를 이야기하지만, 예를 들어 어떤 기사가 지역밀착기사인지를 구체적으로 알려주는 언론학자는 없었다. 결국은 우리가 스스로 실험하고 개척하는 수밖에 없다.

마산 신세계백화점 앞 인도에서 10년째 푸성귀를 팔고 있는 할머니, 창원에 하나뿐인 새 파는 가게 주인, 우산과 재봉틀 고치는 할아버지, 헌책방 운영하는 노총각, 고물상 사장 등의 사연이 신문 1면을 장식했다. 다행히 이건 반응이 좋았다. '독자와 톡톡' 인터뷰에서도 많은 독자들이 인상 깊게 읽은 기사로 '동네사람' 을 꼽았고, 지면평가위원회에서도 호평이 나왔다.

'동네이야기' 는 긍정과 부정이 엇갈린다. 양산의 유지들이 즐겨 찾던 한 일식집이 갑자기 문을 닫은 까닭, 목욕탕을 개조해 만든 교회의 굴뚝 이야기, 한 아파트단지의 아줌마 합창단 소식, 배우 강동원 가족이 운영한다는 카페, 천장이 열리는 희한한 모텔, 성인용품 파는 가게 등 기존의 관념에선 '기사' 가 되기 어려웠던 것들이 지면에 나갔다. 재미있고 유용하다는 반응도 있고, 특정 교회나 카페, 모텔, 식당, 가게를 대놓고 홍보해주는 기사 아니냐는 비판도 있다. 하지만 출입처를 벗어난 새로운 취재영역을 개척한다는 차원에서 계속 밀고 나가볼 참이다.

경남도민일보

2010년 08월 20일
01면 (종합)

동네사람

신세계백화점 앞에서 푸성귀 파는 유순덕 할머니

"자식들한테 기댈 수만 없잖아"

텃밭 채소 10년 한 자리 장사

대형마트 반도 안 되는 셈법

"이거 해서 영감 약값이라도"

신세계백화점 마산점 앞을 지나던 아주머니가 걸음을 되돌린다. 그리고 길바닥에 주저앉는다. 눈길이 멈춘 곳은 바닥에 깔린 가지·고추·깻잎 같은 채소. 하나씩 가리키자 좌판 주인인 할머니가 주섬주섬 비닐봉지에 담는다. 봉지 세 장을 가득 채우고 나서 셈이 시작된다. 대형마트 셈법으로는 어림잡아 1만 5000원 정도다. 아주머니도 미리 만 원짜리 한 장과 천 원짜리 몇 장을 지갑에서 빼놓는다.

"9000원만 줘." 머쓱하게 만 원을 내민 아주머니는 봉지와 1000원을 받아든다. 표정은 밝다. "고추는 그냥 찍어 먹으면 돼." 할머니는 인사 대신 당부를 보낸다. 아주머니는 돌아보며 웃음으로 답한다. 유순덕(76·사진) 할머니는 그렇게 깔아 놓은 채소를 3분의 1 정도 처리한다.

"부산에서 마산 온 지 18년 정도 되네. 여기서 장사한 것은 10년 정도 됐고." 할머니는 창원 마산합포구 해운동에 산다. 채소는 집 뒷산에 텃밭을 만들어 키운 것을 가지고 나온다. 가지·고추·깻잎·호박·콩잎·고구마 줄기 같은 것들이다. 무친 콩잎이나 오이소박이 같은 간단한 반찬도 있다. 잘 되면 하루 3만~4만 원 정도 벌이다. "집에 할아버지가 계셔. 거동이 불편해 아무 일도 못해. 이렇게라도 해서 할아버지 약값이라도 벌어야지. 자식들에게 기댈 수만은 없잖아."

한 곳에서 오래 장사하다 보니 나름 단골도 있다. 다른 음식재료는 백화점이나 대형마트에서 사더라도 채소는 할머니에게 사는 사람도 있다고 한다. 한 묶음이나 한 바구니나 대부분 1000원, 2000원이다. 호박은 크기에 따라 500원이 붙었다가 떨어졌다가 했다. "뭐 특별히 대단한 거 팔아서 그렇겠나. 노인 고생한다 생각하고 사주는 것이겠지."

고정석처럼 돼 있어서 자리다툼 같은 것도 없다고 했다. 길에서 장사하는 사정이 모두 거기서 거기다. 서로 알아서 배려하며 장사하는 것이다.

고추 한 바구니와 깻잎 몇 묶음을 챙겨달라고 했다. 얼마 전 대형마트에서 딱 절반 되는 양을 샀는데, 6000원 정도 줬던 기억이 났다. 할머니는 4000원만 셈했다.

"신사 양반이 비닐봉지를 들고 다녀도 괜찮을지 모르겠네. 결혼했수? 마누라한테 쓸데없는 거 사왔다고 한마디 듣는 거 아니야? 이렇게 들고 다니면 안 되는데, 미안하네, 미안해." /이승환 기자 hwan@

(18.2*15.7)cm

다음으로는 1면에 무조건 한 명 이상의 사람 얼굴을 싣도록 하고, 그것도 가급적 세로 2단 또는 가로 3단으로 크게 편집하도록 하고 있다. 지방선거 직후에는 우리 지역의 살림꾼을 알아야 한다는 차원에서 경남도지사와 18명의 시장 · 군수 얼굴을 1면에 차례로 실었다. 이 또한 긍정적 의견과 부정적 의견이 있었다. 마치 《경남도민일보》

가 단체장들에게 아부하기 위해 그들의 얼굴을 그토록 크게 내주는 것 아니냐는 반응도 있었다. 하지만 이 역시 사람 냄새 물씬 나는 신문을 위해 계속하려 한다.

독자들에게도 1면을 할애했다. '독자투고' 란에만 실렸던 독자의 글 중 좋은 글을 뽑아 아예 1면 톱 기사로 실어봤다. 얼마 전 한 독자가 보내온 '창원에 자전거 고속도로를 만들자' 는 제안을 그렇게 실었더니 역시 찬반논란이 붙었다. 심지어 도로건설업자와 짜고 쓴 글이며, 그걸 의도적으로 1면 톱으로 얹어 의제로 만든 것 아니냐는 음모론까지 나왔다.

그래도 나는 이런 까칠한 독자들이 많은 《경남도민일보》가 너무 좋다.

축제신문을 만들다

나는 가끔 내 고민을 우리 기자들에게 털어놓는다. 막연한 생각은 있는데 뚜렷한 아이디어가 떠오르지 않을 때가 그렇다. '축제신문 특별판' 에 대한 아이디어도 그렇게 나왔다.

2010년 10월 14일 인트라넷에 지역축제와 관련된 질문을 이렇게 올렸다.

도내에만 해도 수없이 많은 축제! 축제!

그냥 6~7면에 기사로만 소화하기엔 왠지 아깝습니다. 지면도 비좁습니다.

축제를 통해 우리 독자에게 서비스도 하고, 회사에도 도움이 되고, 각 지자체에도 덕이 되는 쌈박한 기획이 없을까요?

예를 들어 《시사인》처럼 상, 하반기로 나눠 『도민일보가 추천하는 경남의 명품축제』라는 책을 발간해 독자에게 배포하고 스폰을 받는다든지.

우리의 취재원 풀을 활용해 상설적인 '축제평가단' 또는 '축제컨설팅팀'을 만들어 평가를 하고 개선방안을 조언한다든지.

아니면 축제가 몰리는 봄가을에 축제 특별판을 제작한다든지, 축제 전문 홈페이지를 운영한다든지.

뭐든지 좋습니다.

이시우 기자와 박종순 기자에게 부탁해두었습니다. 모두의 아이디어를 모아주십시오. 그 아이디어들을 모아 두 축제전문기자는 다음 주말까지 기획안을 만들어주십시오.

아니나 다를까. 자치행정부 이원정 차장으로부터 쌈박한 아이디어가 나왔다. 신문 별지 형식으로 '축제신문'을 제작해 축제 현장에서 나눠주자는 것이다. 주최 측에서 만들어 배포하는 안내 팸플릿과는 차별화하여 '축제 100% 즐기는 법', '주변 볼거리 및 맛집 소개', '축제가 열리는 지방자치단체 소개' 등으로 콘텐츠를 구성하면 인기가 있을 거라는 이야기였다. 특히 안내 팸플릿은 축제 현장에 참석한 사람들에게만 배포되지만, 축제신문은 신문에 삽지 방식으로 경남지역 전역의 우리 독자에게 배포됨으로써 타 지역 주민들을 유인할 수 있는 적극적인 홍보수단이 될 수 있다는 것이었다.

경남도민일보

경남도민일보

가고파 국화축제 특별판

idomin.com

그대, 가을로 오라

국이와 향이

지·면·안·내

1면……100% 즐기는 법
2면……행사 안내
3면…주변 먹거리 놀거리
4면……축제의 도시 창원

내달 7일까지
마산항 제1부두
신마산 방송통신대 인근

1370송이 다륜대작
G20 등 테마작품 '백미'
체험행사·문화공연 풍성

축제 주인공은 국화

풍성한 부대 행사

2010 CHANGWON FESTIVAL
창원페스티벌

2010. 10. 31(일)

Welcome to changwon

제 10회
가고파 국화축제
2010. 10. 29 ~ 11. 7 (10일간)

그리하여 2010년 10월 29일 통합 창원시 출범 후 처음으로 열리는 '가고파 국화축제 특별판' 4면을 별지로 제작했다. 창원시도 고마워하며 기꺼이 제작비를 충당할 만한 광고예산을 배정해주었다.

국화축제 특별판 별지 인쇄는 이른바 공공저널리즘(Public Journalism) 차원의 시도였다. 신문이 기계적인 균형과 객관적인 관찰자의 입장에서 나아가 지역의 공공 의제나 과제에 직접 개입하는 보도방식을 말한다. 그런 차원에서 창원은 물론 나머지 시 · 군 독자들에게 국화축제를 적극 알리기 위해 제작한 것이다. 또한 이 특별판 별지는 추가로 1만 부를 인쇄해 축제 현장 입구에 비치해두고 팸플릿과 함께 나눠주도록 했다.

이틀간 축제현장을 찾아 독자들의 반응을 유심히 살폈더니 팸플릿보다 훨씬 인기가 높아 1만 부는 금세 동이 났고, 추가 인쇄에 들어가야 했다. 특히 '오동동 아귀찜 · 복요리 골목'과 '신마산 통술거리', '진전면 주물럭 골목' 등 먹을거리와 주변 가볼 만한 곳을 소개한 3면에 주목하는 사람들이 많았다. 덕분에 마산지역의 식당가도 톡톡히 재미를 봤다.

그런데 2011년부터 경상남도 지역신문 발전조례가 시행되면서 우리의 축제신문 성공을 눈여겨봤던 한 지역신문발전위원이 이 사업을 공식적인 공익 지원사업으로 제안해 위원회가 채택하고 말았다. 아이디어는 우리가 냈지만 여타 지역신문에도 혜택이 골고루 돌아갈 수 있게 된 것이다.

뭐, 그래도 불만은 없다. 어차피 우리가 고집한다고 해서 독점적으로 소유할 수 있는 아이디어도 아니었고, 지역신문이 상생하여 파이를 키우는 것도 좋은 일이니까.

창동 · 오동동 스토리텔링 사업

편집국이 창출한 또 다른 수익모델은 스토리텔링 사업이다. 이는 《경남도민일보》가 그동안 쌓아온 SNS 인프라와 네트워크, 영향력이 있기 때문에 가능한 사업이다. 우리는 2008년부터 지역의 블로거들을 양성하고 그들을 관리해왔다. 최초의 지역메타블로그(http://metablog.idomin.com)를 개설하고 '1인미디어 지역공동체' 를 구축해왔다.

앞서 밝혔듯이 페이스북과 트위터를 통한 친근 마케팅도 계속해왔다. 그 결과 경남도민일보가 '관리(?)' 하고 있는 지역의 블로거는 160명, 트위터 팔로워는 공식 트위터와 편집국장 트위터, 기자들 트위터를 합쳐 4만여 명에 이른다. 페이스북을 통해 소통하고 교류하는 사람도 1만여 명으로 추산된다.

이러한 인프라를 바탕으로 사업모델을 구상했다. 신문사는 글과 사진으로 콘텐츠를 생산하는 사업이다. 지역의 재래상권 살리기 사업에 공공저널리즘 차원에서 신문사가 적극 참여하기로 했다.

주로 자치단체와 상인단체 양자가 추진해온 상권 살리기 사업은 도로 재포장, 아케이드(아치형 지붕) 씌우기, 공용 주차장 확보, 전선 지중화 공사 등 하드웨어에 치중해 있다. 예산도 적게는 수십억 원에서 많게는 수백억 원이 든다. 이 일에 신문사가 소프트웨어를 결합시키겠다는 계획이었다. 주로 창동과 오동동 골목골목에 숨어 있는 사연과 추억을 찾아내고, 가게와 식당마다 갖고 있는 이야기를 찾아 스토리텔링 기법으로 콘텐츠를 생산하여 이를 SNS를 통해 널리 유통시키겠다는 것이었다. 여기에 드는 예산은 1억 원 정도.

이런 아이디어를 지방자치단체에 제출했고, 경쟁 입찰을 통해 당당하게 사업을 맡았다. 스토리미디어(웹사이트)를 구축하고 페이스북 페이지와 트위터 계정도 개설했다. 지역의 블로거들을 결합시키고, 대학생 스토리텔러도 모집해 사업을 진행했다.

1년간 514건의 창동, 오동동 이야기 콘텐츠를 생산했고, 페이스북과 트위터, 블로그를 통해 널리 유통시켰다. 페이스북 페이지에는 2700여 명의 팬이 생겼으며, 지금도 검색을 통해 꾸준히 콘텐츠가 소비되고 있다.

사회적 기업 '갱상도문화공동체 해딴에'

《경남도민일보》는 이 사업을 응용해 각종 지역축제나 관광사업에도 적용할 수 있다고 보았다. 이를 위해 '지역스토리텔링연구소'를 설립하고, 사회적 기업 설립을 위한 '갱상도문화공동체 해딴에'도 설치했다.

해딴에 역시 2011년 6월 편집국에서 시작된 새로운 콘텐츠 사업이다. 지역신문이 단순한 '뉴스 생산 기업'이 아니라 '종합 콘텐츠 산업'이 되어야 한다는 생각에서 시작했다. 당시 시민사회부장을 맡고 있던 김훤주 기자와 협의해 첫 출발을 위한 공지를 편집국장 명의로 인트라넷에 올렸다.

> **문화학교 함께 일하실 분 모집합니다**
> 사회적 기업을 위한 프로젝트 사업, '갱상도문화학교' 일을 함께 꾸며볼 기자를 모집합니다.
> 편집국 어느 부서에 계신 분이든 가능합니다. 기본적인 자기 일을 하면서, 자투리 시간을 내어 열정으로 일해보실 분이면 누구든 좋습니다.

자원봉사이긴 하지만, 기본 월 10만 원+알파의 활동비가 지급될 예정입니다. 물론 그 외에도 일하는 과정에서 발생하는 교통비, 식대, 회의비, 숙박료 등은 모두 지원됩니다.

이 프로젝트를 입안한 김훤주 시민사회부장과 머리를 맞대고 하는 일입니다. 최소 1명에서 2명 정도까지 지원받습니다. 일단 6개월에서 1년 정도를 프로젝트 기간으로 삼고 있습니다. 성과가 나오면 1년 후 예비 사회적 기업으로 전환할 수 있습니다.

해야 할 일은 다음과 같습니다.

- 문인과 함께 하는 문학교실
- 우리 지역 역사교실
- 인문학, 철학교실
- 영화교실, 음악교실, 미술교실, 사진교실, 글쓰기교실
- 버스 타고 떠나는 동네 산책
- 명품 길 걷기
- 소셜미디어 강좌

지원신청은 댓글로 달아주셔도 좋고, 저에게 조용히 말씀해주셔도 좋습니다. 다음 주 월요일까지 신청받겠습니다.

이렇게 시작된 '갱상도 문화학교'는 2012년 이름을 '해딴에'로 바꾸고 유한회사로 정식 설립됐다. 해딴에는 각 지역의 관광 및 특산물 홍보를 위한 블로거 팸투어(Familiarization Tour)를 진행 중이다. 2010년 경남 팸투어, 2011 창원 단감축제 팸투어, 합천 대장경축제 팸투어, 2012년 밀양 관광 팸투어, 합천 관광 팸투어, 마산 창동예술촌 팸투어 등을 진행했다. 1회 예산은 1000만~1200만 원 정도.

해딴에는 이 밖에도 각 지역별 관광코스 개발 및 관광명소를 발굴해 이를 직접 스토리텔링하여 납품하는 사업도 하고 있으며, 기업과 기관을 상대로 한 소셜미디어 교육, 시민과 함께 하는 생태여행, 초·중학생을 위한 역사체험단 운영, 인문학 강좌, 하동 전통차 강의, 하동 전통차 현장체험 등을 수행하는 프로그램를 직접 운영하면서 수익구조를 만들고, 이를 사회적 기업으로 발전시키는 프로젝트를 진행하고 있다. 합천군으로부터 의뢰를 받아 생산, 납품한 '나를 살리는 길 합천활로' (2011년), 경남문화콘텐츠진흥원 초록문명 지역아카데미 시범사업 '버스 타고 함양 속으로' (2012년), 문화재청 공모사업 '이야기가 있는 문화유산 여행길(경상편)' (2012년) 등이 해딴에의 작품이다.

해딴에는 2012년 9월 경남형 예비 사회적 기업으로 지정받아 현재 3명의 인건비 지원과 함께 지방자치단체 우선구매 대상으로 혜택을 받고 있다.

파워블로거 팸투어 효과는?

솔직히 몰랐다. 창원이 전국 최대의 단감 주산지라는 것을. 전국 단감 생산량의 50% 이상이 경남에서 생산되고, 그중 절반 가까운 물량이 창원 동읍과 북면, 대산면에서 나온다는 것도 처음 알았다.

2011년 10월 29, 30일 전국의 파워블로거 20여 명이 창원에 모였다. 동읍농협이 주최한 창원단감 팸투어였다. 나도 블로거의 일원으로 참여했다. 블로거들은 '공업도시' 로만 알고 있었던 창원에 주남

저수지와 같은 천혜의 자연유산이 있다는 사실에 놀랐고, 그런 환경에서 자란 창원단감에 또 한 번 놀랐다.

이들 블로거는 각자 자신이 보고 체험한 것들을 다양한 시선으로 모두 70여 건의 글과 사진을 통해 블로그에 올렸다. 그 이전에는 포털에서 '단감'을 검색하면 '창원단감'은 거의 나오지 않지만, 이번 팸투어를 계기로 '창원단감'에 대한 다양한 콘텐츠가 노출된다. 아울러 주남저수지 인근에는 오리고기와 붕어찜이 별미라는 정보도 올라와 있다.

바로 이런 게 '지역 스토리텔링'이다. 사실 창원이 전국 최대 단감 주산지임에도 의외로 '창원단감'이 유명하지 못했던 것은 이런 홍보가 부족했던 탓이 크다. 이번 팸투어에서 만난 농민들도 한결같이 홍보 부족을 안타까워했다. 그들은 '창원은 공단과 자전거만 있는 도시가 아님을 알려 달라'고 블로거들에게 부탁했다.

요즘 사람들은 궁금한 모든 정보를 인터넷에서 찾는다. 인터넷에 없는 콘텐츠는 '없는 사실'로 치부된다. 그런 점에서 이번 동읍농협의 블로거 팸투어는 '창원단감'을 전국에 알리는 중요한 계기가 될 것이다.

인터넷에서 신문기사는 일정한 시일이 지나면 검색에서 찾아보기 어렵게 된다. 그러나 블로그에 담긴 글은 검색의 생명력이 신문기사보다 훨씬 길다. 예를 들어 포털 다음에서 '마산 통술'을 검색하면 '안주 통째로 나오는 마산 통술 아세요?'라는 글이 가장 상단에 나온다. 3년 3개월 전 내가 블로그에 올린 글이다.

합천 대장경 축제 파워블로거 팸투어

블로그와 함께 트위터와 페이스북을 대표적인 SNS(Social Network Service)로 꼽지만, 그중에서도 콘텐츠 생산력과 기록성이 가장 뛰어난 매체가 바로 블로그다. 트위터와 페이스북은 콘텐츠 생산매체라고 보기에는 휘발성이 너무 강하다. 따라서 SNS를 가장 잘 활용하는 방법은 의미 있는 콘텐츠를 블로그에 생산 · 기록하고, 그것을 트위터와 페이스북으로 유통시키는 것이다. 그런 점에서 트위터와 페이스북은 유통과 대화 매체라고 보는 게 적당하다.

여기서 시사점을 찾아보면, 우리 지역 관광자원과 맛집, 특산물, 축제를 전국에 알리기 위한 가장 좋은 방법은 시민들을 '1인 1블로그' 로 무장시키는 것이다. 시민들이 블로그를 통해 아귀찜과 생멸치조림, 멍게비빔밥, 도다리쑥국은 물론 마산 통술문화와 창원단감, 국화축제, 진해 해양공원, 무학산 둘레길, 저도 비치로드를 수시로 알린다면, 서울지역 신문이나 방송에 수억 원을 들여 광고하는 것보다 큰 홍보효과가 있을 것이다.

그래서 나는 경남도와 도내 자치단체가 직접 시민을 대상으로 'SNS 교육' 도 하고 '블로거 양성 과정' 도 개설하면 좋겠다. 물론《경남도민일보》도 공익 차원에서 이런 교육을 계속해왔고, 앞으로도 계속할 것이다.

광고료 부담 없는 독자밀착광고 보셨나요?

지역일간신문의 위기 중 하나는 100만 원 이하 소액 광고시장을《교차로》와《벼룩시장》등 이른바 생활정보지에 빼앗겼다는 것이다.

처음 그런 생활정보지가 나올 때 일간지 종사자들은 대개 '저게 되겠어?', '저딴 게 무슨 신문이야' 라고 얕잡아보거나 의도적으로 무시했다. 그러나 몇 년이 지나지 않아 1만 원에서 2~3만 원짜리 줄광고는 물론 10~50만 원에 이르는 웬만한 광고는 모두 생활정보지가 쓸어가버렸다.

그러다 보니 일간지에는 적어도 100만 원이 넘는 기업광고나 백화점, 대학, 아파트 분양광고, 행정기관 광고 외에 찾아보기 어렵게 되었다. 일반 소규모 자영업자나 영세기업은 일간지의 비싼 광고료 때문에 광고를 낼 엄두도 내기 어려운 상황이 되어버린 것이다. 그들은 적은 비용으로 광고효과를 낼 수 있는 생활정보지로 가버렸다.

신문사의 광고사원들도 소액광고는 들어가는 노력에 비해 이른바 '광고 리베이트' 가 너무 미미하다는 이유로 외면했다. 광고도 일종의 정보인데, 지역의 소소한 정보가 될 만한 광고는 신문에서 찾아보기 어렵게 되었다.

나는 '지역밀착보도' 와 '공공저널리즘' 이 지역신문을 살릴 대안이라고 생각하는 사람이다. 그러나 지역밀착 '보도' 만으로는 부족하다. 광고 또한 '지역밀착광고' , '독자밀착광고' 가 되어야 한다고 본다. 독자들이 비용에 부담을 느끼지 않고 자유롭게 자신이 알리고 싶은 것을 알릴 수 있는 광고지면이 필요한 이유다.

그래서 경영진과 의논 끝에 《경남도민일보》 19면 하단에 〈자유로운 광고〉라는 지면을 만들었다. 그리고 이런 안내문을 써넣었다.

자유로운 광고

이곳은 사업자가 아닌 개인이나 비영리 민간단체에 개방된 광고입니다. 의견, 주장, 축하, 행사알림, 청혼, 결혼, 부음, 감사인사 등 어떤 내용이든 좋습니다. 타인의 명예훼손만 아니면 됩니다. 광고료는 1만 원에서 30만 원까지 형편대로 알아서 주시면 됩니다. 아래 계좌로 입금하신 후 이메일이나 팩스로 광고문안을 보내주시면 알아서 실어드립니다.

• 광고료 입금계좌 : 농협 863-17-001567 / 경남은행 502-07-0187196(경남도민일보)

• 메일 : hwan@idomin.com

• 전화 : 010-3593-○○○○(이승환)

• 팩스 : 055-250-0180

• 마감 : 매일 오후 4시

아시는 분은 이미 눈치챘겠지만, 이 지면은 광고부가 아닌 편집국 장석 기자가 관리한다. 일부러 광고유치를 위한 영업활동도 하지 않는다. 광고를 하고 싶은 독자가 이메일이나 팩스로 광고문안을 보내주기만 하면 된다. 광고료도 부담을 없애기 위해 광고를 내려는 분이 '형편대로 알아서' 입금하도록 했다.

네티즌을 울린 감동적인 신문광고, 뭐길래?

경남도민일보가 '자유로운 광고'라는 이름으로 새롭게 선보인 '독자밀착광고'가 트위터에서 화제다. 거다란(@geodaran) 님이 이 광고란에 실린 '아버지 생신 축하 광고'를 캡처하여 트위터에 올렸는데, 무려 300회 이상 리트윗(RT)된 것이다. 광고 내용은 이랬다. 나도 읽으며 울컥 눈물을 흘렸다.

아버지 생신 축하드립니다.

6살. 유치원 입학 전. 집안 어르신 부탁을 거절할 수 없어 당신께서 서명하신 연대보증으로 마당 넓은 이층집과 이별해야 했습니다.

13살. 취수장 말단 공무원으로 삶의 2막을 연 당신. 넉넉하지는 않았지만 매주 낮과 밤이 바뀌는 당신의 2교대를 먹고 저는 그렇게 자랐습니다.

18살. 어줍잖은 성적으로 꾸중을 들었던 그날. 처음으로 당신의 분노에 대꾸를 했습니다. 늦은 저녁, 취기 오른 당신의 얼굴에 맺힌 당신의 눈물을 아직도 잊을 수가 없습니다.

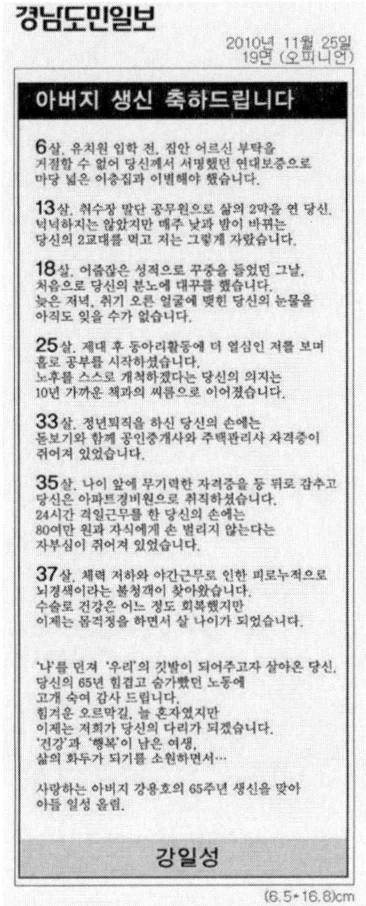

경남도민일보

2010년 11월 25일
19면 (오피니언)

아버지 생신 축하드립니다

6살. 유치원 입학 전, 집안 어르신 부탁을
거절할 수 없어 당신께서 서명했던 연대보증으로
마당 넓은 이층집과 이별해야 했습니다.

13살. 취수장 말단 공무원으로 삶의 2막을 연 당신.
넉넉하지는 않았지만 매주 낮과 밤이 바뀌는
당신의 2교대를 먹고 저는 그렇게 자랐습니다.

18살. 어줍잖은 성적으로 꾸중을 들었던 그날,
처음으로 당신의 분노에 대꾸를 했습니다.
늦은 저녁, 취기 오른 얼굴에 맺힌 당신의 눈물을
아직도 잊을 수가 없습니다.

25살. 제대 후 동아리활동에 더 열심인 저를 보며
홀로 공부를 시작하셨습니다.
노후를 스스로 개척하겠다는 당신의 의지는
10년 가까운 책과의 씨름으로 이어졌습니다.

33살. 정년퇴직을 하신 당신의 손에는
돋보기와 함께 공인중개사와 주택관리사 자격증이
쥐어져 있었습니다.

35살. 나이 앞에 무기력한 자격증을 등 뒤로 감추고
당신은 아파트경비원으로 취직하셨습니다.
24시간 격일근무를 한 당신의 손에는
80여만 원과 자식에게 손 벌리지 않는다는
자부심이 쥐어져 있었습니다.

37살. 체력 저하와 야간근무로 인한 피로누적으로
뇌경색이라는 불청객이 찾아왔습니다.
수술로 건강은 어느 정도 회복했지만
이제는 몸걱정을 하면서 살 나이가 되었습니다.

'나'를 던져 '우리'의 깃발이 되어주고자 살아온 당신.
당신의 65년 힘겹고 숨가빴던 노동에
고개 숙여 감사 드립니다.
힘겨운 오르막길, 늘 혼자였지만
이제는 저희가 당신의 다리가 되겠습니다.
'건강'과 '행복'이 남은 여생,
삶의 화두가 되기를 소원하면서…

사랑하는 아버지 강용호의 65주년 생신을 맞아
아들 일성 올림.

강일성

(6.5*16.8)cm

25살. 제대 후 동아리 활동에 더 열심인 저를 보며 홀로 공부를 시작하셨습니다. 노후를 스스로 개척하겠다는 당신의 의지는 10년 가까운 책과 씨름으로 이어졌습니다.
33살. 정년퇴직을 하신 당신의 손에는 돋보기와 함께 공인중개사와 주택관리사 자격증이 쥐어져 있었습니다.
35살. 나이 앞에 무기력한 자격증을 등 뒤로 감추고 당신은 아파트 경비원으로 취직하셨습니다. 24시간 격일 근무를 한 당신의 손에는 80여만 원과 자식에게 손 벌리지 않는다는 자부심이 쥐어져 있었습니다.
37살. 체력 저하와 야간근무로 인한 피로 누적으로 뇌경색이라는 불청객이 찾아왔습니다. 수술로 건강은 어느 정도 회복했지만 이제는 몸 걱정을 하면서 살 나이가 되었습니다.

'나' 를 던져 '우리' 의 깃발이 되어주고자 살아온 당신. 당신의 65년 힘겹고 숨가쁜 노동에 고개 숙여 감사드립니다.

힘겨운 오르막길, 늘 혼자였지만 이제는 저희가 당신의 다리가 되겠습니다.

'건강' 과 '행복' 이 남은 여생, 삶의 화두가 되기를 소원하면서….

사랑하는 아버지 강용호의 65주년 생신을 맞아 아들 일성 올림

솔직히 처음엔 '이런 광고가 과연 호응이 있을까?' 하는 걱정이 많았다. 이른바 '생활광고' 또는 '의견광고' 라는 이름으로《한겨레》나《경향신문》도 이런 광고란을 운영해오고 있고,《경남도민일보》역시 몇 번 시도를 해봤는데, 반응이 별로 시원찮았던 경험이 있었기 때문이다.

그래서 이번엔 광고국이 아닌 편집국에서 아예 19면 하단의 광고란을 불하받았다. 사장에게는 "편집국에서 책임지고 광고 접수와 광고 편집, 광고료 수납 등 모든 일을 알아서 하겠다" 며 "광고료 책정도 알아서 할 테니 삶아먹든 구워먹든 맡겨달라" 고 했다.

사장의 흔쾌한 동의에 따라 칼럼과 사설 등이 실리는 19면의 하단 광고란을 '자유로운 광고' 로 이름 붙였다. 그리하여 2010년 11월 15일 월요일자부터 시작된 게 바로 '자유로운 광고' 다.

그 후에도 과연 이 광고란이 이어질 수 있을까 걱정했는데, 다행스럽게도 꾸준히 광고가 들어오고 있다. 그 비결은 바로 '자유로운 광고' 라는 이름 속에 숨어 있는 것 같다.

우선, 자유로운 광고는 딱 정해진 광고료가 없다. '1만 원에서 30만 원까지 형편대로 알아서 주시면 됩니다' 라고 안내했다. 1만 원도 좋고, 2만 원이나 3만 원도 좋고, 형편이 넉넉하신 분은 30만 원도 좋다. 광고 신청을 하는 방법도 간단하다. 광고료 입금계좌와 광고문안

을 보낼 이메일 주소, 그리고 담당자 전화번호와 이름을 공개해놓았다. 이메일로 광고문안을 보내고, 계좌로 1만 원이든 2만 원이든 입금시키기만 하면 된다.

이 광고란이 생긴 직후, 마침 국토해양부가 일방적으로 경남도의 낙동강 사업권을 회수하는 사태가 발생했다. 이에 대해 김두관 경남도지사를 응원하는 광고가 '자유로운 광고' 신설 사흘 만에 처음으로 등장했다. '푸른옷소매' 라는 분이 보낸 광고였는데, 그 내용은 아래와 같았다.

> 김두관 도지사님!
> 거짓말을 밥 먹듯 하는 정치인, 국민을 우습게 아는 정치인이 가득한 대한민국에서 존경할 만한 김두관 지사께서 경남도지사로 당선되셔서 너무 좋았습니다.
> 김두관 도지사님을 통해 희망을 보았습니다.
> 도민의 생존권과 건강권을 지키겠다는 약속을 김두관 지사님은 꼭 지키리라 믿습니다.
> 도지사님을 신뢰하고 존경하는 많은 도민과 국민들이 뒤에서 굳건히 지키고 있습니다.
> 김두관 지사님 힘내십시오!
> '4대강 사업 절대 반대' 정의가 승리합니다.
>
> 푸른옷소매 드림

그 후부터 블로그와 트위터, 페이스북 등을 통해 이 광고란이 화제가 되기 시작했다. 김두관 도지사를 응원하는 광고가 쇄도하기 시작한 것이다. 트위터를 통해 수십 개의 멘션과 RT가 이어졌다. 이렇게 시작된 '김두관 힘 실어주기, 낙동강 사업권 회수 반대 릴레이 광고' 는 모두 160여 명이 264만 원의 광고료를 입금하며 마무리됐다.

김두관 지사 응원광고뿐 아니었다. 각종 단체의 행사 알림광고도 접수가 줄을 이었고, 사이판 총기난사 사건 1주년을 맞아 정부와 여행사의 책임지는 자세를 촉구하는 광고도 실렸다. 또 결혼 30주년을 맞아 기념행사를 갖고 싶다며 결혼행사업체의 견적서를 보내달라는 남성의 광고가 눈길을 끌기도 했다.

부모님의 결혼 30주년을 축하하는 자녀의 광고도 훈훈한 감동을 줬다.

1980년 12월 21일 그날.
신랑 강정철 군과 신부 이윤이 양의
인연이 맺어지지 않았다면
저희는 세상 빛을 보지 못했겠지요.
지금껏 키워주셔서 고맙습니다.
아버지와 어머니의
결혼 30주년을 축하합니다.

두 분을 사랑하는 아들 · 딸

이쯤 되면 광고도 정말 재미있고 유용한 콘텐츠이지 않은가? 이름하여 '독자밀착광고' 라 칭한다. 이성규(몽양부활) 님은 내 페이스북 페이지를 통해 '시민제작광고' 라 이름 붙여 주었다.

> 이런 광고가 실릴 수 있는 지역언론, 너무너무 신선하고 재미있습니다. 광고가 재미있어서 신문을 구매하는 행위가 나타날지도요. 시민제작 광고가 주는 흥미와 가치를 결코 낮게 평가해서는 안 될 것 같습니다. 경남도민일보 만세~ ㅋㅋ(by Sungkyu Lee)

어쨌든 이렇게 시작된 '자유로운 광고'는 초창기 1개 지면도 어떻게 채울지 걱정했으나 시작한 지 2개월 만에 광고가 넘쳐 매일 2개 면으로 제작되고 있다.

인터넷 뉴스 부분적 유료화

《경남도민일보》는 한국언론진흥재단과 함께 하는 '뉴스저작권 사업'에 초창기부터 적극 참여하고 있다. 2011년에는 130여 개 학교에 'E-NIE' 상품을 판매해 2억 6000여만 원의 매출을 올리기도 했다. PDF나 텍스트 기사 판매수익도 점차 늘어나고 있는 추세다.

나는 뉴스저작권 사업과 함께 인터넷 및 스마트폰 뉴스를 유료화하는 것이야말로 갈수록 줄어드는 신문광고 감소분을 메워줄 핵심 대안이라고 생각한다. 이는 내가 편집국장을 맡기 전부터 가져온 소신이었다.

저작권 사업과 뉴스 유료화는 불가분의 관계다. 저작권사업단에서는 유료로 판매하는 기사를 해당 신문사 웹사이트에선 무제한 공짜로 볼 수 있다면 돈을 내고 보는 구매자에 대한 예의가 아니다.

그러나 지금까지 《경남도민일보》는 물론 거의 모든 신문사 인터넷 뉴스는 모두 무료였다. 왜 유료화를 못하는 것일까?

우선 유료화 성공모델이 없기 때문이다. 남들이 안 하는 일을 내가 먼저 하는 데 대한 심리적 두려움과 부담도 있다.

둘째, 자사의 뉴스콘텐츠에 대한 자신감이 없기 때문이다. 종이신문의 경우 기사의 품질은 제쳐두고라도 기본적으로 종잇값과 인쇄비, 배달비용 등이 있기 때문에 돈을 받는 데 부담이 없지만, 인터넷에 올려진 기사는 콘텐츠 그 자체의 가치로 평가받아야 하는데, 그에 대한 자신이 없다는 것이다.

셋째, 다른 신문에서는 볼 수 없는 우리만의 특화된 기사가 별로 없다는 것이다. 굳이 우리 신문이 아니어도 볼 수 있는 공짜뉴스가 인터넷에 널려 있다면 아무도 돈을 내고 보지 않을 것이기 때문이다. 돈을 지불하고 기사를 열었는데, 그게 다른 매체의 공짜뉴스와 아무런 차별성이 없다면 욕만 얻어먹게 될 것이다.

넷째, 유료화로 인한 방문자 수 감소에 대한 막연한 두려움이다. 트래픽으로 상당한 광고수익을 올리고 있는 매체라면 가장 현실적인 문제이기도 하다. 하지만 대다수 지역신문은 트래픽을 통한 광고수익이 거의 전무함에도 불구하고 막연히 방문자 감소를 걱정하는 경우가 많다.

《경남도민일보》의 경우 평일 방문자가 겨우 4만~5만 명 사이이다. 휴일엔 훨씬 떨어진다. 그 정도를 갖고 트래픽에 의존한 광고수익을 올리는 건 불가능하다. 적어도 수십만 명 이상은 되어야 의미 있는 광고수익을 기대할 수 있다고 판단했다. 네이버 뉴스캐스트 기본형에 들어가지 않고는 지역신문이 제 아무리 발버둥을 쳐봐야 방문자 수를 10만 이상 올리는 건 불가능하다.

그렇다면 둘 중 하나는 선택을 해야 한다. 무슨 수를 써서라도 뉴스캐스트 기본형에 들어가든지, 아니면 아예 트래픽을 포기하고 유료화를 통한 뉴스의 품질로 승부를 걸든지.

우리는 후자를 택했다. 그리고 우리 신문이 아니고선 도저히 볼 수 없는 차별화된 뉴스상품을 만들어내자고 다짐했다. 다른 신문에서도 볼 수 있는 기사는 예전처럼 공짜로 볼 수 있도록 하고, 특종이나 독종, 우리만의 기획, 우리만의 논조가 담긴 기사만 요금을 받기로 했다. 바로 이것이 '부분적 유료화' 다. 《경남도민일보》가 같은 배포권역에 있는 다른 지역신문과 논조가 선명하게 다르다는 것도 우리가 자신감을 갖게 된 배경이었다.

하지만 처음부터 돈을 부과하진 않았다. 2010년 1월부터 로그인을 해야만 볼 수 있는 회원용 기사를 하루 5~10건 정도 선정해 자물쇠 표시를 달았다. 앞으로 시행될 유료화에 대한 거부감 완화 차원이었다. 그 기간이 9개월이었다. 한편으로는 결제시스템을 준비해 나가면서 한편으론 회원용 기사에 대한 독자의 반응을 살폈다. 간혹 댓글을 통해 독자들의 불평이 접수되긴 했지만, 기사는 기자들이 많은 비용과 노동력을 투입해 생산한 뉴스상품이며 정당한 대가를 받아야 한다는 점을 설명하고 양해를 구했다. 1년 동안 분석 결과 방문객 수도 떨어지지 않았고, 오히려 회원용 기사의 조회수는 늘어났다.

2011년 9월 1일 신문 1면과 인터넷 팝업창을 통해 아래와 같이 '부분적 유료화' 를 알렸다. 이 글 속에 독자의 이해를 구하기 위한 논리와 유료화 방식이 담겨 있다.

《경남도민일보》 뉴스사이트 'idomin.com' 이 9월 1일부터 일부 뉴스 콘텐츠를 유료화합니다. 이는 구독료를 내고 신문을 보고 계시는 독자님들에 대한 최소한의 도리이자, 더욱 알차고 차별화한 뉴스를 생산하겠다는 저희들의 다짐이기도 합니다.

최근 들어 거의 모든 인터넷 매체는 온라인 광고 수익을 올리기 위한 '트래픽 장사' 에 혈안이 된 나머지, 광고는 물론 뉴스마저 선정성 경쟁이 도를 넘어서고 있습니다. 이로 인해 뉴스의 가치와 신뢰, 품위는 갈수록 하락하고 있습니다.

언론개혁을 열망하는 6200여 시민주주의 힘으로 창간한 《경남도민일보》는 '정론(正論)' 으로서 가치를 끝까지 포기할 수 없습니다. 이에 《경남도민일보》는 '트래픽 장사' 를 과감히 포기하고, 기사를 읽는 데 방해가 되는 광고를 모두 없앴습니다. 대신 저희는 '뉴스의 품질' 로 정면 승부를 걸고자 합니다.

뉴스는 많은 인력이 고도의 정신적 육체적 노동을 거쳐 생산한 정보상품입니다. 이번 '부분적 뉴스 유료화' 는 품질에 대한 자부심과 정당한 노동의 대가를 인정받고자 하는 저희들의 자존심이 걸려 있습니다.

당장 모든 뉴스를 유료화하는 것은 아닙니다. 하루 110여 건의 뉴스 가운데 《경남도민일보》에서만 볼 수 있는 특종이나 기획, 칼럼 등 5~10건에 한정됩니다. 물론 발로 뛰어 생산한 좋은 기사가 많아질수록 유료 기사도 늘어날 수 있습니다.

다만 유료 기사라 하더라도 트위터와 페이스북을 통해 저희가 추천한 링크로 접속한 경우에는 제한 없이 기사 전문을 보실 수 있습니다. 향후 신문 구독자들에 대해서는 간단한 인증 절차를 거쳐 자유롭게 온라인 뉴스를 이용할 수 있는 시스템도 빠른 시일 안에 갖추도록 하겠습니다.

《경남도민일보》를 사랑해주시는 독자 여러분의 성원과 이해를 당부드립니다.

금액은 하루 500원, 월 1만 원, 6개월 5만 원, 1년 9만 원으로 책정했다. 그리고 1년이 지났다. 솔직히 실적은 미미하기 짝이 없다. 1500여 명의 결제, 수익은 500만 원에 미치지 못한다.

하지만 유료화 이전에는 아예 없었던 신규수익을 편집국이 창출한 셈이라 낙담하진 않는다. 또한 결제하는 독자의 수도 점점 늘어나고 있다. 유료화 이전에 리얼클릭이나 구글 애드센스 광고 수익이 있었지만 10만 원 정도 수준이었다. 자치단체나 대학의 배너광고는 트래픽이나 유료화와 무관하다. 뉴스저작권 사업도 초창기엔 담당자의 출장비도 나오지 않을 정도로 수익이 미미했다. 그러나 지금은 연 1억 원대에 육박하고 있듯이, 뉴스 유료화 역시 앞으로 늘어나는 일만 남았다.

사실 인터넷 뉴스 유료화는 지역신문만이 가능하다고 본다. 서울지역 일간지는 대부분 네이버 뉴스캐스트에 기본형으로 들어가 있다. 네이버가 주는 트래픽을 통해 온갖 호기심을 자극하는 광고로 얻는 수익이 수천만 원이다. 또한 일부 포털로부터 뉴스제공료도 받는 것으로 알고 있다. 따라서 서울지역 일간지는 그런 수천만 원의 수익을 포기하고 유료화를 단행할 용기가 없다.

하지만 어차피 트래픽을 통한 광고수익이 없는 지역신문은 유료화를 통해 잃을 게 없다. 게다가 해당 지역만의 차별화한 뉴스 생산이 가능하다. 따라서 유료화 성공의 관건은 차별화된 뉴스이다. 유료화 수익도 중요하지만, 기자들에게 '팔리는 기사'를 생산할 수 있도록 부담을 주는 효과도 중요하다고 본다.

제3장 지역신문의 킬러콘텐츠를 찾아서

나는 지역신문의 경제면이나 문화면, 스포츠, 연예면에서 자기 지역과 무관한 기사와 사진을 모두 없애버려야 한다고 생각한다. 대신 그야말로 자질구레한 동네 소식과 사람들 이야기로 채워야 한다고 본다. 전국적인 정치 뉴스도 칼럼을 통해 이야기하는 정도면 족하다.

자질구레한 동네 소식이 경쟁력이다

나는 지역신문의 경제면이나 문화면, 스포츠, 연예면에서 자기 지역과 무관한 기사와 사진을 모두 없애버려야 한다고 생각한다. 대신 그야말로 자질구레한 동네 소식과 사람들 이야기로 채워야 한다고 본다. 전국적인 정치 뉴스도 칼럼을 통해 이야기하는 정도면 족하다.

마산 월영동의 한 마을에 누군가 풀어놓은 개 한 마리가 똥을 싸고 돌아다녀 아이들이 무서워하고 주민들이 불편해한다는 뉴스, 산호동 삼성타운 아파트 앞 교회가 인근 주택 몇 채를 구입해 헐고 주차장 조성공사를 시작했다는 뉴스, 양덕동 시장 앞 횡단보도가 없어지는 바람에 시장 상인들이 장사가 안 돼 울상을 짓고 있다는 뉴스, 시민단체 간사를 맡고 있는 한 노총각이 마침내 배필을 만나 결혼하게 되었다는 뉴스 등이 주요하게 취급되어야 한다.

'부음(訃音)' 도 그렇다. 그냥 상주들의 이름과 빈소, 발인일시 등만 나열하는 게 아니라, 고인의 삶을 짧게나마 알려주는 것이다. 예를 들면 이렇다.

> 김해시 한림면 퇴래리 소업마을 김종경 씨가 5일 오후 2시 80세를 일기로 별세했다. 고(故) 김종경 씨는 옆 동네인 퇴래리 신기마을에서 1남 5녀 중 셋째딸로 태어나 18세 때 협동조합 직원이던

배호열(작고) 씨와 결혼, 2남 2녀를 낳아 키웠다. 고인은 34세 때 일찍이 남편을 잃었으나 시부모를 모시고 시누이 세 명을 출가시켰으며, 네 자식을 어렵게 길렀다.

고인의 둘째 아들 배종룡 씨는 "항상 조용히 일만 열심히 하시는 전형적인 농촌 어머니셨다" 면서 "한 달 보름 전 뇌출혈로 쓰러졌을 때도 고추밭과 참깨밭을 걱정하셨던 분" 이었다고 말했다.

유족으로는 배종철(농업) · 종룡(김해여중 교사) · 태선(주부) · 원주(주부) 씨가 있다. 빈소는 김해시 삼계동 조은건강병원 영안실 특3호에 마련됐으며, 발인은 7일 오전 수시, 장지는 김해시 한림면 선영이다. 연락처 : 011-○○○-○○○○(배종룡)

경남도민일보

2009년 08월 06일
10면 (인물)

부음

□김해시 한림면 김종경 씨 별세(배종철, 배종룡, 배태선, 배원주 씨 모친상) = 김해시 한림면 퇴래리 소업마을 김종경 씨가 5일 오후 2시 80세를 일기로 별세했다. 고(故) 김종경 씨는 옆 동네인 퇴래리 신기마을에서 1남 5녀 중 셋째딸로 태어나 18세 때 협동조합 직원이던 배호열(작고) 씨와 결혼, 2남 2녀를 낳아 키웠다. 고인은 34세 때 일찍이 남편을 잃었으나 시부모를 모시고 시누이 세 명을 출가시켰으며, 네 자식을 어렵게 길렀다.

고인의 둘째 아들 배종룡씨는 "항상 조용히 일만 열심히 하시는 전형적인 농촌 어머니셨다"면서 "한달 보름 전 뇌출혈로 쓰러졌을 때도 고추밭과 참깨밭을 걱정하셨던 분"이었다고 말했다.

유족으로는 배종철(농업)·종룡(김해여중 교사)·태선(주부)·원주(주부) 씨가 있다.

빈소는 김해시 삼계동 조은건강병원 영안실 특3호에 마련됐으며, 발인은 7일 오전 수시, 장지는 김해시 한림면 선영이다.

연락처 : 011-000-0000(배종룡)

(11.0*9.5)cm

위의 기사는 실제 《경남도민일보》에 실험적으로 실린 것이다. 아쉬운 건 아직도 기자들이 이런 식의 기사쓰기를 낯설어한다는 것이다. 출입처인 관공서 위주의 기사 가치판단에 익숙한 탓이다. 그리고 실제 이런 기사가 독자에게 환영받을 수 있을지에 대한 확신이 부족한 것도 이를 전면화하지 못하는 이유가 된다.

그러던 차에 며칠 전 한국신문협회가 펴낸 『지방신문 특화전략-북유럽 4개국 사례를 중심으로』라는 책을 보고 무릎을 쳤다. 덴마크, 노르웨이, 스웨덴, 핀란드 지역일간지들의 지면이 내가 생각하던 그것과 똑같았던 것이다. 그 나라 신문들은 지역주민들의 일상, 출산, 결혼, 사망과 같은 대소사를 크게 다루는 퍼스널 페이지가 많고, 심지어 1면에 평범한 한 중년 남성의 생일에 관한 기사를 내고, 7면에 그의 삶에 관한 장문의 기사로 연결한다.

잊을 수 없는 그 맛, 당신의 정 때문임을 이제야 알겠습니다

창원 석쇠불고기 원조 손모례 할머니 별세 "천생 여장부이셨던 분"

창원 북동시장 석쇠불고기 원조인 '판문점' 사장 손모례(1928~2012) 할머니가 지난 2일 세상을 등졌다. 향년 84세.

고인은 지병인 당뇨와 합병증으로 지난 6년간 입원했다. 남해군 설천면이 고향인 고인은 손계순·효양 자매를 뒀다.

둘째 딸인 효양 씨는 "천생 여장부인 분이었다"며 "말년에 여행을 즐기시다가 입원하셨는데 이제 마음껏 가고 싶은 곳 다니셨으면 좋겠다"고 말했다.

일찍이 홀몸이 된 고인은 젊었을 때부터 창원 북동시장에서 식당을 하며 두 딸을 키웠다. 어려웠던 시절, 살려면 누구보다 억세야 했다. 뭐라도 아니다 싶으면 절대 속에 담아놓지 않고 내뱉는 고인에 대해 첫째 딸인 계순 씨는 이렇게 기억했다. "손님이든 누구든 뭔가 본인이 아니다 싶으면 거침없이 멱살을 잡았어요. 욕도 서슴없이 하셨고요. 그 일대에서는 유명했지요."

그래도 한편으로는 뒤에서 홀로 눈물을 훔치는 약한 어머니이기도 했다. 없는 살림이었지만 배 곯는 사람만은 절대 박대하지 않고 밥 한 그릇 먹여 보내는 일 또한 고인의 일상이었다.

지금은 창원이 자랑하는 맛 가운데 하나인 석쇠불고기. 석쇠불고기는 1960년대 중반 고인이 처음 선보인 음식이다. 하지만, 왜 양념한 고기를 석쇠에 구웠는지는 가족도 정확한 시작을 잘 몰랐다. 다만, 계순 씨 짐작은 이렇다. "그때는 뭐든 구울 게 있으면 석쇠에 다 구웠어요. 지금처럼 프라이팬이 흔했던 때도 아니고…. 뭐 특별한 이유가 있었다기보다 익숙한 도구가 석쇠 아니었나 싶어요."

그래도 도구보다 유명한 것은 양념이었다. 그리고 그 양념 비결은 전적으로 남다른 고인의 미각이 만든 것이었다. 어느 식당에서 뭘 먹든 무슨 양념이 들어갔는지, 재료는 얼마나 오래됐는지를 기가 막히게 맞히던 고인은 기어이 누구에게나 사랑받는 맛을 찾아낸다. 그렇게 식당과 석쇠불고기는 유명해졌다.

60·70년대는 창원 일대 건축·토목 공사가 많았던 시절이었다. 서울에서 일하러 온 사람들은 으레 고인이 내놓은 고기를 먹는 게 코스처럼 돼 있었다. 그래서 어디서 오든 이 식당에서 만난다고 '판문점'이라는 이름을 지어 붙였다. 그 별명이 그대로 식당 이름이 됐고, 판문점 원조 석쇠불고기는 누구나 사랑하는 맛이 됐다. 유명해진 만큼 벌이도 쏠쏠했다. 그리고 고인은 벌어들인 만큼 풀어낼 줄도 아는 사람이었다. 둘째 사위인 한유성 씨 기억이다.

"북동시장에서 제일 알부자라고 했어요. 그래서 동사무소 직원들이 한 번씩 찾아와서 지역에 어려운 사람이나 가난한 학생들 돕자고 사람도 연결해주곤 했지요. 장모는 여김없이 도왔어요. 제가 결혼했을 때 시청에서 받은 표창장만 백과사전 두께만큼 있었어요."

시원한 성격 덕에 유난히 죽이 맞았던 고인과 둘째 사위는 허물 없이 술잔을 기울이곤 했다. 한유성 씨는 "아버지 돌아가셨을 때도 덤덤했던 것 같은데 장모를 보내니 마음이 짠해진다"고 말했다.

고인이 남긴 석쇠불고기 맛은 창원 팔룡동에서 둘째 딸과 사위가 이어받았다. 고인은 세상을 등지기 며칠 전까지 식당에서 음식 맛을 보고 '아직 멀었다'고 한마디 했다 한다. 한유성 씨는 "오래 병원에 있으면서 입맛을 다 잃었을 텐데, 양념에 뭐가 넘치고 부족한지, 고기는 오늘 것인지 어제 것인지 기가 막히게 맞혔다"고 말했다.

1990년대 장사를 놓은 고인은 말년을 여행으로 보냈다. 이웃과 모여 국내는 물론 1년에 한 번꼴로 외국도 다녀오곤 했다. 한없이 강인했지만 돌아서면 눈물을 훔치던 사람, 누구든 죽이 맞으면 술 한잔 기울일 줄 알았던 사람, 그리고 이제는 판문점 석쇠불고기 맛으로 계속 남을 고인은 또 다른 여행길에 올랐다.

발인은 4일 오전이며 장지는 고인의 고향인 남해군 설천면 선산이다.

/이승환 기자 hwan@idomin.com

부음 기사 대신 싣고 있는 '떠난 이의 향기'

이런 퍼스널 페이지는 1면 열독율(99%)에 이어 1위(85%)라고 한다. 노르웨이의 한 신문은 아기에서부터 60대 노인까지 다양한 사람들의 생일까지 축하메시지와 함께 얼굴사진을 싣고 있었다. 그런 신문들은 모두 탄탄한 흑자경영을 하고 있었다. 실제 독자들도 그런 기사를 재미있어 한다는 게 증명된 것이다.

북유럽 독자들과 한국 독자들은 다르지 않냐고? 지역주간지인 《남해신문》과 《남해시대》, 《옥천신문》의 성공비결이 이런 동네밀착 보도라는 점을 보면 한국 독자들도 다르지 않다는 걸 알 수 있다.

유명 정치인이나 엘리트층에 대한 뉴스는 TV나 인터넷에도 널려 있다. 그러나 이런 평범한 지역주민들의 이야기는 오직 지역신문에서만 볼 수 있다. 서울일간지는 죽어도 지역신문은 살아남을 이유가 여기에 있다.

잘나가는 지역신문에는 어떤 뉴스가 실릴까?

편집국장을 맡은 후, 나름대로 지역밀착과 공공저널리즘을 기조로 지면에 변화를 주고 있다. 평범한 사람들의 평범한 삶을 전하는 '동네사람', 그야말로 내 주변의 이야기를 기사화하는 '동네이야기', 지역사회의 현안이나 이슈에 대해 또 다른 생각을 가감 없이 전달하는 '이런 생각', 매일 독자의 이야기를 듣는 '독자와 톡톡', 여론주도층을 대상으로 한 '전문가 설문', '시내버스 타고 10배 즐기기', 편집국장이 직접 주요 인사를 인터뷰하는 '신년대담', 기자나 독자가 직접 겪은 일을 풀어쓰는 '현장에서 겪은 일', 광고도 독자밀착이 되어야 한다는 취지에서 신설한 '자유로운 광고' 등이 새롭게 선보인 것들이다.

다행히도 독자들이나 지면평가위원들의 반응은 좋은 편이다. 얼마 전 열렸던 지면평가위원회에서도 '시내버스 타고 10배 즐기기' 와 '동네사람', '동네이야기', '현장에서 겪은 일' 에 대한 호평이 집중되었다.

하지만 단지 독자나 지면평가위원들의 '좋은 평가' 만으로는 부족하다. 지역민들이 도저히 《경남도민일보》를 보지 않고는 배길 수 없는 그야말로 '킬러 콘텐츠' 가 절실하다. 그래야만 점점 사양화해 가고 있는 종이신문 시장에서 살아남을 수 있다. 지역신문에서 그런 '킬러 콘텐츠' 는 과연 무엇일까?

최근 다시 읽은 『지방신문 특화전략–북유럽 4개국 사례를 중심으로』(차재영 · 강미은 공저)에서 참고할 만한 부분을 메모해봤다. 미국이나 유럽에서 잘나간다는 지역신문의 사례다.

1. 미국 텍사스주 포트워스에서 발행되는 《스타-텔레그램》은 주중 유가부수 23만 부, 일요판 유가부수 약 33만 부에 이르는 지역신문이다.
   이 신문은 3가지 소지역판을 통해 포트워스 및 교외 주민들의 각종 지역이벤트, 예컨대 결혼식, 부고, 졸업식, 학교 운동시합 등을 일일이 충실하게 보도하고 있다. 이러한 로컬뉴스 중시 원칙에 대해 편집국장 짐 위트는 "우리는 20만 매출 부수를 지닌 신문이지만, 5000부 규모의 공동체 소식지처럼 신문을 만든다" 고 말한 바 있다. 《스타-텔레그램》은 구역판을 추가 발행하면서 각 판별로 달리 들어가는 항목별 광고의 수주를 대폭 늘림으로써 증원으로 인한 비용 증가를 상쇄할 수 있었다.

1990년대 중반 이후 로컬뉴스의 강화와 함께 《스타-텔레그램》의 기사 스타일 및 지면에도 변화가 있었다. 이는 '독자에게 친근한 뉴스(reader-friendly news)' 라는 모토로 설명할 수 있다. 이를 가장 잘 대변하는 뉴스 전략이 2001년부터 A2면에 게재되고 있는 '쓸모 있는 뉴스(News 2 Use)' 라는 제하의 기획 기사물이다. 가장 빈번하게 다루는 내용은 건강, 재테크 관련 정보이고, 이외에 도시 환경, 문화, 연예 오락 관련 뉴스가 종종 실린다. 쓸모 있는 뉴스의 전담 편집팀은 도시 중산층이 관심 가질 만한 '유용한' 정보를 발굴해 흥미롭게 전달하는 것을 목표로 삼고 있다. 《스타-텔레그램》의 쓸모 있는 뉴스 기사는 나이트 리더 트리뷴 정보서비스를 통해 다른 신문에도 배급되고 있다.

이와 같은 일련의 지면 전략—독자에게 친근한 로컬뉴스, 생활정보 뉴스, 스포츠 뉴스의 강화—은 일견 《스타-텔레그램》 뉴스의 연성화 경향을 반영하는 듯하지만, 그렇다고 해서 이 신문이 진지한 이슈를 다루는 탐사보도를 소홀히 하는 것은 아니다.

지역 주민들에게 충실한 지역뉴스 및 친근한 생활정보를 제공하면서 '진지한 저널리즘' 의 기본을 무시하지 않는 것이 최근 《스타-텔레그램》의 모습이라고 하겠다.

2. 뉴올리언스에서 발행되는 《타임즈-피카윤》은 매년 초에 열리는 뉴올리언스시의 축제 '마르디 그라' 기간 동안 벌어지는 각종 퍼레이드, 음악 공연, 기타 각종 이벤트의 생생한 보도를 위해 '마르디 그라' 섹션 보도를 강화했다.

이 밖에 지역에서 일어나는 약혼식, 금혼식, 장례식, 학교 운동시합, 지역 경찰 공지사항 등등의 로컬뉴스를 자세하고도 생생하게 전달하는 데 주력해왔다. 지역주민들과 관련된 이벤트에 관한 기사는 종종 '뉴올리언스 스타일'로 쓰이기도 했다. 예컨대 부고 기사의 경우, 사망자가 비록 일반 시민이라도 지역 토박이였다면 그 사람이 어떤 지역 내 모임에 소속되어 활동해왔고, 지역 공동체에 무슨 기여를 했는지 서술하는 추도기사를 실음으로써 지역주민들에게 '뉴올리언스인'으로서의 소속감을 일깨우는 식이다.

《타임즈-피카윤》의 심도 깊은 로컬뉴스 보도에 대한 노력은 현재 이 신문이 시내 중심가에 위치한 본사 편집국 외에 부심 및 교외에 6개의 편집 지국을 설치해 각기 다른 구역판을 발행하는 데에서도 잘 드러난다.

이러한 목표를 더욱 극단적으로 추구한 결과가 매주 일요일 및 목요일에 발행되는 특별 섹션의 발행이다. 특별 섹션은 스포츠, 비즈니스, 가정 관리, 레크리에이션에 관한 기획기사를 로컬뉴스와 결합한 일종의 '우리 동네 소식지'로서, 19개 권역으로 세분화된다. 따라서 지역 소매업자나 '벼룩시장' 형식의 광고를 원하는 일반인들에게 19개 권역 중 하나를 선택하여 광고를 낼 수 있는 기회를 제공하고 있다. 특별섹션은 배달판에 삽입될 뿐 아니라 각 보급소를 통해 일반에 무료로 배포된다.

3. 영국의 《토키 헤럴드 익스프레스》라는 지역신문은 다소 공격적이다 싶을 정도로 적극적인 지면 구성을 추구하는 신문이다. 이러한 공세성의 이면에는 자사 신문에 매우 충직한 독자들을 믿고 자신의 전문분야에 매진하는 확고한 정체성이 깔려 있다. 이 신문이

다소 마니아적인 독자층을 고려하여 공세적인 지면을 구성하는 방식 중 하나는 논란의 소지가 있는 여러 가지 캠페인을 진행시키는 것이다.

대중적 논란을 주도하면서 사람들의 직접적인 참여를 이끌어내는 것에 탁월한 노하우를 갖고 있는 이 신문은, 그 때문에 독자를 독자라기보다 팬(fan)으로 취급하는 독특한 분위기로 유명하다.

4. 영국 남동부 웨일즈 지방에서 가장 많이 팔리는 《사우스 웨일스 아거스》라는 지역신문사 역시 독자들의 관심이 집중될 만한 지역 사안을 발굴하여 이슈를 만들고, 그에 따른 캠페인을 진행시키는 방식으로 독자를 끌어모으는 전략을 채택해왔다.

   이 신문은 "편집진은 신문의 독자들을 종종 놀라게 할 목적으로 신문을 만들지만, 결국 독자들은 오히려 그런 것에 편안함을 느끼는 상태가 되었다"고 말한다. 이 역설적인 언급이 지역적인 사안에 집중하는 신문과 독자들 사이의 단단한 연결 관계를 상징적으로 드러내고 있다.

5. 스웨덴의 지역신문은 1면에 한 평범한 중년 남성의 생일에 관한 기사를 소개하고, 7면에 그의 삶에 관한 장문의 기사로 연결되는 식으로 특수 집단이 아닌 일반 독자 중심의 편집방향을 고수하고 있다.

   출입처를 관리하는 전문 기자 외에 일반기자들은 다양한 주민들을 만나 기삿거리를 획득한다.

   2면 사설, 3면 독자투고, 4~9면 지역사회와 정치, 10면 전국뉴스, 12면 국제뉴스, 13~16면 문화(전국, 지방 망라), 21~24면 경제, 27~28면 학생 등으로 구성되어 있다. 스포츠 섹션은 특별히 매일 발행하고 있으며, 주말에는 논설과 칼럼을 담은 논평 섹션을 별도로 내고 있다.

6. 덴마크 지역신문도 철저한 지역밀착 기사를 내보내고 있다. 예컨대 1면 기사로 퍼스널 스토리(인물 이야기)를 자주 싣는데, 대상 인물은 지역의 주민이 된다. 또한 지역 내 각 타운마다 면을 따로 배정하여 각 타운의 정보나 소식을 싣고 있다.

   나머지 지면은 스포츠, 자동차 등에 할애되는데 주말에는 주택(집에 관련된 기사), 취미, 스포츠 등에 많은 지면을 할애한다.

7. 노르웨이 지역신문에 있어 면별 열독율에 대한 통계 역시 많은 것을 시사한다. 지역신문의 1면 열독율은 99%이다. 2위를 차지하는 면은 퍼스널(개인)에 관한 것으로 88%를 차지한다. 그리고 지역뉴스에 대한 면이 85%를 이루고 있다. 그 뒤를 에디토리얼 페이지와 문화, 경제면이 따르고 있다.

   이를 통해서 노르웨이 지역신문에서 독자들이 중요하게 생각하는 것이 1면과 지역주민들의 대소사를 다룬 'PERSONAL' 페이지라는 것을 알 수 있다.

   신문이 지향하는 모토는 다음과 같다. 우선 독자들에게 가깝고 유용하고 즐거운 신문을 제작한다는 것이다. 또 지역주민들의 현안을 주로 다룬다. 심지어 지역주민들의 일상, 출산, 결혼, 사망 소식까지 크게 다루고 있다. 지역의 현안에 대해서 자유로운 토론이 이루어질 수 있도록 토론의 장을 제공하는 등 지역커뮤니티의 발전을 위해 노력한다.

   또, 한 신문은 한 지면을 할애해서 주민들의 생일축하용 사진을 게재하고 있다. 주민들이 직접 비용을 지불하기는 하지만, 저렴한 요금만을 받고 신문지면을 제공해준다. 신문사는 이들 사진들을 오락적 내용으로 간주하고 있으며, 지역주민들의 호응도 매우 높다. 생일을 맞은 사람들의 사진을 훑어보면 재미있는 편집을 볼 수 있다.

오피니언에는 2면을 할애하고 있는데, 독자들의 질문에 답해주는 코너도 있다. 어떤 종류의 질문도 가능하며, 독자들의 질문에만 답하는 전문기자가 따로 있을 정도다. 토요일에는 애완동물에 대한 문의코너를 특별히 게재하고 있기도 하다. 이런 지면들이 독자들에게 인기가 매우 높다.

8. 핀란드의 지역신문은 1면 전체를 광고로 채운다. 1면을 전적으로 지역의 군소 사업체 광고주들에게 제공함으로써 이 신문이 지역주민들의 것이라는 인식을 얻기 위한 목적도 있다. 오피니언란은 매일 1면씩 할애하여 독자투고와 전문 저널리스트의 칼럼을 싣고 있다. 독자투고는 편지, 이메일뿐 아니라 모바일폰을 통해 전달되는 현안에 대한 짧은 의견도 접수하여 같은 면에 별도의 항목을 만들어 게재한다.

《Aamulehti》는 독자들을 대상으로 지역현안에 대한 토론회나 공청회를 회사 강당에서 개최토록 하고, 그 내용을 지면에 공개함으로써 지역현안에 대한 주민들의 폭넓은 관심을 불러 일으킨다. 이것은 미국의 시민저널리즘 운동과 유사한 방식이다.

이 책의 저자들은 "신문들이 엘리트층이나 특수한 집단의 관심이 아니라 일반적인 관심을 다루고 있는 것이 특징"이라는 점을 강조한다. 사실 이게 우리나라 지역신문의 딜레마다. 일반인들이 대체 어떤 정보나 뉴스에 목말라 하는지를 제대로 연구한 자료가 없기 때문이다. 그 '일반인' 들에게 물어봐도 역시 자신의 관심이 대체 뭔지를 딱 꼬집어 이야기하지 못하는 경우가 대부분이다. 그게 뭘까? 북유럽 신문들이 많이 다룬다는 지역주민들의 일상, 출산, 결혼, 사망? 그리고 생일 소식? 평범한 사람들의 삶에 대한 이야기?

영국의 지역신문이 우리와 다른 점은?

외국의 지역신문은 어떻게 만들고 있는지 직접 확인하고 싶었다. 마침 지역신문발전위원회가 마련한 '지역언론 발전방안' 이라는 주제의 단기연수 과정으로 2011년 6월 12일부터 6박 8일간 영국의 지역신문을 둘러볼 기회가 있었다.

인구 29만 명의 영국 레스터 지방에서 발행되는《레스터 머큐리》는 매일 타블로이드 50~68페이지에 이르는 일간지《레스터 머큐리》와 20~60페이지에 이르는 요일별 섹션신문, 5개 소지역별 무료주간지《메일》(28~36면), 그리고 월 1회 발간되는 스페셜 에디션 '레스터셔 역사이야기' (24면), 월간지《라이프》(130면) 등을 발행한다. 여기에다 모기업인 데일리 메일 미디어그룹의 자매지인 무료일간지《메트로》도 프랜차이즈 형식으로 발행해 배포하고 있다.

놀라운 것은 총 종업원 129명 중 이들 매체를 모두 제작하는 편집국 인력은 62명에 불과하다는 것이다. 물론 무료주간지인《메일》의 경우, 본지인《레스터 머큐리》에 실렸던 기사를 재활용하고,《메트로》의 경우 일부 지면만 지역뉴스로 편집하므로 기사를 추가 생산해야 한다는 부담은 없다. 그래도 그 정도 인력으로 매일 타블로이드 평균 100페이지와 월간잡지까지 만들 수 있다는 것은 대단한 일이다.

"우리도 항상 인력부족에 시달리죠. 그러나 편집국장으로서 가장 큰 고민이 비용절감입니다. 비용은 줄이고 수익은 유지하는 게 회사 방침이거든요. 당초 저널리스트만 100명이 넘었는데, 본사(데일리 메일 미디어그룹) 경영진에서 55명으로 줄이라고 했지만, 내가 고집을 부려 62명으로 유지한 겁니다. 저널리즘을 유지하기 위한 최소한의 인력이죠."

이 신문사의 편집국장 키스 퍼치(Keith Perch)의 말이다. 우리와 다른 점은 웹사이트를 관리하는 뉴미디어 분야의 인력이 딱 1명뿐이라는 것이었다. 웹사이트는 본사에서 일괄적으로 관리하기 때문이라고 한다.

《레스터 머큐리》의 하루 판매부수는 6만 부에 약간 못 미친다. 2001년까지만 해도 11만 부가 넘었는데, 2005년 8만 부, 2009년 6만 부로 뚝뚝 떨어져왔다. 키스 퍼치는 "그래프만 본다면 신문 보는 사람이 크게 줄어든 것으로 보이지만, 일주일에 여섯 번 모두 사 보는 사람이 줄었을 뿐, 오히려 일주일에 한 번 사 보는 사람은 많이 늘었다"며 "신문의 소비방식이 변한 것"이라고 말했다. 그는 또한 "독자가 줄어든 건 사실이지만, 충성 독자는 많기 때문에 1부에 40펜스(800원 정도) 하는 가격을 1파운드(1700원 정도)로 인상하는 방안을 검토 중"이라고 말했다.

무료 주간지인 《메일》은 10만 4000부를 발행해 각 가정에 투입한다. 배포는 에이전시(대행사)를 이용한다.

가장 특이한 것은 '레스터셔 역사이야기'라는 스페셜 에디션이었다. 영어로는 'Leicestershire Chronicle'이 제호였고, 아래에는

'The county' s nostalgia and local history monthly' 라는 부제가 붙어 있었다. 말 그대로 지역 역사와 향수를 불러일으키는 내용으로 꾸미는 월간 섹션이었다. 24페이지에 불과했지만, 65펜스라는 높은 가격이 붙어 있었다. 일간지가 100페이지 남짓에 40펜스인데 비하면 그만큼 비싸도 팔린다는 뜻이다.

또 다른 월간잡지인《라이프》는 '사람' 과 '집' , '정원' , '패션' '건강과 화장' , '생활' , '자동차' , '여행' 등의 내용으로 전면 컬러로 발행되고 있었다. 그러나 이 월간잡지 또한 '풀타임 스태프(전담 인력)' 가 없다. 편집장도 키스 퍼치 국장이 겸하고 있었다.

"일간지 기자들에게 수당을 더 주고 기사를 쓰게 하거나 프리랜서를 쓰죠."

《라이프》는 원래 한 권에 2파운드 95펜스(5000원 정도)의 책값을 매겼지만, 지금은 부자들이 사는 동네에 무료로 끼워 넣고 있다. 광고수익으로 운영하고 있는데, 연간 10만 파운드(1억 7000만 원) 정도 번다고 한다. 신문사의 전체 매출액은 3000만 파운드(약 510억 원).

일간지의 요일별 섹션은 sport, jobsite, Find a property, the week, the wave, business 등이다. 적게는 20페이지, 많게는 60페이지 정도로 제작한다. 가장 인기가 높은 섹션은 아무래도 부동산(Find a property)이다. 스포츠의 경우 시즌에 따라 발행면수를 달리한다. 눈여겨볼 섹션은 'the wave' 라는 건데, 어린이와 학부모들에게 취재와 편집을 거의 전적으로 맡긴다고 한다. 기자는 그야말로 도와주는 역할만 한다.

키스 퍼치 편집국장에게 물었다.

–1면 머리기사가 대개 범죄 사건이다. 피고인과 피해자의 실명은

물론 사진까지 쓰고 있는데, 이렇게 해도 문제가 없나?

"법정이 오픈되어 있으므로 시민이나 저널리스트나 모두 방청할 수 있다. 그런데 요즘은 관련자가 신문에 자신의 실명이 보도되지 않도록 신청할 수 있다. 그래서 실명보도를 못할 땐 답답하기도 하다."

–거의 모든 지면에 사진이 인물사진을 쓰고 있는 게 인상적이다. 특별한 이유가 있나?

"(당연한 걸 왜 묻느냐는 표정과 말투로) 일반적으로 독자들이 인물을 원하지 않느냐?"

–지역밀착, 주민밀착을 위해 어떤 노력을 하고 있나?

"편집국장이 주민들을 자주 만난다. 행사에서 연설도 하고 의견도 수렴하고 있다."

–《레스터 머큐리》의 정치적 성향은?

"레스터 시의 전 시장이었던 울트라 폭스가 트위터를 통해 나(편집국장)의 성향을 보수라고 비난한 적이 있다. 그러나 나의 편집방침은 런던 본사에 있는 최고경영자에게만 이야기할 뿐 누구에게도 드러낸 적이 없다. 물론 최고경영자도 여기에 대해선 개입하지 않는다. 신문은 편집국장이 모든 권한을 갖는데, 우린 보수당이 맞으면 보수당 편을 들고, 노동당이 옳으면 노동당의 입장을 든다. 우린 레스터 시를 위해 올바른 것을 추구할 뿐이다."

한국 지역신문이 어려움에 처한 까닭

강원도에서 발행되는 주간지 《원주투데이》 오원집 대표이사(바

른지역언론연대 회장)가 미국의 한 지역신문사에 방문했을 때의 이야기다. 신문의 1면 머리기사가 동네 빵집 주인의 죽음이었다. 한국 신문에서는 볼 수 없는 기사였다. 오 대표가 물었다.

"이 기사가 1면 톱이 될 만큼 중요한 건가요?"

미국인 편집국장의 대답은 이랬다.

"이제 다시는 그분이 만든 빵을 먹을 수 없으니까요."

내가 영국에서 사 온 신문들도 그랬다. 아일랜드공화국에서 나오는 전국지 《아이리시 타임스》는 우리나라의 신문대판과 거의 같은 판형인데, 12면 전체를 털어 'Obituaries' 라는 사망기사를 싣고 있다.

모두 5명의 사진과 기사가 실렸는데, 그들이 어떤 삶을 살아왔고, 어떤 사회적 활동을 했으며, 그에 대한 주변 인물들의 평판은 어땠는지 등의 내용이 담겨 있다. 일종의 '짧은 평전' 인 셈이다.

영국의 북웨일스에서 나오는 〈에코〉라는 지역신문 27면은 결혼기사를 싣고 있었다.

△부부의 이름 · 나이 · 직업 △결혼식은 언제, 어디서 했나 △어떻게 만났나 △프러포즈는 언제, 누가, 어떻게 했으며, 프러포즈 받았을 때의 기분은 어땠나 △몇 년간 연애를 했고, 결혼식 때는 어떤 옷을 입었으며, 하객은 얼마나 왔나. 그리고 주례와 사회는 누가 맡았고, 축가는 누가 불렀는지, 신혼여행은 어디로 갔으며 어떤 추억을 만들었는지 등의 내용이 기사에 담겨 있다.

한때 《경남도민일보》도 '우리 결혼해요' 라는 지면이 있었다. 찾아보니 2006년까지 실리다 어느 순간 사라졌다. 당시 글은 예비신랑이나 신부가 기고 형식으로 보낸 글과 사진을 지면에 실어주는 방식이었다. 다시 이 지면을 되살릴 수 있는 묘책을 찾은 것 같아 반가웠다.

사망기사도 마찬가지다. 《경남도민일보》 역시 지역주민의 사망을 중요하게 다루기 위해 적지 않은 노력을 기울여왔다. 장례식장과 제휴도 시도해봤고, 부음이 들어오면 유족에게 전화를 걸어 고인의 삶을 취재해 싣기도 했다. 그러나 결국 실패했다. 슬픔에 빠진 유족들이 기자의 취재에 일일이 응대해주지 않았기 때문이다. 그래서 사회적으로 잘 알려진, 신문사 인물DB에 이미 프로필이 확보되어 있는 분에 한해 '떠난 이의 향기'라는 코너에 담아왔다.

아일랜드 신문의 결혼 기사

하지만 이들 미국과 영국, 아일랜드의 신문을 벤치마킹하면 쉽게 해결될 수 있는 문제였던 것이다.

이들 신문과 한국 신문의 가장 큰 차이점은 《아이리시 타임스》와 같은 전국단위의 신문에서부터 《레스터 머큐리》 같은 광역 일간지, 그리고 《메일》과 같은 소지역신문에 이르기까지 다들 '생활정보지'를 겸하고 있다는 사실이었다.

나는 그동안 '한국 지역일간지가 어려움에 처한 것은 벼룩신문이나 교차로 등 생활정보지에게 소액광고 시장을 빼앗겨버렸기 때문'이라고 종종 이야기해왔다. 이번 영국연수 과정에서도 이 같은 믿음을 다시 확인할 수 있었다.

또 하나의 뼈아픈 사실은 한국 신문이, 아니 우리가 고비용을 들여 어렵게 생산한 콘텐츠를 너무 허무하게 일회성으로 소비하고 있다는 점이었다. 흔히 '원 소스 멀티 유즈(One Source Multi-Use, OSMU)'라는 말을 하면서도 그걸 '신문 지면에도 쓰고, 인터넷에도 제공하는 것' 정도의 의미로만 자족해왔다. 그러나 영국을 포함한 유럽 신문들은 하나의 콘텐츠를 일간지와 인터넷은 물론, 무료 주간지, 커뮤니티 페이퍼, 전문 주간지, 전문 월간지까지 타깃층을 달리해가며 다양한 미디어로 확장하여 사용하고 있었던 것이다.

실제로 영국 신문들뿐 아니라 오원집 대표가 조사해 온 독일 신문들도 그랬다. 2만 5000부를 발행하는 《베르게도르퍼 차이퉁》은 전체 직원 중 기자가 26명에 불과하지만, 부족한 인력은 프리랜서로 활용하고 있다. 예를 들어 지역면의 경우 기자 1명과 자유기고가 1명이 1개 면을 담당하는 식이다. 이 신문도 생활정보지 3개를 주간으로 발행하고 있는데, 여기에 투입된 기자는 5명에 불과했다.

경남도민일보

함안군 칠원면 박효림-안봉형 씨 부부

공개 프러포즈로 신부 설레게하다

봉형, 유치원서 본 효림 씨 맘에 담아

300명 참석 행사장서 신부에게 구혼

우리가 벤치마킹한 결혼 기사

독일에서 가장 오래된 지역일간지인《힐데스하임 알게마이네 차이퉁》은 전체 직원 250명 가운데 40명이 편집국 소속이고, 인쇄 80명, 출판 50명, 마케팅 인력이 80명이다. 인쇄와 출판에 인력이 많은 것은 이 회사가 전국적으로 유명한 출판사이기 때문이다. 이 신문사도 일간지(4만 5000부)와 생활정보지 2개(수요일판, 일요일판)를 발행한다.

영국 신문협회 조사 결과 독자들은 '지역신문의 지역뉴스' 에 가장 관심이 높다고 한다. 또 '지역과 지역인물에 초점을 둔 기사' 를 가장 선호한다는 미국신문연구소 조사 결과도 있다. 이쯤 되면 지역신문이 가야 할 길은 명확해졌다.

바로 '더 지역 속으로, 더 사람 속으로' , 좀 유식한 척한다면 '하이퍼 로컬' 이다.

중국신문에서 배워야 할 것은?

우리《경남도민일보》에서 기자로 일하다 홀연히 사표를 내고 중국 유학길에 오른 기자가 있다. 이서후 기자였는데, 그 친구가 중국에서 현지 신문 한 뭉치를 소포로 보내왔다. 우리 신문 편집과 제작에 참고하라는 뜻이다. 그래도 친정이라며 잊지 않고 싸서 보내준 정성이 고마웠다. 그 친구가 보내준 편지 일부를 소개하면 이렇다.

"이래저래 모인 신문을 버리기가 아까워 부쳐 보냅니다. 레이아웃 정도는 참고할 만하겠지요. 중국언론은 크게 '체제 내 언론'

과 '체제 외 언론' 으로 나눕니다. '신화사' 나 《인민일보》, 《중국청년보》 등은 모두 국가기관이나 중국공산당에서 관리하는 '체제 내 언론' 이라 할 수 있겠지요. 그 외 민간기업이 만든 신문이 체제 외 언론입니다. 체제 내 언론 기자들은 근무환경이 상당히 좋습니다. 돈 이야기가 아니라 어딜 가도 '먹어준다' 는 겁니다. 관련자료를 얻거나 인터뷰 따내기도 쉽겠지요. 그래서 체제 외 언론 기자들이 '나 같으면 발로도 기사 쓰겠다' 고 비아냥대기도 하지요.

실제 민간자본으로 만들어진 신문사들이 꽤 괜찮은 기사를 써내는 것 같습니다. 예를 들어 보낸 것들 중에 《남방주말》이란 신문을 보면, 한 면이나 혹은 두 면을 모두 할애해 한 건의 기사를 싣습니다. 대부분 해설이나 탐사 등등 깊이 있는 내용입니다. 이 신문의 모기업은 광주에 본사를 두고 있는데, 10종류가 넘는 신문을 찍어내는 언론 대기업이라 할 수 있지요.

중국 언론계는 상당히 활기차 보입니다. 한창 발전 중이어서 그런가요. 열정 가득한 기자들도 꽤 보입니다. 아직은 '신문위기' 라는 걸 실감하지 못하는 것 같습니다. 가판대에서 신문을 사 보는 대학생들이 꽤 많더라고요. 하지만 10대 · 20대 아이들이 문자보다는 디지털 이미지에 더 익숙한 걸 보면 언젠가는 중국 신문들도 새 방법을 모색해야 할 겁니다.(…)"

그 친구가 보내준 중국신문들을 책상 옆에 두고 틈틈이 살펴봤다. 그런데 좀 특이한 게 있었다.

모든 지면의 상단 또는 하단에 책임편집(責任編輯)자의 이름이 있는 것이었다. 아니 책임편집자뿐 아니라 조리편집(助理編輯)자의 이름도 있고, 미술편집, 책임교열자의 이름도 있었다. 어떤 지면은 '실습생' 의 이름도 상단에 표기되어 있다.

더 흥미로운 점은 그들의 이름 옆에 이메일과 전화번호까지 적어 뒀다는 것이다. 아마도 편집이나 기사배열에 대해 할 말이 있는 독자는 메일이나 전화로 연락 달라는 뜻인 것 같다. 어떤 신문은 책편(責編), 편집(編輯), 미편(美編)으로 표기한 경우도 있었는데, 아마도 '책편' 은 책임편집자, 즉 데스크를 뜻하는 것 같고, '편집' 은 편집기자, '미편' 은 미술편집의 줄임말로 보인다.

반면 '체제 내 언론' 인《인민일보》에는 그런 편집자의 이름을 찾을 수 없다. 우리나라 신문 역시 기사를 써낸 기자 이름을 반드시 명기하는 '기자실명제' 는 정착되어 있지만, 편집기자나 교열기자의 이름을 명기하는 신문은 없다.

흔히 우리는 중국을 우리보다 더 폐쇄적인 사회로 알고 있다. 그런데 그런 사회에서도 '체제 외 언론' 은 우리나라 신문보다 훨씬 편집도 발랄하고 역동적이었다. 또한 편집기자의 이름까지 지면 상단에 표기하고 연락처를 공개함으로써 독자의 피드백을 받겠다는 자세 역시 우리보다 훨씬 개방적으로 보인다. 특히《남방주말》은 언론통제가 심한 중국사회에서 가장 반체제적 논조로 탄압을 받는 일도 많은 신문이라고 한다.

작은 차이처럼 보이지만 편집자에게 책임성과 자부심을 부여하는 차원에서 우리 신문도 이렇게 하면 어떨까.

지역신문의 핵심콘텐츠는 '사람'

독자들은 신문에서, 특히 '지역일간지' 에서 어떤 기사를 읽고 싶어 할까?

이 질문은 내가 《경남도민일보》 편집국장을 맡은 이후 끊임없이 탐구해온 주제였다.

우리나라에는 수많은 지역일간지가 있지만, 거기에 실리는 기사와 편집, 지면배치는 소위 '중앙지' 라 불리는 서울지역신문들과 별로 다를 게 없다. 서울지 기자들이 정부부처와 서울시청, 국회, 법원 · 검찰, 경찰서 등 관공서에 둥지를 틀고 취재를 하듯, 지역지 기자들도 시 · 도청과 시 · 군 · 구청, 지방의회, 지방법원 · 검찰, 경찰서 기자실에 포진해 있다.

거기서 나오는 뉴스도 신문마다 대동소이하다. 어떤 신문에는 좀 크게 실리고, 다른 신문에는 좀 작게 실리느냐의 차이만 있을 뿐이다. 같은 사안을 놓고 논조를 달리하는 경우도 있지만, 대개 뉴스의 출처가 관공서라는 것은 다를 게 없다. 일반 평범한 독자들 속에서 나오는 기사가 드물다는 것이다.

물론 신문사의 문화부처럼 관공서 출입처와는 좀 거리가 있는 부서의 기자들도 있지만, 그들이 직접 만나 자신이 쓴 기사에 대한 반응을 접하는 사람들 역시 일반 독자가 아닌 예술가와 작가, 문화단체 등 취재원들이다. 그러다 보니 취재원이 좋아할 기사를 쓰는 데는 익숙하지만 정작 독자가 좋아할 기사는 뭔지조차 알기 어렵다.

그런데 문제는 실제 일반 독자에게 물어봐도 자신이 기존 신문에선 볼 수 없는 어떤 기사를 원하는지 말해주는 이가 없다는 것이다.

독자 스스로도 깊이 생각해보지 않았기 때문일 것이다.

그러면 어떻게 해야 할까? 잘나간다는 우리나라 지역신문은 물론 유럽과 북미에서 특히 지역민에게 사랑받는 신문들을 벤치마킹해봤다. 공통점은 사람과 정보, 그리고 이슈에 강하다는 것이었다. 사람 중에서도 전혀 유명인사가 아닌 평범한 이웃의 이야기가 신문에 넘쳐난다는 게 특이했다.

스웨덴의 한 지역신문은 1면에 평범한 중년 남성의 생일에 관한 기사를 싣고, 7면에 그의 삶의 대한 장문의 기사를 연결시키는 편집 방침을 고수하고 있었다. 덴마크의 지역신문은 아예 1면 전체를 퍼스널 스토리로 꾸미고 있었다. 미국 텍사스주에서 발행되는 한 신문은 지역주민들의 결혼식, 부고, 졸업식, 학교 운동시합 등을 일일이 충실하게 보도하고 있다. 뉴올리언스의 한 신문은 부고 기사의 경우, 사망자가 비록 일반 시민이라도 지역 토박이였다면 그 사람이 어떤 지역 내 모임에 소속되어 활동해왔고, 지역 공동체에 무슨 기여를 했는지 서술하는 추도기사를 실음으로써 지역주민들에게 '뉴올리언스인' 으로서의 소속감을 일깨우고 있었다.

또한 전통적인 개념의 '뉴스' 보다는 실생활에 도움이 되는 '정보' 가 신문에 많다는 것도 인상적이었고, 지역사회에 어떤 이슈가 발생하면 그냥 단순 중계보도하는 데에 그치지 않고 대중적 논란을 주도하면서 사람들의 직접적인 참여를 이끌어내는 시민운동단체의 역할까지 하고 있는 것도 사랑받는 지역신문들의 특징이었다.

그러나 외국의 독자들이 그걸 좋아한다고 해서 우리 독자들도 과연 좋아할지가 문제였다. 우선 평범하지만 자신의 일과 삶에 자부심을 갖고 당당하게 살아가는 우리 이웃들을 소개하는 '동네사람' 코너를 신설해 실험삼아 지면에 실어봤다. '동네이야기' 라는 지면도 신설했다.

마산 신세계백화점 앞 길가에서 채소를 파는 노점 할머니, 친절하기로 소문난 시내버스와 택시 운전기사, 블로그 하는 밥집 아줌마, 헌책방 주인 아저씨, 우산 고치는 할아버지, 5일장에서 두부 파는 청년, 산불감시원, 전자제품 수리 기술자 등 우리 주위에서 흔히 볼 수 있는 사람들의 이야기가 그렇게 해서 지면에 실렸다.

그런 기사가 나간 날에는 트위터와 페이스북, 블로그를 통해 누리꾼들의 반응을 물어보았다. 또한 하루에 한 분씩 독자들께 전화를 걸어 최근에 가장 인상 깊었거나 재미있게 읽은 기사를 물었다. 매월 열리는 지면평가위원들의 반응도 살폈다. 그렇게 하여 축적된 독자의 반응을 꼼꼼히 분석했다.

역시 우리의 기대는 크게 빗나가지 않았다. '동네사람' 과 '동네이야기' 를 너무나 많은 사람들이 사랑해주셨던 것이다. 역시나 사람이 희망이었다. 서울지를 모방하지 않고, 서울지는 절대 따라 할 수 없는 지역신문만의 핵심 콘텐츠를 우리가 찾아낸 것이다.

마침 이 글을 쓰는 도중 우리 신문이 운영하고 있는 인터넷 '갱상도블로그' 에 한 독자님이 이런 글을 올렸다.

"우리가 경남도민일보에 열광하는 이유는 아는 사람들의 기사가 많이 나오고, 우리 주변의 자잘한 일과, 이런 것들도 기사감이 되는가 싶을 정도로 평범한 내용도 올라오기 때문에 꼭 동네 사랑방에서 나누는 동네사람들의 수다 같아서 가게 문을 열면 신문부터 집어 들고 쭉 훑고 난 뒤, 일을 시작한지도 일 년이 되어간다."

자신의 이야기가 신문에 실린 밥집 아줌마는 또 이렇게 그날 하루의 감상을 올렸다.

"전화통이 불이 나고 밀려드는 문자 알림에 무슨 일인가 했더만 인터뷰 기사가 1면에 커다란 사진과 함께 나왔다는 것이다. (…) 그날 하루종일 웃으며 일일이 손님들에게 바쁘게 왔다갔다 인사를 해야만 했다. 아는 체하는 분들의 관심이 너무 뜨거워 얼굴 근육이 찢어질라 했는데도 미소를 내릴 수가 없었다. 가게 위치를 묻는 전화며 일부러 찾아온 손님까지(…)"

바로 이게 우리가 바라는 지역신문의 역할이다. 이웃과 이웃을 연결시켜주는 소통망과 같은 신문 말이다. 이런 독자의 반응을 바탕으로 《경남도민일보》는 2011년 5월 11일 창간 12주년을 맞아 '사람'과 '정보', '이슈'를 대폭 강화하는 지면개편을 단행했다. 또 1면에는 그날 하루의 뉴스와 정보를 일별할 수 있는 인덱스를 신설했다.

지역인물 스토리텔링에서 길을 찾다

지역신문만의 킬러콘텐츠는 뭘까? 독자와 가장 가까워질 수 있는 밀착보도란 무엇일까? 재미도 있고 유익하기도 한, 그래서 지역주민들이 지역신문을 찾아 읽게 만드는 그런 매력적인 기사는 없을까? 그런 콘텐츠가 있다면, 그게 과연 신문사의 수익과 경영 개선으로 연결될 수 있을까?

지난 2년간 《경남도민일보》의 지면 실험은 이 질문에 대한 답을 찾는 과정이었다. 매일 한 명의 독자와 전화인터뷰를 통해 이 질문을 했고, 그걸 '독자와 톡톡' 이라는 제목으로 신문에 실었다. 매월 열리는 지면평가위원회의 평가내용도 분석했다.

그렇게 찾아낸 성과물이 '지역인물 스토리텔링' 이었다. '사람 사는 이야기' 에 가장 많은 흥미와 공감, 감동을 느끼는 것으로 나타났던 것이다.

2010년 8월부터 평범한 사람들의 살아가는 이야기를 지면에 담아내는 '동네사람' 코너를 주 2회 이상 지면에 실었다. 지금까지 150여 명의 이야기가 '동네 사람' 에 실렸다.

또 그들 중 스토리가 많은 사람이 있으면, 그의 인생을 집중 취재하여 내러티브 방식으로 연재도 했다.

젊은 부부가 결혼에 골인하기까지의 과정을 담은 '우리 이렇게 결혼했어요' 코너도 매주 1회 원고지 13매 분량으로 싣고 있다. 맛집으로 알려진 식당의 주인 할머니가 돌아가시면, 단순 부음기사가 아닌 '떠난 이의 향기' 라는 코너에 실린다. 문화예술인이나 학자, 시민운동가 등의 부음도 마찬가지로 그의 일생을 취재해 1면에 싣기도 한다.

현재 활동 중인 오피니언 리더의 살아온 과정과 방식, 철학도 우리의 주요관심사였다. '지방의원 요즘 뭐 합니까?' 라는 코너에서는 경남도의원과 시 · 군의원들의 삶과 활동상을 실었고, '이런 공무원' 이란 코너에선 공무원들의 이야기를 싣기도 했다.

또한 맛집을 소개하는 기사에서도 단순히 음식만 소개하는 게 아니라, 그 음식을 만드는 주인의 철학을 함께 담았고, 문화면이나 스포츠면에서도 사람에 주목하는 기사의 비중을 늘여나가고 있다. '지역의 사람을 기록하는 작업' 이야말로 지역신문만이 할 수 있는 킬러 콘텐츠였던 것이다.

경남도민일보

동네사람 더 주고 또 주는 국숫집 주인 송미영 씨

"배고픈 서러움 다른 누구도 겪지 않았으면"

더 드시라 손님과 실랑이하는 화수분 같은 인심 화제 "가난한 시절에 굳힌 신념"

동네사람 호호국수 송미영 씨 편

독자들의 반응은 기대 이상이었다. 예를 들어 11회에 걸쳐 연재된 한 식당 아줌마 송미영 씨의 이야기는 '호호국수' 라는 식당을 단숨에 지역의 명소로 만들었고, 그가 등장한 '동네사람 토크쇼' 에는 수십 명의 '팬' 이 모였다. 아줌마는 지역의 유명인사가 되었다. 점심때면 손님들이 줄을 서서 기다려야 할 정도로 식당의 매출이 급증한 것도 물론이다. 하지만 무엇보다 이번 기사를 계기로 23년 전 생이별해야 했던 엄마 같은 스승을 다시 만나 자기 삶을 되찾을 수 있었다는 점이 많은 이들을 훈훈하게 했다.

다음은 송미영 씨 기사가 처음 나간 날 내가 기록해둔 당시의 상황이다.

> 지난주 아주 특별한 경험을 했다. 2011년 5월 11일은 《경남도민일보》 창간 12주년 기념일이었다. 하루 전날 이승환 기자와 함께 창원에 있는 호호국수에 점심을 먹으러 갔다. 호호국수는 페이스북 창원시 그룹(애칭 '페이비')에 자주 소개되는 식당이다. 그 인기의 비결이 궁금했다. 페이스북에 짧은 질문을 올렸다.
>
> "호호국수가 페이비언들에게 그토록 인기가 높은 이유가 뭔가요?" 수십 개의 답글이 줄을 이었다. 공통점은 하나였다. "음식 맛도 좋지만, 무엇보다 주인 아주머니의 넉넉한 인심이죠."
>
> 그랬다. 호호국수에는 메뉴에 아예 곱빼기가 없었다. 그러나 손님이 달라면 얼마든지 더 준다. 더 달라고 하지 않아도 수시로 "모자라지 않나요?"라고 물었다. 국수뿐 아니라 공깃밥도 몇 그릇이든 더 먹을 수 있다.
>
> 하지만 그 넉넉한 인심에는 남모르는 아픈 사연이 있었다. 호호국수 송미영(43) 씨의 이야기를 담은 기사는 이렇게 해서 창간 12주년 기념호 1면을 훈훈하게 채웠다. 같은 면에 실린 지면개편 안내 칼럼 '역시 사람이 희망입니다' 와도 딱 맞아 떨어지는 콘셉트였다.
>
> 그날 인터넷에서는 '난리' 가 났다. 송미영 씨의 기사가 나온 신문

을 찍은 사진이 페이스북에 넘쳐났고, 각각의 사진과 링크에는 100여 개에 이르는 감동의 댓글이 줄을 이었다. 그중 한 명은 재빨리 《경남도민일보》 편집국을 방문, 남은 신문을 싹쓸이해 호호국수로 뛰어갔다. 이심전심으로 호호국수에 모인 페이비들은 '점심 번개' 소식과 함께 부끄러워 어쩔 줄 모르는 송미영 씨의 모습을 페이스북에 전송했다. 그날 하루 페이스북을 통해서만 네 분이 《경남도민일보》 구독신청을 해주셨다. 호호국수의 전화번호를 묻는 문의도 빗발쳤다.

여운은 계속됐다. 이어지는 댓글 중 누군가 '금요일(13일) 호호국수에서 점심 번개'를 제안했고, 또 다른 누군가는 '한꺼번에 많은 사람이 몰려가면 혼잡스러울 것'이라며 미리 주문 예약을 받았다.

금요일 낮 12시. 호호국수는 다른 손님을 받을 수 없었다. 30여 명의 페이비들이 좁은 식당 안을 가득 채워버렸기 때문이다. 그중 한 분은 예쁜 생일 케이크를 준비해 와 나더러 불을 끄라고 했다. 《경남도민일보》 12돌 생일과 호호국수의 번창을 축하하고 기원하는 의미라고 했다. 또 다른 누군가는 신문기사를 출력해 만들어 온 액자를 메뉴판 옆에 걸었다.

'번개 미팅'이 마무리될 무렵, 내내 주방에 있던 송미영 씨가 인사를 하고 싶다고 했다. 모두의 눈이 그의 입으로 쏠렸다. 그러나 그는 말 대신 넙죽 바닥에 엎드려 큰 절을 했다. 당황한 내가 그를 일으켜 세웠다. 나도 모르게 그를 꼭 끌어안고 말았다. 눈시울이 뜨거워졌다. 송 씨도, 옆에서 지켜보던 페이비들도 울었다.

페이스북을 통해 거의 실시간으로 이 과정을 본 문화콘텐츠 기획자 김태훈 씨는 "페이스북 회원들이 발굴하고 프로페셔널 기자가 취재해 만들어낸 멋진 이야기"라며 "지역에서 살아 숨 쉬는 이야기를 반 발짝 뒤에서 좇아가면서 이야기로 만들어내는 이런 것이야말로 진정한 지역 스토리텔링"이라는 감상평을 남겼다.

《경남도민일보》에서 '미디어의 미래'를 강연한 김선진 경성대 디지털콘텐츠학부 교수는 "소셜미디어로 인해 뉴스의 기획단계에서부터 수용자들의 의견과 반응을 미리 파악하고, 뉴스 생산 후 수용자들의 반응을 관찰하고 피드백을 받는 게 가능하게 되었다"며 "이로 인해 독자는 일방적 수용자가 아니라 중요한 정보원이자 정보생산자로 진화하고 있다"고 말했다.

이들의 말대로 '스마트한 독자'들과 함께할 수 있어 너무나 행복했다.

호호국수 송미영 씨 이야기는 2011년 연말 독자들을 상대로 조사한 '2011 우리를 감동케 한 기사' 4위에 오르기도 했다. 이 기사에 대한 독자들의 반응을 몇 개 소개하면 이렇다.

"7년 된 독자다. 아침에 《경남도민일보》를 읽고 일터로 향하는 게 이젠 일상이 됐다. 최근 기사 가운데는 '작지만 강한 여자 송미영 이야기'에 푹 빠져 있다. 매일매일 연재소설을 읽는 기분이다. '블로그 하는 밥집아줌마 오유림 씨' 기사도 인상 깊게 읽었다. 기사를 읽고 당장 밥집 위치를 알아놓기는 했지만, 아직 가보지는 못했다. 아들과 함께 꼭 한번 가볼 예정이다."

창원시 마산합포구 독자 박정순(63) 씨

"호호국수 사장님 사연이 가슴 따뜻하고 기억에 남는 기사였어요. 특히 김주완 국장님이 쓴 '호호국수와 함께한 독자들'은 오랜만에 가슴이 뜨거워지는 감정을 느끼게 해줬답니다."

역시 '사람'이 희망이다. 최근 지면개편에도 이런 '사람' 냄새가 짙게 배어 나와 긍정적으로 보고 있단다.

"지면개편 이후 '사람' 기사가 많이 늘었잖아요. 1면에도 사람 중심의 기사가 많이 나오고. 그래서 사람 냄새 나는 따뜻한 신문으로 한 발 나아갔다는 느낌이에요."

창원시 진해구 경화동 배이화 씨

최 씨가 최근《경남도민일보》를 보면서 가장 눈에 띄고 관심 있게 지켜보는 기사는 주로 '사람기사'. 맨 처음, 이 질문을 했을 때도 '호호국수' 송미영 사장 이야기를 먼저 꺼냈다.

"'동네 사람'인가요? 그 코너를 자주 보는 편입니다. 얼마 전엔 창간기념호에 난 '호호국수' 이야기가 인상에 남더군요. 주위 사람 이야기가 많아져서 좋아요."

수박 반 통을 수리비로 받기도 하는 컴퓨터 수리기사 김성년 씨는 어디선가 본 듯한 동네 아저씨 같고, '중앙서점' 한영일 씨는 여고시절에 가끔 들러본 적 있는 서점의 주인이다.

"일반인을 대상으로 하는 인터뷰 기사를 보면서 우리 주변 사람도 신문에 나올 만한 사연이 있고 이야기가 있는 사람이라는 생각이 들었어요. 대단한 정치인이나 유명 연예인만 신문에 나오라는 법이 없다는 걸 알려주는 것 같기도 하고요."

사실 최 씨는 아이와 씨름하느라 신문을 꼼꼼히 챙겨볼 여유는 없단다. 그래서 정치나 사회문제 기사는 관심을 두고 보는 편이 못 된다.

"그래도 도민일보가 가진 장점은 있다고 생각해요. 사람에 대한 따뜻한 시선이 좋습니다. 최근에 부쩍 1면에 사람 얘기가 많아서 시간이 없는 저도 자주 들여다보게 되지요."

창원시 성산구 남양동 독자 최미현(32) 씨

최근 우리 신문 기사들 어떠세요? 라고 물었다.

"그거 좋데예. 호호국수. 기사 보고 함 묵으로 가봤다는 거 아임미꺼. 양도 엄청 마이 주고 맛도 있던데예. 그냥 장사하는 아줌만 줄 알았는데 가야금까지 다루는 거 보고 깜짝 놀랐어예. 대단한 양반이데예."

그런 사실을 보도한 경남도민일보도 대단한 거 아닌가요? 라고 농을 입혀 질문을 던졌는데 덥석 무섰다.

"맞아예. 도민일보도 참 대단해예. 우찌 그런 사람을 취재했는고. 대단해예. 고생 많습니더."

창원서 자영업하는 독자 이모 씨

창원시 내동 호호국수(사장 송미영)와 페이스북 창원시 그룹(애칭 '페이비') 회원들의 사랑나눔이 이어지고 있다. 호호국수는 본보의 기사로 소개돼 유명해졌으며 현재는 송미영 사장의 인생 이야기가 연재되고 있다.

창원시 페이스북 그룹 회원들은 2일 정오 '호호국수'에서 번개만

남을 했으며 송미영 사장은 이들에게 무료로 식사를 제공했다.

이날 번개만남은 송미영 사장이 점심식사를 대접하겠다고 말하고 이를 전해 들은 배수용 페이비언이 페이스북 창원시 그룹에 공지함으로써 성사됐다. 이날 번개만남에는 30여 명의 페이비언들이 참석해 온라인을 뛰어넘은 인간관계를 과시했다.

이들은 또한 '창원시 얼숲 친구들' 이라는 이름의 기념시계를 송미영 사장에게 전달하기도 했다. '얼숲' 이란 '페이스북' 을 한글화한 단어다.

이날 번개만남에 참석한 한 페이비언은 "점심 때부터 매상이 큰 집인데도 사장님이 매상이 문제가 아니라고 말하며 초대를 해줬다" 고 말했다. 호호국수 송미영 사장도 페이비언들에게 "사람과 사람이 나누는 이러한 정이 재산이며 우리 집을 찾는 여러분들이 있어 행복하다" 고 말했다.

'호호국수' 송미영 사장, 페이스북 '창원시 그룹' 에 점심 대접 기사

호호국수 페이스북 번개 모습

송미영 씨의 이런 인기는 그해 11월 25일 한 소극장에서 40여 명의 팬들이 모인 가운데 '동네사람 토크쇼' 로 이어졌다. 송미영 씨는 이날 40그릇의 국수와 수육을 감사의 표시로 참석자들에게 쏘았다.

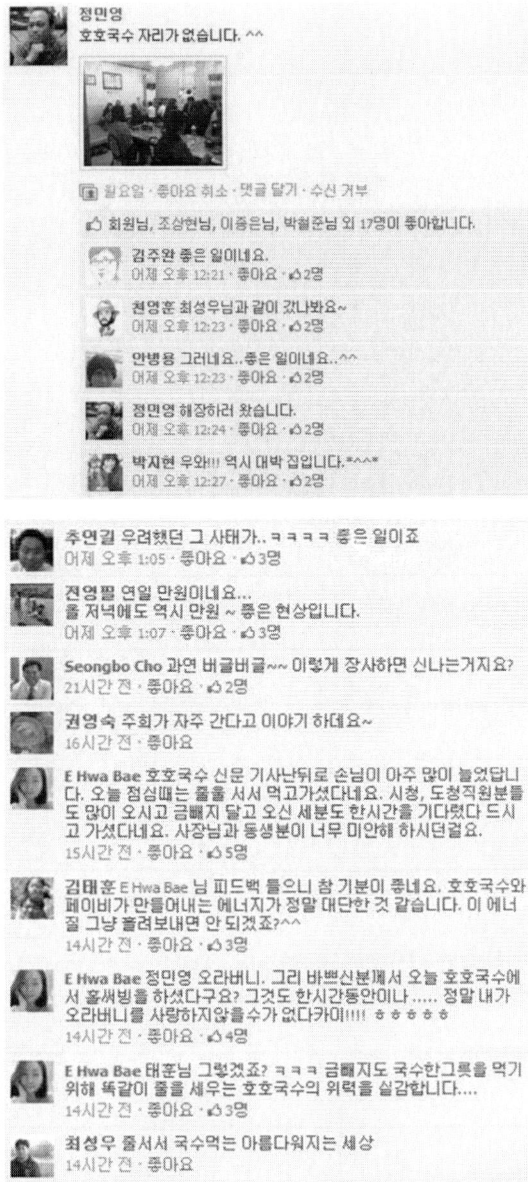

정민영
호호국수 자리가 없습니다. ^^
월요일 · 좋아요 취소 · 댓글 달기 · 수신 거부
회원님, 조상현님, 이종은님, 박철준님 외 17명이 좋아합니다.
김주완 좋은 일이네요.
어제 오후 12:21 · 좋아요 · 2명
천영훈 최성우님과 같이 갔나봐요~
어제 오후 12:23 · 좋아요 · 2명
안병용 그러네요..좋은 일이네요..^^
어제 오후 12:23 · 좋아요 · 2명
정민영 해장하러 왔습니다.
어제 오후 12:24 · 좋아요 · 2명
박지현 우와!!! 역시 대박 집입니다.*^^*
어제 오후 12:27 · 좋아요 · 2명
추연걸 우려했던 그 사태가.. ㅋㅋㅋㅋ 좋은 일이죠
어제 오후 1:05 · 좋아요 · 3명
전영팔 연일 만원이네요...
올 저녁에도 역시 만원 ~ 좋은 현상입니다.
어제 오후 1:07 · 좋아요 · 3명
Seongbo Cho 과연 버글버글~~ 이렇게 장사하면 신나는거지요?
21시간 전 · 좋아요 · 2명
권영숙 주희가 자주 간다고 이야기 하데요~
16시간 전 · 좋아요
E Hwa Bae 호호국수 신문 기사난뒤로 손님이 아주 많이 늘었답니다. 오늘 점심때는 줄줄 서서 먹고가셨다네요. 시청, 도청직원분들도 많이 오시고 금뻬지 달고 오신 세분도 한시간을 기다렸다 드시고 가셨다네요. 사장님과 동생분이 너무 미안해 하시던걸요.
15시간 전 · 좋아요 · 5명
김태훈 E Hwa Bae 님 피드백 들으니 참 기분이 좋네요. 호호국수와 페이비가 만들어내는 에너지가 정말 대단한 것 같습니다. 이 에너질 그냥 흘려보내면 안 되겠죠?^^
14시간 전 · 좋아요 · 3명
E Hwa Bae 정민영 오라버니. 그리 바쁘신분께서 오늘 호호국수에서 홀써빙을 하셨다구요? 그것도 한시간동안이나 ..... 정말 내가 오라버니를 사랑하지않을수가 없다카이!!!! ㅎㅎㅎㅎㅎ
14시간 전 · 좋아요 · 4명
E Hwa Bae 태훈님 그렇겠죠? ㅋㅋㅋ 금뻬지도 국수한그릇을 먹기 위해 똑같이 줄을 세우는 호호국수의 위력을 실감합니다....
14시간 전 · 좋아요 · 3명
최성우 줄서서 국수먹는 아름다워지는 세상
14시간 전 · 좋아요

호호국수 보도 이후 페이스북 반응

알림

동네방네 이야기 쇼

평범한 이웃에게 듣는 따뜻한 우리 사는 이야기. 경남도민일보가 작은 이야기 마당을 마련했습니다.

'동네방네 이야기 쇼'

경남도민일보가 넉넉한 인심이 넘치는 식당 주인으로 소개한 '호호국수' 송미영 사장이 주인공입니다. 송미영 사장 삶은 이후 신문 연재를 통해 자세히 그려진 바 있습니다. 이번 무대에서는 신문에 소개된 이후 달라진 일상, 그리고 새롭게 가꾸는 꿈 이야기 등을 이웃과 함께한 자리에서 편하게 나누고자 합니다. 많은 관심 부탁드립니다.

※ 이 행사는 경상남도지역신문발전위원회 지원 사업입니다.

□일시 : 11월 25일(금) 오후 7시

(행사 전에 오신 관객에게는 국수를 드립니다)

□장소 : 창원시 마산합포구 창동 가배소극장

□문의 : 010-3593-5214 이승환 기자

주최 : 경남도민일보

주관 · 후원 : 경상남도지역신문발전위원회

경남도민일보

2011년 11월 28일 월요일 제3480호 domin.com

"누군가 내 국수 알아볼 날 올 거라 믿었다"

동네방네 이야기쇼에서 다시 만난 호호국수 송미영 사장

청중과 추억·근황 나눠 "유명세는 예상 못해"

송미영 이야기쇼를 보도한 기사

인물 스토리텔링의 힘: 혜영 씨 이야기

사실 '사람 이야기' 가 이처럼 뜨거운 반응을 이끌어낼 수 있다는 것은 2008년, 스물여섯 젊은 나이에 과중한 업무에 시달리다 허무하게 교통사고로 사망한 '혜영 씨 이야기' 를 상 · 중 · 하 3회에 걸쳐 신문에 연재한 후 쏟아진 독자의 폭발적인 관심을 계기로 어느 정도 예상하고 있는 일이었다. 당시 수많은 독자들로부터 '신문 기사를 울면서 읽은 건 처음이다' 는 피드백을 받았고, 블로그에 게재한 기사는 100만 건이 넘는 조회 수를 기록했다.

당시 연재했던 '스물여섯 혜영 씨는 왜 숨졌나' 기사 전문은 다음과 같았다.

스물여섯 혜영 씨는 왜 숨졌나(상)

이 글은 너무 일찍 인생의 쓰라림을 알아버린, 그래서 오직 일과 공부에만 매달리다 허망하게 숨져야 했던 한 여성의 짧은 삶에 대한 이야기다.

하혜영. 사고 당시 스물여섯 살.

그녀는 지난 2004년 10월 30일 새벽 0시 8분, 자신이 몰던 비스토 승용차가 창원시 천선동 대우주유소 앞 인도의 전신주를 들이받은 후 병원으로 옮겨졌으나 과다출혈로 짧은 생을 마감했다.

하지만 대한민국의 법은 이 사고의 업무 관련성을 가리는 데 4년의 긴 세월을 요구했다.

그러는 사이 그녀를 매일 밤늦게까지 부려먹었던 회사는 부도로 사라져버렸고, 이미 신경통으로 노동력을 잃은 그녀의 어머니는 딸을 잃은 고통에 몸부림치다 후두암이라는 새로운 병을 얻었다. 정신적 · 물질적 지주와 같았던 누나를 잃은 남동생은 방황 끝에 몸담고 있던 군부대 하사관직에서 옷을 벗었다.

4년이 넘는 지루한 법정 투쟁 끝에 국가는 그녀의 '업무상 재해'를 인정했지만, 남은 가족은 여전히 혜영 씨와 이별하지 못한 채 방안 곳곳에 놓인 딸의 사진과 함께 잠들고 눈을 뜬다.

혜영 씨가 떠난 지 4년이 지났지만, 혜영 씨의 사진들은 아직 엄마의 방을 떠나지 못하고 있다.

최종 원고승소 판결 소식이 전해진 날, 저녁에 만난 혜영 씨의 어머니 오 씨(59)는 귀까지 덮이는 둥근 모자를 쓰고 있었다. 항암 치료로 머리가 다 빠졌기 때문이었다. 딸이 죽은 후 걸핏하면 울다 보니 지난 5월부터 밥이 목에 걸려 넘어가지 않아 병원에 가봤더니 후두암이었다.

혜영 씨가 떠난 지 4년이 지났지만,
혜영 씨의 사진들은 아직 엄마의 방을 떠나지 못하고 있다.

"혜영이가 왜 죽어야 했는지 그 책임이 가려졌으니, 이젠 같은 또래에 숨진 좋은 총각을 찾아 영혼결혼이라도 시켜줘야겠어요. 그래야 에미 마음이 좀 편해지겠네요. 누나를 먼저 보내야 동생 장가도 들 수 있을 테고…."

혜영 씨의 시신은 사고 직후 화장돼 남동생(28)에 의해 진해 명동 앞바다에 한 줌의 재로 뿌려졌다.

"누나가 다니던 회사(파비뉴21) 측 사람들이 영안실에 찾아와 모든 걸 잘해주겠다고 했어요. 하지만 막상 화장을 하고 나니 회사에서 우리를 철저히 피하고 따돌렸어요. 찾아가도 사장이 없으니 다음에 오라고 하고, 다음에 또 찾아가면 또 없다고 하고…."

당시 그의 가족이 회사로부터 받은 것은 혜영 씨가 다닌 20일간의 월급 100만 원 정도가 전부였다. 심지어 장례비나 조의금조차 받지 못했다.

혜영 씨가 그 회사에 출근하기 시작한 것은 10월 10일. 입사 당시 혜영 씨의 자기소개서 끝부분에는 이렇게 적혀 있었다.

"1분 1초를 밀도 있게 사용할 그런 일을 기다렸습니다. 철저한 상권 분석을 통해 쇼핑뿐 아니라 지역의 문화까지 주도할 거라는 귀사의 야망을 보는 순간, 저는 전율을 느낄 수 있었습니다. 대망에 찬 귀사의 도전에는 제가 꼭 필요할 것입니다. 사업체의 특성상 밤늦은 근무와 휴일근무도 기꺼이 하고 싶습니다. 개장에 앞서 홍보, 점검 및 관리에 제가 할 수 있는 일이 있다면 정말 환영입니다. 2004년, 그 신선한 역사에 제가 함께 할 수 있기를 진심으로 고대합니다."

회사는 그런 혜영 씨를 채용했고, 실제로 10일부터 29일까지 휴일도 없이 일을 시켰다. 토요일과 일요일에도 출근해 밤 11시가 넘어서야 퇴근했다. 가장 빨리 퇴근한 날이 저녁 9시 정도였다고 한다. 무려 하루 14시간 30분 이상을 근무했으며, 출퇴근 시간까지 빼면 집에서 수면을 취할 수 있는 시간은 5~6시간에 불과했다.

사고가 난 날은 개업식(28일) 다음 날이었다. 회사는 개업식을 무사히 마친 것을 자축한다며 회사 부근 고깃집에서 관리실 직원들에 대한 회식을 열었다. 혜영 씨도 회식에 참석했으나 원래 술을 못하는 데다, 남은 일이 많아 술 한 모금도 입에 대지 않은 채 밤 10시쯤 다시 사무실로 돌아왔다. 혜영 씨뿐 아니라 다른 직원 3명도 함께였다. 밤 11시 30분 잔무를 마치고 통상 그랬던 대로 비스토 승용차를 몰고 퇴근길에 나섰다.

사고 시간은 38분 뒤인 0시 8분, 장소는 창원시 천선동 성수원 부근에서 안민터널 방향 도로였다. 그동안의 피로가 누적된 탓일까? 가족들은 혜영 씨가 순간 졸음운전을 했던 걸로 추측한다. 인도를 넘어 돌진한 승용차는 전신주를 들이받았고, 그녀는 장 파열에 따른 과다 출혈로 끝내 소생하지 못한 채 허망하게 생을 마감하고 말았다.

문제는 회사와 근로복지공단의 태도였다. 산업재해보상보험법과 판례를 들이대며 혜영 씨의 재해는 업무와 전혀 관련이 없다고 통보해 온 것이다. 산재보험법 시행규칙에는 아래의 딱 두 가지 경우에만 업무상 재해로 인정한다고 돼 있다.

1. 사업주가 소속 근로자들의 출퇴근용으로 제공한 교통수단의 이용 중에 발생한 사고일 것.

2. 사업주가 제공한 교통수단에 대한 관리 이용권이 사상한 근로자에게 전담되어 있지 아니할 것.

하지만 똑같은 출퇴근 사고라 하더라도 공무원의 경우 공무원연

금법상 통상적인 경로와 방법에 의한 출퇴근 중 발생한 모든 재해를 '공무상 재해'로 인정해주고 있다. 법은 '만인에게 평등한 것'이 아니었던 것이다.

이처럼 죽음마저 평등하지 못했던 혜영 씨는 그 짧았던 삶 역시 평탄하지 못했다.

스물 여섯 혜영 씨는 왜 숨졌나(중)

이 글은 너무 일찍 인생의 쓰라림을 알아버린, 그래서 오직 일과 공부에만 매달리다 허망하게 숨져야 했던 한 여성의 짧은 삶에 대한 두 번째 이야기다.

혜영 씨는 여고 3학년이던 1996년 아버지를 잃었다. 수험생 시절을 무사히 보내고 대학 입학을 앞두고 있던 시기였다. 그녀가 회사에 제출한 자기소개서는 이렇게 시작하고 있다.

"사회를 경험해본 뒤 대학에 진학하였다는 것은 약간의 독특한 경험이 될 수 있습니다. 가장을 잃는다는 것은 정신적 지주를 상실케 함은 물론 상처와 어려움을 가족에게 남기는 것이 될 것입니다. 그때에 저는 고등학교 3학년이었고, 정신적으로도 꽤 성숙해 있었기 때문에, 인문계 고등학교를 졸업하지만 일을 하리라 결심하게 되었습니다."

가장을 잃은 충격은 컸다. 아버지가 남겨준 것이라곤 18평 시영아파트 한 채가 전부였다. 어머니가 간간이 식당에 허드렛일을 나갔지만 신경통으로 일을 오래 할 수 없었고, 고등학생인 남동생은 너무 어렸다.

그녀는 대학 등록금조차 내주지 못한 엄마를 원망하기도 했다. 어머니 역시 "우리 팔자가 이러니 우짜겠노" 하며 함께 울 수밖에 없었다.

◇ **대학 캠퍼스 대신 공장으로** 결국 대학 대신 마산 수출자유지역의 한 전자제품 생산공장에 들어갔다. 그때부터 혜영 씨는 스무 살 가장이 됐다. 잔업에다 특근·야근도 마다하지 않으며 남동생의 학비와 생활비를 댔다. 그렇게 4년이 지나갔다.

새천년을 몇 개월 앞둔 어느 날, 혜영 씨는 대학 진학의 꿈을 포기할 수 없었다. 어머니 오 씨는 당시 상황을 이렇게 전했다.

"공장장에게 무릎을 꿇고 애원을 했다네요. 회사에 다니면서 야간대학에 진학하는 걸 허락해달라고…. 그런데 그 공장장이 '우리 회사는 대학 나온 인재가 필요한 게 아니라 열심히 일하는 직원이 필요하다' 며 일언지하에 거절하더라는 겁니다. 그 때문에 공장을 그만뒀어요."

혜영 씨를 잃고 후두암으로 투병 중인 어머니는 4년 전 혜영 씨가 받은 졸업우수상을 소중히 보관하고 있었다.

그 후 어느 날 아침 어머니가 눈을 떴는데, 딸이 보이지 않았다.

"알고 보니 그 날이 수능 시험일이었던 겁니다. 학비를 어떻게 할지 걱정했는데, 4년 내내 특대장학금을 받았어요. 은행에 등록금을 내러 가서 학생회비 8000원만 내면 은행 직원들이 다들 부러워했죠."

실제 혜영 씨의 전 학년 성적표는 딱 한 과목 B플러스를 받은 걸 빼고는 올A였다. 평점은 4.362.

◇ **힘들었지만 신났던 대학 시절** 하지만 장학금을 받아도 가장의 역할을 벗어날 순 없었다. 백화점 판매사원에서부터 화장품회사의 사장실 비서, 대기업의 문서번역 및 통역, 호프집이나 레스토랑 서빙에 이르기까지 대학시절 내내 아르바이트로 돈을 벌었다. 남동생은 고등학교 졸업 후 군대에 지원해 직업군인이 됐다.

"제가 군 생활하던 시절, 새벽 두 시나 세 시쯤 되어서 오면 그때까지 누나는 공부를 하고 있었어요. 그런 모습을 여러 번 봤어요. 낮에는 학교수업 마치고 아르바이트를 하고, 밤에 그렇게 공부를 했죠."

이렇게 힘들었던 대학시절이었지만, 혜영 씨에게는 그때가 가장 행복했던 것 같다. 자기소개서에서 그녀는 '하늘을 날던 대학시절' 이라는 소제목 아래 이렇게 썼다.

"영어영문학부의 학생이 되어서 자유로운 학문의 분위기에 젖어 공부를 하는 짜릿함을 맛보았습니다. 캠퍼스의 구석구석을 누비면서 키츠의 시를 읽었고, 셰익스피어의 희극 『한 여름 밤의 꿈』에서 퀸스 역을 멋지게 해내었습니다. (…) 저의 무거운 책가방에 속상해하는 동기들에게 오히려 '청춘의 무게가 이쯤은 되어야지!' 라고 말하면서 웃어주었습니다. (…) 공부하는 것이 재미있느냐는 말을 모든 사람들에게서 들을 정도로 즐기면서 공부할 수 있었습니다."

생활비를 벌기 위해 나가는 아르바이트도 대충 하지 않았다. 혜영 씨를 고용했던 호프집 주인은 "워낙 애살 있게 일을 하는 바람에 손님들이 혜영이를 사장으로 생각할 정도였다"고 말했다. 백화점에선 혜영 씨가 판매한 핸드백의 매출이 급증하기도 했다고 한다.

혜영 씨가 남긴 자기소개서에는 이런 마음가짐이 잘 나타나 있다.

"회사에서 일하고 있다면, 최소한 그 회사 직원이 아닌 사람들에게 '억지로 일을 하는' 모습은 보이지 않아야 한다고 생각했습니다. 열광적으로 사랑할 수 있는 일을 할 때 저 자신이 활기에 넘친다는 것을 알고 있습니다."

혜영 씨를 잃고 후두암으로 투병 중인 어머니는 4년 전 혜영 씨가 받은 졸업우수상을 소중히 보관하고 있었다.

◇ 마침내 들어간 회사에서 커피 심부름만 이런 대학시절을 거쳐 2004년 2월 학부를 수석으로 졸업했다. 졸업생 대표로 총장상도 받았다. 그러나 우수생에게도 취업의 문턱은 높았다. 그해 4월 창원의 한 중견제조업체에 취업했으나 비정규 계약직이었다. 혜영 씨의 일은 커피를 나르거나 사무보조가 고작이었다. 그녀는 자신의 창의력과 열정을 발휘할 수 있는 일을 하고 싶었다.

마침 창원의 유통회사 파비뉴21이 개점을 준비 중이었고, 혜영 씨는 홍보와 기획 파트에 지원했다. 기획 파트가 아닌 총무직으로 채용됐으나 정규직이라는 데 신이 났다.

스물 여섯 혜영 씨는 왜 숨졌나(하)

이 글은 너무 일찍 인생의 쓰라림을 알아버린, 그래서 오직 일과 공부에만 매달리다 허망하게 숨져야 했던 한 여성의 짧은 삶에 대한 세 번째 이야기다. 이 글을 마지막으로 이제 우리도 혜영 씨와 이별하려 한다.

◇ **요절 시인 키츠를 좋아했던 그녀** 여고 졸업과 함께 아버지를 잃고 이미 합격한 대학 진학마저 포기했던 혜영 씨. 그 후 4년은 전자제품 제조업체의 여성노동자로, 다시 4년은 아르바이트 비정규 노동자 겸 단 한 번도 장학금을 놓치지 않았던 대학생이었다.

그러면서 몸이 불편한 어머니와 어린 남동생을 부양하는 가장까지, 1인 3역을 마다하지 않았던 혜영 씨의 짧은 삶은 공교롭게도 그녀가 좋아했던 영국의 요절 시인 키츠(1795~1821)와 닮아 있었다.

26세의 젊은 나이에 생을 마감한 것도 그랬고, 아버지를 일찍 여의고 어린 나이에 동생을 위해 생업 전선에 나선 것도 같았다.

"누나라기보다는 제2의 엄마와 같았어요. 힘든 일도 모두 누나와 의논했죠. 자기도 힘들면서 동생의 철없는 방황까지 이해하고 감싸줬던 누나였어요. 처음으로 정규직 사원이 되었다고…, 정말 열심히 할 거라고 그랬는데…."

남동생은 말을 끝맺지 못했다. 엄마 같은 누나를 잃은 그는 매일같이 술을 마셨다고 한다. 그 때문에 몸담고 있던 군부대에서 중사 승진시험에 합격하고도 탈락했다. 자포자기한 그는 군복마저 벗고 말았다.

혜영 씨를 잃은 그의 집안은 한 줄기 빛도 보이지 않았다. 한동안 전화를 걸어 오던 혜영 씨의 학교친구들도 어머니가 매번 전화통을 붙들고 울음을 터뜨리는 바람에 연락을 끊었다. 혜영 씨가 재직했던 회사 사람들은 아예 만나주지도 않았고, 업무상 재해를 인정할 수 없다는 근로복지공단의 입장도 요지부동이었다.

혜영 씨의 마지막 월급까지 보태 변호사를 선임해봤지만, 1심 법원은 "망인이 과중한 업무로 인하여 사고 당시 과로한 상태에 있었다고 인정하더라도… 이와 같은 운전행위에 따른 망인의 사망은 그 업무수행에 기인된 과로에 통상 수반하는 위험의 범위 내에 있는 것이라고 보기 어렵다"는 어려운 말로 원고패소 판결을 내렸다.

◇ 변호사 한 마디에 눈물이 왈칵 실의에 빠진 어머니는 항소를 포기하려 했다. 하지만 다른 변호사의 이야기라도 한번 들어보자 싶었다. 그냥 눈에 띄는 법률사무소 문을 열고 들어갔다.

"어머니 참 고생 많으셨겠습니다."

처음 만난 변호사의 이 한 마디에 어머니는 눈물을 왈칵 쏟았다.

"1심에서 졌는데…, 해보면 될까요?"

"한번 해봅시다. 복리후생이 열악한 회사일수록 통근버스도 제공하지 못하는데, 그렇다면 재해마저 차별받는 모순이 생기지요. 질 땐 지더라도 끝까지 법률적 판단을 받아봐야 할 만한 사건입니다."

그때가 2005년 10월이었다. 법무법인 미래로 도춘석 변호사는 수임료 대신 인지대만 받고 항소심에 이어 대법원까지 소송을 밀고 갔다.

"제대로 수임료를 받았다면 아마 대법원까지 못 갔을 겁니다. 대부분의 유족이 몇 년씩 걸리는 긴 소송기간과 비용 때문에 1심이나 2심 정도에서 포기하고 말죠."

도 변호사는 "혜영 씨에 대한 자료를 읽고 난 뒤부터 밤에 집에 누워 있어도 자꾸 생각이 나는 사건이었습니다. 그토록 착하고 성실하고 긍정적으로, 열심히 살아가려 했던 그의 삶이 안타까워 포기할 수 없었어요"라고 말했다.

도춘석 변호사(왼쪽)가 소송 과정과 판결내용을 설명하고 있다.

◇ **4년 만에 승소 판결 받아냈지만** 1심에 이어 2심에서도 패소한 이 사건은 마침내 지난 9월 25일 대법원에서 파기환송 판결을 받았다. 평균임금 1300일분의 유족보상과 장의비를 받을 수 있는 길이 열린 것이다. 이 판결은 지난 7일 부산고법에서 최종 승소했다.

반가운 소식을 전하기 위해 혜영 씨의 어머니를 부른 도 변호사는 깜짝 놀랐다. 딸을 잃은 후 겪어온 마음의 고통 때문이었을까? 후두암 치료로 머리가 다 빠져버려 모자를 푹 눌러쓴 채 찾아온 것이다.

하지만 의외로 어머니의 목소리는 담담했다.

"고맙습니다. 이제 딸도 영혼결혼이나마 시켜주고, 아들도 장가를 보낼 수 있게 되었네요."

군복을 벗은 남동생은 방황을 마치고 누나처럼 독하게 공부해 군무원 시험에 합격했다.

"세상이 참 냉정하긴 하지만, 변호사님처럼 따뜻한 분들도 있다는 걸 알게 됐습니다. 항상 동생 걱정을 하던 누나를 생각해서라도 열심히 살아야지요."

돌아서는 모자에게 기자도 한마디 했다.

"빨리 건강 회복하시고요. 집에 가시면 전기장판만 때지 말고 보일러 좀 틀어 따뜻하게 하고 지내세요."

며칠 전 취재를 위해 찾아갔던 그들의 아파트는 엉덩이가 시릴 정도로 차가웠던 것이다.

작지만 강한 여자 송미영 이야기

앞에서도 이야기했지만, 호호국수 송미영 씨를 처음 만난 날 그에게서 예사롭지 않은 기운을 느꼈다. 그의 살아온 이야기를 스토리텔링해보고 싶었다. 그리하여 송미영과 그의 아버지, 남편, 여동생, 작은아버지 등 친·인척을 상대로 입체적인 취재에 들어갔다. 그 결과물이 '작지만 강한 여자 송미영 이야기'라는 명패를 달고 나간 11회 연재물이었다.

다행히 편집기자도 내러티브 기사의 특성을 이해하고 다음과 같은 제목을 붙여주었다.

1. 의리 때문에 포기한 정규직의 꿈 : 꿈에 부풀었을 때 사건은 발생했다
2. 남편 김도연 씨와 만남 : 떠돌이 막노동꾼을 '내 남자'로 선택했다
3. 아버지 송병수 : 운명을 원망할 여유조차 없었다
4. 불우한 학창시절, 결국 학업을 포기하다 : 갖은 폭행도 눈물로 삼켜야 했다
5. 또 한 분의 엄마 조순자 가곡 명인 : "아프냐? 네 소리에 슬픔이 배어 있구나"
6. 23년 만의 재회 : 눈물과 함께 쏟아낸 절규 "아, 엄마…"
7. 조순자 관장이 기억하는 미영 : 나는 그때 이 아이의 사랑을 보았다
8. "착하게만 살지 않았어요" : 돈이 최고란 생각은 부메랑처럼…
9. 냄새도 맡기 싫은 중국 음식 : 어린 것들 가둔 채 자물쇠로 잠갔다
10. 돈을 더 많이 벌어야 할 이유 : 그래 너만이라도 훨훨 날아라
11. 다시 잡은 가야금, 그리고 에필로그 : 지금부터 송미영의 시간이 시작된다

독자들의 반응은 열광적이었다. 내가 기자생활을 시작한 후 이토록 많은 관심과 피드백을 받은 기사는 처음이었다. 좀 길지만 기사 전문을 소개한다.

1. 의리 때문에 포기한 정규직의 꿈

송미영(42) 씨. 1969년생 닭띠. 키 155cm에 48kg의 가녀린 체구이지만, 그녀의 말과 표정, 눈빛에서 인생의 쓴맛 단맛을 다 봐버린 사람만의 내공과 포스가 느껴졌다. 나보다 여섯 살이나 어린 그녀가

'까르르' 소녀처럼 웃을 때에도 그 포스는 사라지지 않았다. 나라면 도저히 감당하기 어려웠을 고통스러운 자신의 과거마저 그녀에겐 아름다운 추억이 된 듯했다.

지금 그녀는 창원시 성산구 내동에서 '호호국수'라는 19평의 식당을 소유하고 있는 어엿한 자영업자다. 지난 5월 11일자 《경남도민일보》 1면에 '더 주고 또 주는 국숫집 주인'으로 소개됐던 바로 그 송미영 씨다.

신문에 보도된 후 서울의 한 TV 프로그램에서 출연 제의가 왔다. 금 · 토 · 일 사흘 동안 미영 씨의 사는 모습을 촬영하러 오겠다는 거였다. 하지만 미영 씨는 딱 부러지게 거절했다.

"아니, 제가 생활의 달인도 아닌데, 거기에 왜 나가요? 그리고 신문에 나온 뒤로 갑자기 늘어난 손님을 대접하기도 일손이 모자라는데, 텔레비전까지 나가면 그걸 어떻게 감당해요? 끓지도 않았는데 넘치면 안 되지요."

거기에 한마디 더 보탠 미영 씨의 말. "일요일까지 찍어야 한다는데, 일요일은 기자님과 만나기로 한 날이잖아요. 기자님과 약속해놓

고 다른 사람을 부를 순 없죠."

그녀는 의리파다.

지난 2007년이었다. 당시 그녀는 창원의 한 전자부품업체에서 용접공으로 일하고 있었다. 남편을 호주의 한 조선소에 취직시켜주겠다며 접근해 온 사람에게 어이없는 사기를 당해 무려 5000만 원의 빚을 떠안은 상황이었다. 닥치는 대로 일을 해 돈을 벌어야 했다. 비정규직 중에서도 그나마 용접 일이 월급을 많이 준다고 해서 찾아간 곳이었다. 하루에 12시간씩, 일주일은 야간, 일주일은 주간으로 일해 월 170만~180만 원을 벌었다. 주말 · 휴일도 없었지만, 비정규직 여성노동자로선 꽤 괜찮은 벌이였다.

게다가 입사한 지 4개월 만에 성실함과 실력을 인정받아 파격적으로 정규직이 됐다. 전례가 없는 일이었다.

"남들은 1년, 2년을 해도 정규직 전환은 꿈도 꿀 수 없었죠. 너무 기뻤어요. 이제 월급도 오르고 보너스도 타겠다는 꿈에 부풀었죠."

그런데 정규직으로서 첫 월급도 받기 전에 사건이 일어났다.

"반장이 내 앞에 일하던 언니를 확 밀쳐서 그 언니가 뒤로 발라당 넘어졌어요. 그런데 쓰러진 언니가 허리가 마비되어서 꼼짝도 못하는 거예요."

사연은 이랬다. 공장에서 일하던 한 여성 노동자와 내연의 관계를 맺고 있던 반장이 그 여성에게만 매번 편한 공정을 배정해 잔업을 하도록 특혜를 줬다. 이에 다른 여성 노동자가 항의를 하는 과정에서 반장의 불륜 관계를 폭로하려 하자 황급히 입을 막으려 폭행을 했던 것이다.

미영 씨는 물론 주변의 노동자들도 눈앞에서 이 폭행 장면을 봤다. 그러나 반장의 서슬에 눌려 아무도 쓰러진 여성 노동자를 일으켜 세우지 못했다. 아니, 허리가 마비돼 일으켜 세울 수도 없었다. 반장은 "엄살 부리지 말고 일어나!" 하며 고함을 질렀다.

쓰러진 여성 노동자가 누운 채 휴대전화로 119구조대를 불렀다. 그러나 회사 측은 두 대의 앰뷸런스를 정문에서 돌려보냈다. 세 번째 앰뷸런스가 쓰러진 여성 노동자를 병원으로 태워 갔다.

"119가 그 언니를 태워 간 뒤, 누워 있던 자리를 보니 땀이 흥건했어요. 그런데 문제는 아무도 반장의 폭행 사실을 증언해주지 않는 거예요. 잘리는 게 무서웠던 거죠."

허리를 심하게 다친 그 여성 노동자는 산재 신청을 했지만, 회사 측은 '그냥 저절로 넘어진 것' 이라고 잡아뗐다. 폭행도 업무와 연관성이 입증되면 업무상 재해로 인정받게 되지만, 그걸 입증하지 못하면 산재 보상을 받을 수 없다.

미영 씨는 고민했다. "아, 어떻게 이룬 정규직인데…, 정규직 되고 나서 보너스도 한 번 못 타 보고 이대로 접어야 하나."

고민하는 모습을 보이자 회사 간부가 미영 씨를 불렀다.

"당신이 진짜 봤냐?"

"분명히 봤습니다."

"그런데 그 이야기는 하지 마라. 다른 사람은 다 못 봤다는데, 당신만 봤다면 이상한 것 아니냐. 그냥 모른다고 해라."

하지만 고민은 오래가지 않았다. "내 눈으로 본 사실을 어떻게 거짓말해요? 근로복지공단인가요? 거기서 찾아왔기에 사실대로 다 말해버렸죠."

역시 '의리의 미영 씨' 였다.

다음 날 출근하자 회사는 미영 씨에게 일을 주지 않았다.

"반장이 '나는 니한테 일 안 시킨다' 며 그냥 서 있으라 하더군요. 미치겠더군요. 사흘을 출근해 그냥 서 있었어요. 지나가는 언니들이 '미영아, 힘내' 라고 속삭여줬지만, 사흘이 되니 못 견디겠더라고요."

허리를 다친 그 여성은 산재 처리를 받았지만, 미영 씨는 어렵게 얻은 정규직 일자리를 그렇게 포기하고 말았다.

2. 남편 김도연 씨와 만남

미영 씨의 남편 김도연(43) 씨는 창원시 진해구에 있는 한 조선업체의 하청업체, 거기서도 정규직 노동자가 아니라 '돈내기(도급제)' 로 일한다. 그래도 나름 '기술자' 라는 자부심을 갖고 있다.

조선업계의 일을 하게 된 계기는 아이러니하게도 미영 씨의 피 같은 돈 5000만 원을 떼먹고 달아난 사기꾼 덕분(?)이었다.

"내가 용접을 해봤잖아요. 용접은 더 이상 기술이 아니더라고요. 대신 설계도면을 보는 게 진짜 기술이라는 생각이 들었어요."

송미영 씨가 남편을 기술자로 키워야 겠다고 마음먹었을 때쯤 사기꾼이 접근해왔다. 조선기술을 배우면 남편을 호주의 조선소에 취직시켜주겠다는 것이었다. 귀가 솔깃했다. 그때 남편 도연 씨는 남의 식당에서 음식 배달을 하고 있었다.

사기꾼은 도연 씨를 진해의 조선 협력업체에 소개해줬다. 월 100만 원밖에 못 받는 비정규직이었지만, 기술을 배운다는 마음으로 일했다. 사기꾼은 진해의 미군부대 지붕 보수공사를 한다며 책자도 보여주곤 했다. 공사를 수주했는데 공사대금이 필요하다며 돈을 빌려달라고 했다. 그렇게 해서 빌려준 돈이 2000, 3000, 4000만 원으로 불어났다. 사기라는 걸 알게 됐을 때는 5000만 원에 이르렀다. 사기라는 게 알고 보면 그때서야 정말 어이없이 당했다는 걸 깨닫게 된다. 미영 씨도 그랬다.

"남편을 좋은 데 취직시켜 준다는 말에 제가 눈이 멀었어요. 그러고 나서 남편은 일주일 내내 술만 마셨어요. 나중에는 그 충격 때문에 앞니가 다 빠져버렸어요."

남편 도연 씨는 어이없는 사기에 넘어간 아내를 탓하거나 원망하진 않았을까?

"그런 건 하나도 없었지요. 오히려 자기가 미안하니까 '우짜꼬? 이혼할래?' 막 이러더라고. 이기 뭔 소리고? 어허~, 사람 안 부러지면 되지, 돈 부러진 거야 또 벌면 되고…."

천생연분이다.

둘이 처음 만난 건 미영 씨가 스물세 살 되던 해 겨울, 마산 내서읍 중리에서 미장원을 하고 있을 때였다. 경북 구미 출신인 도연 씨

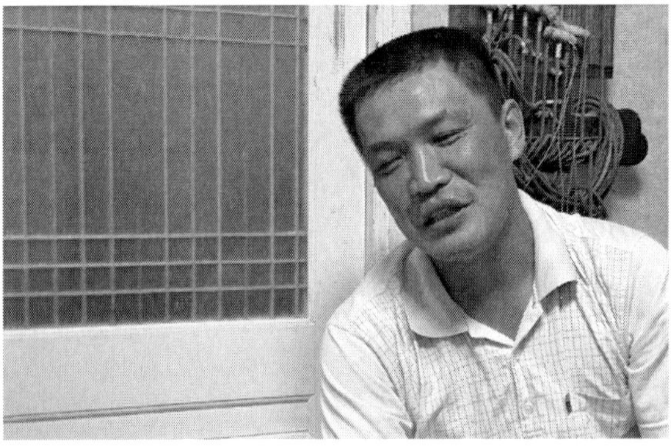

"흐흐흐흥~" 사람 좋아 보이는 웃음소리가 특징인 남편 김도연 씨. 그의 머리 뒤로 설핏 가야금이 보인다.

는 전국의 건설현장을 떠돌아다니며 '노가다' 일을 하는 스물네 살 청년이었다. 그때도 중리의 한 아파트 공사현장에서 일하며 컨테이너에서 기거하고 있었다.

더벅머리 남자가 덜컹거리는 미닫이문을 열고 들어섰다. 머리를 깎으러 왔던 그 남자는 "돈 많이 벌 텐데, 문이나 좀 고치지 뭐하요?"라고 툴툴거렸다. 그는 건설현장에서 익힌 솜씨로 덜컹거리는 문을 고쳐줬다.

며칠 후 눈이 펄펄 내리던 날, 그 남자는 데이트 신청을 했다.

"처음 봤을 때 느낌이 딱 오데요. 키도 작잖아요. 보통 여자 같으면 커 보이려고 뾰족구두도 신고 그럴 텐데 운동화 딱 신고, 야무져 보이더라고요."

미영 씨도 그가 마음에 들었다.

"눈 오는 날 전화가 왔어요. 그래서 오라고 했더니 한겨울에 고무신 차림으로 자전거를 타고 왔데요. 완전 노가다였지만, 아! 이 사람이라면 우리 아버지와 동생들을 받아주겠구나 하는 생각이 들었어요."

미영 씨 아버지는 어릴 때 포탄을 갖고 놀다가 폭발사고를 당해 양 팔이 없고 두 눈도 보이지 않는 중증장애인이다. 아내와 함께 전국을 떠돌아다니며 구걸 행각으로 돈을 벌었다. 미영 씨는 초등학교 시절부터 객지로 떠난 아버지와 어머니를 대신해 내서읍의 한 경로당에 기숙하며 동생들을 키웠다. 부모가 있었지만, 사실상 소녀가장이었던 셈이다.

도연 씨도 부모는 있었지만 두 분이 이혼한 상태였다. 사실상 고아나 다름없었다. 떠돌아다니는 직업도 어쩌면 미영 씨의 아버지와 닮았다. 그런 점에 동질감을 느낀 걸까?

"제가 먼저 도연 씨에게 청혼을 했어요. 그런데 막상 그러니까 '시간을 달라' 고 하더군요."

"그때만 해도 스물너댓 살 때였잖아요. 놀러 다니기 좋아하고, 술 좋아하고, 친구 좋아하고, 그럴 때잖아요. 이런 여자와 살게 되면 모든 것 싹 정리하고 옳게 살아야지 그냥 이렇게 살아선 안 된다, 그런 생각이 들어서 결혼하자고 하니 좀 망설여졌던 거죠. 실제 결혼 뒤에도 그 때문에 제가 애를 좀 먹였죠."

아버지는 부잣집 아들에게 딸을 시집보내고 싶었지만, 미영 씨는 아무것도 가진 것 없는 도연 씨를 택했다.

결혼 후 미영 씨는 시집살이를 자청했다. 신랑 도연 씨는 어머니와 이혼한 아버지를 싫어했지만 "천륜이란 그런 게 아니다"며 미영 씨가 설득했다.

경북 구미시의 시댁이라고 가봤더니 낙동강변의 시골에 있는 무허가 판잣집이었다. 구미시내에 미장원을 내고, 경비원으로 3교대를 하는 시아버지를 모셨다. 새벽에 미장원에 나가 파김치가 되어 밤늦게 돌아오면, 새벽 2시에 퇴근하는 시아버지의 식사를 챙겨드려야 했다.

남편은 친구가 어찌나 많은지 매일같이 술을 마셔 집에 들어오는 날이 거의 없었다. 물론 돈도 갖다 주지 않았다.

그렇게 1년 반 만에 미영 씨가 번 돈으로 판잣집 생활을 청산하고 2층 전셋집을 얻었다. 하루 두세 시간만 자며 일한 결과였다. 그런 탓인지 몸무게가 42kg로 줄어 있었다. 뼈만 앙상한 몰골이었다.

3. 아버지 송병수

미영 씨가 혹독한 시집살이와 노동으로 거의 탈진할 때쯤이었다. 불쑥 친정아버지가 구미의 시댁까지 찾아왔다. 어젯밤 꿈에 딸이 나왔는데 몰골이 말이 아니더라는 것이다.

딸의 앙상한 모습을 확인한 아버지는 사돈 양반에게 다짜고짜 이렇게 말했다.

"딸 가진 죄인이 딸 데리러 왔습니다."

그 길로 딸의 등을 떠밀어 마산으로 데려오고 말았다. 애초 자신의 아버지를 모시는 데 부정적이었던 남편 도연 씨도 곧 뒤따라왔다.

아버지 송병수(65) 씨는 5세 때, 아니 정확하게는 만 4세 때 폭발물 사고로 양 손목과 두 눈을 잃은 중증 장애인이다.

송병수 씨를 만나러 가는 동안 뭔가 음울하고 어두운 기운이 그를 감싸고 있을 것이라고 생각했다. 하지만 전혀 아니었다. 그는 호탕하고 밝았다. 목소리에도 자신감이 넘쳤다. 게다가 왼쪽 눈은 어느 정도 시력도 회복해 있었다. 개안 수술 덕분이란다.

1946년 경북 칠곡군 지천면 달서동에서 태어난 그는 1950년 한국전쟁 때 갖고 놀던 불발탄이 폭발하면서 평생 장애를 안고 살게 됐다. 특수학교도 없던 시절이라 초등학교마저 진학할 수 없었다.

"워낙 어릴 때 당한 일이라 서럽다든가 억울하다는 생각조차 해보지 않고 자랐죠."

소작농이었던 그의 아버지는 큰아들의 사고 이후 낙심해 집안을 돌보지 않고 술만 마셨다. 가세는 더욱 기울었고, 먹고사는 문제도 어린 병수가 스스로 해결해야 했다. 손이 없지만 짧은 팔로 밥을 먹는 것부터 터득했고, 열한 살 때부턴 술도가에서 막걸리 배달을 시작했다. '그런 몸으로 어떻게?' 라고 생각할 수도 있겠지만, 실제 만나본 그는 숟가락으로 밥과 반찬을 먹는 것은 물론 글씨까지 능숙하게 썼다. 요즘은 컴퓨터를 배워 인터넷에 글도 쓰고 있다.

열네 살 때 술도가 사장이 말 구루마(달구지)를 사줘 그걸 몰고 좀 편하게 막걸리 배달을 하게 됐다. 아버지가 방황하는 사이, 어린 병수는 그렇게 몸이 아픈 어머니와 어린 동생들을 부양했다.

열여섯이 되어도 집을 나간 아버지는 돌아오지 않았다. 어머니와 식솔을 이끌고 무작정 김천으로 갔다. 일주일간 김천역 대합실에서 네 식구가 노숙을 했다. 송 씨는 그때 구원의 손길을 내밀어준 은인의 이름을 아직도 기억하고 있다.

"박성수라는 분이었습니다. 지나가다 보니 팔도 없고 눈도 없는 병신이 콜록거리는 엄마와 아이들을 데리고 있으니 불쌍한 생각이 들었는가 봐요. 김천 지좌동 내를 건너 조그만 오두막이 하나 있었는데, 그걸 내주며 살라고 하더군요."

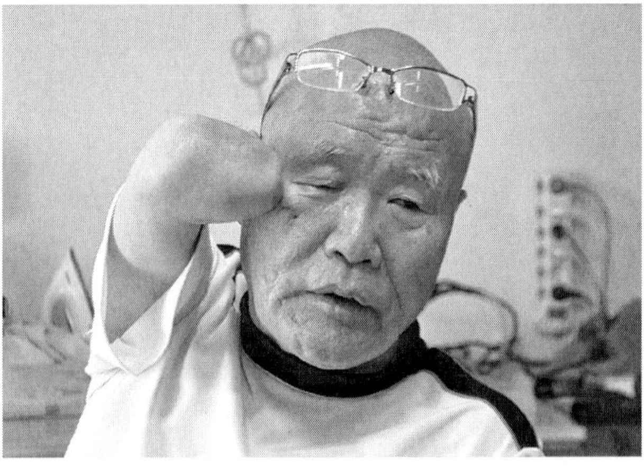

산기슭 오막살이라 산에 가서 나무를 해 와 불을 때고 가마니를 덮고 잤다. 낮에는 시내에 나가 연필을 팔아 연명했다. 7개월 후 그렇게 번 돈으로 평화동에 사글세 방 한 칸을 얻었다. 스물두 살 때까지 송 씨의 연필장사는 계속됐다.

"그때 연필장사를 그만두고 의성으로 갔어요. 당시 월남 파병 갔던 군인들이 다쳐서 들어오고 하던 시절이었는데, 나도 상이군인 행세를 하기 시작했죠. 가짜 소위 계급장을 달고 시골 면단위 유지들, 양조장 사장, 정미소 사장 이런 사람들을 찾아다니면서 행패를 부리고 돈을 뜯어내곤 했죠."

그는 서서히 건달로 변해갔다. 활동 반경도 의성에서 안동, 주덕, 청송으로 넓혀갔다. 그러던 중 미영 씨 남매들의 엄마가 될 여자를 만나게 됐다.

"안동에서 사고를 치고 문경으로 피신했는데, 친구 후배의 아버지가 운영하는 여관에 숨어 있었어요. 거기서 종업원으로 일하고 있는 애들 엄마를 만났지요."

그의 나이 스물네 살, 여자는 서른두 살로 여덟 살이나 연상이었다. 다른 남자와 결혼해 아이 셋을 낳았지만, 남편의 폭행이 워낙 심해 이혼을 하고 나왔다는 것이었다.

"나중에 (아내에게) 이야길 들어보니, '저 양반은 손이 없으니 때리진 않을 것' 이라는 생각에 나와 함께 살 마음을 먹었다고 하더군요. 손 없는 덕에 아내를 얻은 거죠. 하하."

가정을 이뤘지만 장애의 몸으로 한 곳에 정착할 수 없었던 그의 떠돌이 생활은 계속됐다.

"별의별 짓을 다 했지요. 손이 없으니 남의 것을 가져올 수 없어

도둑질만 안 했다 뿐이지 건달 생활도 오래 했지요."

마산에서 삼랑진을 오가는 열차 안에서 도시락과 군밤, 땅콩, 신문 등을 팔았다. 그러는 사이 서서히 그를 따르는 장애인이나 건달도 생겨났다. 일종의 '거지왕초' 가 된 것이다.

"요즘은 아예 열차 안에서 그런 장사를 못하지만, 그땐 공안요원의 단속에 맞서 싸우면서 했죠. 그 과정에서 불상사도 많았고요. 고무튜브 질질 끌면서 수세미나 고무줄 파는 것도 내가 개발했어요. 앵벌이의 일종이었는데, 전국에 못 들어간 곳이 없었죠. 부산 광복동, 대구 동성로, 서울 영등포역 앞까지 진출하기도 했죠."

이런 생활을 하는 동안 아내는 미영 씨를 비롯해 4남매를 낳았다. 그러나 집에서 아이들만 키우고 있을 순 없었다. 팔과 눈이 없는 남편을 따라 함께 떠돌아다녔다. 게다가 당시엔 장애인에게 선뜻 방을 빌려주는 사람도 없었다.

미영 씨가 초등학교에 입학할 때쯤 마산 내서읍 중리의 한 경로당에 방 한 칸을 얻었다. 경로당 청소 등 관리를 해주는 조건이었다. 아버지와 어머니는 미영 씨의 이모에게 아이들을 맡겨두고 객지를 떠돌아다녔다. 그런데 그 이모라는 사람이 미영 씨에게는 평생 씻을 수 없는 상처를 주게 된다.

4. 불우한 학창시절, 결국 학업을 포기하다

지금 생각해보면 명백한 아동폭력이며 학대였다. 미영 씨가 초등학교 1~2학년 때였으니 벌써 30년이 넘은 이야기다.

'앵벌이' 로 전국을 떠돌던 엄마와 아빠를 대신해 미영 씨 남매를 돌보던 이모는 무서운 사람이었다. 막내 애영 씨는 아직 태어나지도 않았을 때였다.

미영 씨와 두 남동생은 이모와 함께 마산 내서읍 중리의 경로당에서 방 한 칸을 얻어 살고 있었다. 아홉 살밖에 안 된 미영이는 경로당 청소와 빨래를 도맡는 것도 모자라 걸핏하면 이모에게 매질을 당했다.

"경로당에 창문이 많았어요. 그 많은 창문을 다 걸어 잠그게 했어요. 그러고 나서 동생 둘을 밖에 내보낸 후, 빨래나 청소를 깨끗이 하지 않았다며 허리띠를 손에 감고 온몸에 피멍이 들 정도로 때렸어요. 동생들은 문 밖에서 '우리 누야 살리주이소' 라며 울었지만 매질은 멈추지 않았죠. 어쩔 땐 큰 각목을 다리 사이에 끼워놓고 꿇어앉힌 뒤 바늘로 찌르기도 했어요."

지금이야 그곳이 아파트촌으로 변해 있지만, 당시만 해도 경로당이 있는 곳은 외진 곳이었다. 아이들이 비명을 질러도 아무도 와주지 않았다.

"그래도 성이 안 풀리면 한겨울에 발가벗겨 한데에 쫓아내기도 했어요. 온몸이 얼어 정신을 잃을 만할 때가 되어서야 들어오라고 했어요."

당시 미영 씨는 왜 아버지나 어머니에게 이모의 학대 사실을 일러바칠 생각을 하지 않았을까?

"아빠 엄마가 나가서 돈을 벌어야 한다는 걸 알았기 때문에 내가 고통을 감수해야 한다고 생각했던 것 같아요."

이모가 시집 간 5학년 때까지 그렇게 살았다. 이모가 떠나자 이번엔 외숙모가 왔다. 외숙모는 아이들을 때리진 않았지만, 술과 담배,

도박에 빠져 있었다. 젖먹이 하나를 데려왔는데, 외숙모는 자기 아이조차 돌보지 않았다.

"외숙모가 데려온 아이를 제가 다 키웠어요. 분유 타 먹여 재우고, 기저귀 갈아주고…."

결국 외숙모의 술 때문에 동네사람들이 경로당을 비워 달라고 하는 사태까지 닥쳤다.

"그때 내가 엄마한테 빌었어요. 제발 이젠 우리끼리 살게 해달라고…."

미영 씨(왼쪽)가 남동생 둘과 함께 이모 밑에서 힘들게 자라던 시절, 유일하게 남아 있는 빛바랜 사진이다.

경로당에서 쫓겨나 철길 밑에 겨우 연탄 방을 하나 얻었다. 미영 씨가 동생들을 보살피며 거기서 1년을 산 뒤, 두척동으로 이사를 했다. 역시 단칸방이었지만 이번엔 엄마와 함께였다. 하지만 엄마는 객지로 돌아다니는 과정에서 이미 병이 들어 있었다. 미영 씨가 중학생일 때였다. 그때부터 병수발이 시작됐다.

엎친 데 덮친 격으로 그 즈음 작은아버지댁에 살고 있던 할머니까지 치매에 걸려 미영 씨 집으로 왔다.

"노망 든 할머니 똥오줌도 치우고, 집 나가면 찾으러 다니고, 밥 챙겨드리고…, 힘들었지만 할머니가 너무 불쌍했어요. 같이 사는 게 좋았죠. 두척동 옛 도살장에서 소 껍데기를 얻어 와서 소금물에 팍팍

씻어 조선간장에 마늘 넣고 칼로 쪼아드리면 할머니가 너무 좋아했어요."

할머니도 그런 손녀를 끔찍히 사랑했다. 정신이 돌아오면 손녀를 끌어안고 이렇게 말하곤 했다.

"햇님아, 달님아, 별님아, 내가 마지막에는 결국 손녀에게 밥을 얻어먹는구나. 내가 죽어 귀신이 되어도 꼭 너를 도와줄게."

그런 할머니가 어느 날 돌아가셨다. 미영 씨가 학교에 간 사이 집을 나갔다가 교통사고를 당한 것이다. 할머니의 장례를 치르고 난 후부터였는지는 기억이 정확하지 않다. 아버지가 더 이상 객지에 돈 벌러 가지 않았다. 대신 아버지를 따르는 장애인들이 늘어나 매일 그들이 집으로 찾아왔다.

"아버지가 거지 왕초, 장애자 왕초였죠. 아버지가 무슨 장애인단체를 만들었는데, 그 세력이 점점 커졌나 봐요. 매일 집안에 장애자들이 들끓어 생리대를 갈 수도 없었어요. 화장실도 무서우니까…."

그런 가운데 어머니의 천식은 점점 심해져갔다. 청소한다고 빗자루만 들어도 기침이 멈추지 않아 병원에 실려 가기 일쑤였다. 아버지 송병수 씨의 말이다.

"미영이 엄마와 결혼하고 10년 뒤에야 처갓집에 가서 장인 장모를 뵈었는데, 장인영감이 천식병이 있더라고. 집안 내력이었던 거지. 잘한다는 병원에 다 가봤지만 끝내 고치질 못했어."

미영 씨가 고등학교에 진학했지만, 병든 엄마 때문에 집안일과 병수발도 모두 미영 씨 몫이 됐다. 동생들도 돌봐야 했고, 집안에 아예 상주하다시피 하는 장애인들 뒤치닥거리도 해야 했다. 찾아온 장애인 중 미영 씨와 동갑내기 여자아이도 있었다. 엄마에게 버림받고 찾아와 '앵벌이'를 시켜달라고 했다. 생리도 분간 못하는 아이였다. 미영 씨는 동생들뿐 아니라 그런 장애인까지 함께 보살폈다.

미영 씨는 고등학교 2학년에 올라가면서 끝내 학업을 포기할 수밖에 없었다. 학교를 다니며 그런 일까지 해낼 수 있는 처지가 아니었다.

"그 길로 학교 가서 내가 자퇴서를 냈어요." 놀란 선생님이 집에까지 찾아와 "미영아, 너만은 안 된다. 너는 법원 서기가 되어야 한다. 학교 가자"라고 설득했지만 어쩔 수 없었다.

이런 미영 씨의 선택은 가곡 명인 조순자 선생(현 마산 가곡전수관장)과의 안타까운 인연으로 이어진다.

5. 또 한 분의 엄마 조순자 가곡 명인

창원시 의창구 봉곡동에 있는 미영 씨의 집 현관문을 열면 정면으로 보이는 묵직한 장식품(?)이 둘 있다. 벽에 세로로 걸려 있는 가야금이다. 자세히 보니 그냥 장식용 모조품이 아니라 진짜 가야금이다. 국숫집 주인 집에 웬 가야금일까?

미영 씨는 고등학교까지 자퇴한 후 1년 넘게 엄마 병수발과 장애인들 뒤치닥거리에 매달렸다. 그런 미영 씨 덕분에 당시 코흘리개였던 막내 애영(30) 씨도 탈 없이 자랄 수 있었고, 남동생 둘도 학교를 다닐 수 있었다. 벌써 이십 년도 더 된 일이다.

하지만 아버지 송병수 씨는 병든 아내와 어린 자식들 때문에 장녀를 희생시킨다는 죄책감에 시달렸다. 미영 씨가 열아홉 되던 해 어느 날, '큰딸을 저렇게 키울 수는 없다'고 생각한 아버지는 딸을 데리고 집을 나섰다. 그가 찾아간 곳은 그때도 이미 가곡(중요무형문화제 제30호) 명인으로 유명했던 조순자 선생의 댁이었다.

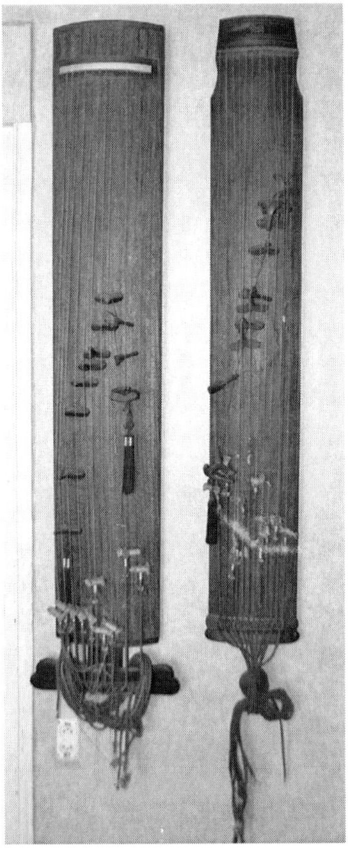

부녀의 방문을 받은 조순자 선생은 미영에게 가야금을 주며 줄을 뜯어보라고 했다. 생전 처음 만져보는 가야금이었다. 그러나 조 선생은 첫소리만 듣고도 바로 자신의 문하생으로 받아들였다. 한눈에 재능을 알아본 것이었다.

"지금도 선생님만 생각하면 눈물이 나요. 저를 너무나 잘 알아주시고 예뻐해 준 분이셨어요."

선생님은 3개월도 지나지 않아 미영에게 초등학생들을 가르치게 했다. 당시 조순자 명인의 국악학원을 드나들었던 많은 문하생들이 미영 씨를 '작은 선생님' 으로 알았던 이유다.

"하루는 선생님이 조용히 저를 불렀어요. 비가 엄청나게 오는 날이었는데, 제 가야금 소리가 듣고 싶다고 하더군요."

빗소리와 함께 한참 동안 미영 씨의 연주를 듣고 있던 선생님은 이렇게 말했다고 한다.

"아프냐? 네 소리에 아픔이 배어 있구나. 네 아픈 과거도 소리로

다 알 수 있단다. 힘드냐? 나도 힘든 시절이 있었단다. 하지만 세상이 널 알아줄 때가 올 거다. 내 모든 것을 너에게 주마. 포기하지 마라."

낮에는 가야금을 배우고, 저녁과 아침에는 병든 엄마와 집안을 가득 채운 장애인들을 돌보는 생활이 계속됐다. 거동을 못하는 장애인들의 목욕을 시켜주는 것도 미영 씨의 일이었다. 새벽에 일어나 그들의 아침밥까지 해놓고 집을 나섰다.

미영의 그런 처지를 알게 된 조순자 선생이 나섰다. 자신의 수양딸로 데려오겠다는 것이었다. 아예 자신의 호적에 올리고, 검정고시를 거쳐 대학에 보낼 생각이었다. 후계자로 키울 결심을 한 것이다.

"미영아. 이제 너희 집에 가지 마. 나와 함께 살아. 지금부터 공부해. 날 엄마라고 불러. 내 수제자라고 만천하에 공개할 거야."

그리곤 장애인들이 득실거리는 마산 두척동 미영의 집으로 선생이 직접 찾아갔다.

"지금도 너무나 유명한 분이지만, 그때도 선생님은 가볍게 몸을 움직이는 분이 아니셨어요. 그런 분이 우리 집까지 찾아온 거예요. 아버지께 '이제 미영이를 놔주세요' 라고 하셨어요. 저는 그 말씀을

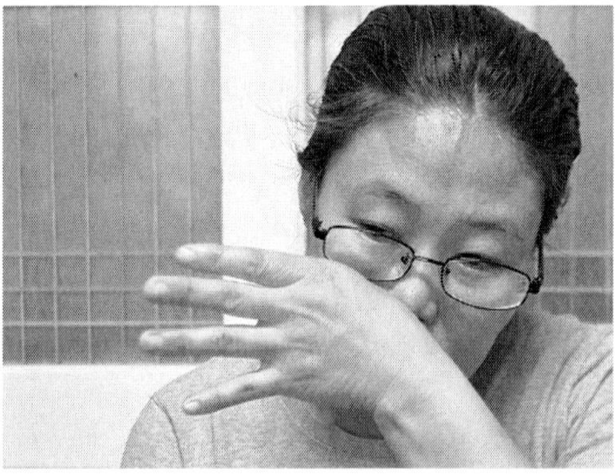

숨어서 들었죠."

하지만 수양딸과 수제자는커녕 미영 씨는 가야금 공부마저 아예 포기해야 했다. 엄마의 병세가 갈수록 위중해졌고, 엄마를 대신하여 보살펴야 할 장애인 식솔들은 계속 늘었기 때문이었다.

"모르겠어요. 내가 왜 그랬는지…. 그냥 그땐 포기하고 싶데요. 내 가족, 내 동생, 우리 집 식솔들이 중요하지 내가 성공하는 건 중요하지 않다고 마음을 다졌죠."

덤덤히 말하던 미영 씨의 눈에서 눈물이 주르륵 흘렀다. 인터뷰도 잠시 중단됐다. 눈물이 그칠 때까지 한참을 기다려야 했기 때문이다. 아마도 미영 씨의 삶에서 그때 조순자 선생과의 인연이 가장 애틋하고도 아픈 추억으로 남아 있는 듯했다.

"그렇지만, 그때 가족 중 누구 한 사람이라도 조순자 선생님을 따라가라고 했으면 갔을 것 같아요."

미영 씨 집의 가야금을 벽에 걸어둔 이는 남편 도연 씨다. 여러 번 이사를 다녔지만 가야금만은 꼭 챙겨 다락에 숨겨두는 아내를 보고, 남편이 내걸었던 것이다. 큰 것은 정악 가야금, 작은 건 산조 가야금이란다.

–조순자 선생님과는 그때 헤어진 이후로 한 번도 만나지 못했나요?

"못했죠. 뵐 면목이 없으니까요. 직접 뵙진 못했지만, 텔레비전에 나오시는 모습은 여러 번 봤죠."

–지금이라도 만나보고 싶은 마음은 없나요?

"음…. 아마도 언젠가는 호호국수에 국수 드시러 오실 것 같아요. 언젠가 한번은 오시겠죠. 제 예감은 틀린 적이 별로 없어요."

6. 23년 만의 재회

23년 동안 맺혀 있던 가슴 속 응어리가 치밀어 오르는 것 같았다. 뭐라고 울부짖는 듯했지만 알아들을 수가 없었다. 옛 제자는 그렇게 한참 동안 큰 소리로 울었다.

중요무형문화재 제30호 가곡 예능보유자 조순자(67) 가곡전수관장이 지난 3일 오후 3시 20분 창원시 성산구 내동 호호국수 송미영 씨를 찾아갔다. 23년 전 수양딸과 후계자로 삼으려 했으나 뜻을 이루지 못한 조순자 관장과 미영 씨의 사연이 《경남도민일보》에 보도된 바로 그날이었다.

상가 입구에서 기다리고 있던 호호국수의 단골이자 페이스북 창원시그룹 회원인 손민규(45) 씨가 조 관장을 식당으로 안내했다.

"사장님, 조 관장님 오셨는데요."

그 말에 놀라 주방에서 나오던 미영 씨의 다리가 휘청했다. 털썩

무릎이 바닥에 닿았다. 조 관장이 그녀를 부축해 안았다. 이내 식당 안은 눈물바다가 되어버렸다. 입구에서부터 미영 씨보다 먼저 조 관장을 발견한 동생 애영 씨의 얼굴도 온통 눈물범벅이었다. "저도 언니 따라 선생님 댁에 놀러도 가곤 했어요. 초등학교도 가기 전이었는데…."

미영 씨도 울며 뭔가를 계속 웅얼거렸지만 알아듣기 어려웠다.

"이제 울지 마! 넌 성공했어. 고대광실에 있어서 성공한 것도 아니고, 이름이 높이 난다고 해서 성공한 것도 아니야. 널 예술가로 키우진 못했지만, 너처럼 따뜻한 마음을 나눠주고 사는 게 바로 성공한 거야."

"지금도…… 지금도…… 어머니 딸로 태어나고 싶고…."

"뭐하러 딸로 태어나! 왜 다음 세상까지 가? 지금도 내 딸이야!"

"그게…. 흐엉, 엄마……."

"그런데 너 가야금 줄이 그 뭐냐? 신문에 난 (가야금) 사진 보니 기가 막히더라. 내가 어떻게 가르쳤어? 가야금 줄 항상 가지런히 매어놓는 것부터 가르쳤지? 이제 가야금도 하고 노래도 배우고, 예쁘게 화장도 하고, 알았지? 뚝 그쳐! 이게 그만 울어."

조순자 관장은 다시 미영 씨를 가르치고 싶다는 뜻을 내비쳤다.

"얘 다시 가르쳐서 우리 전수관 목요풍류 무대에 세울 테니까 그때 취재해주세요."

매주 토요일만 동생에게 가게를 맡겨두고 시간을 내라고 했다. 동생 애영 씨가 "언니가 음식을 다 하는데…"라고 말을 흐렸다.(사실 애영 씨는 둘째를 임신 중이다.) 그러자 조 관장은 "배워! 손 뒀다 뭐해?"라고 호통을 쳤다.

이어 조 관장이 미영에게 고개를 돌렸다.

"미영아, 너 사랑하는 사람들 참 많더라? 성공했어. 국악과 대학 교수 된 것보다 더 좋아. 이렇게 많은 사람들이 사랑해주고…. 자~ 이제 웃어봐!"

그렇게 30분을 훌쩍 넘겨서야 겨우 정신을 차린 미영 씨가 "선생님, 식사는 하셨어요?" 하고 물었다.

"너희 집 호호국수가 그렇게 맛있다며? 그거 먹어봐야지. 여기 계신 분들 오늘 국수값은 내가 낼 테니 다들 시키세요."

이날 옛 스승과 제자의 재회 광경은 기자를 포함해 모두 일곱 명이 함께 지켜봤다.

"이제는 미영이가 누구를 위한 삶이 아니라 송미영 자신을 위한 삶을 살았으면 좋겠어요. 아직도 미영이의 가슴에 응어리가 가득 차 있어요. 그걸 치유해야 해요. 음악으로 치유할 수 있어요."

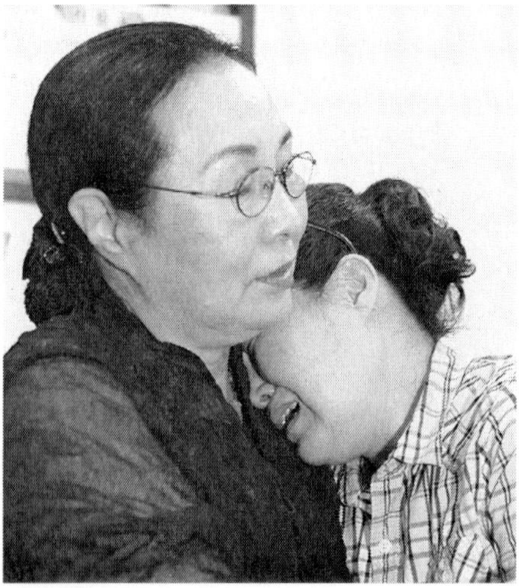

미영 씨가 그동안 가야금 줄을 풀어놨던 것은 미련을 두지 않겠다는 다짐 때문이었다. 하지만 이날 조순자 관장이 시킨 대로 다시 가야금 줄을 매게 될지 자못 궁금하다.

7. 조순자 관장이 기억하는 미영

이쯤에서 미영 씨를 수양딸로 삼으려고까지 했던 조순자 관장이 어떤 인물인지 기록해둘 필요가 있겠다. 국내, 아니 세계에서 유일한 가곡전수관 입구에 적혀 있는 조 관장의 이력이다.

“중요무형문화재 제30호 가곡전수관장 조순자(曺淳子). 호: 영송당(永松堂), 생년월일: 1944년 8월 26일, 서울에서 태어나 1959년 중앙방송국(현 KBS) 국악연구생 2기생으로 선발되어 국악계에 첫발을 내디뎠다. 이주환, 김천홍 등에게 가무악의 실기와 이론을 수학한 후 1962년부터 국립국악원 연주원으로 활동하였다.

국립국악원 첫 해외연주인 1964년 도일 공연에서 연주하는 등 활약하다가 1968년 인화여고 국악반을 지도하기 위해 교사로 전직한 후 1970년 결혼과 더불어 마산으로 귀향하였다. (…) 1973년 경남대를 시작으로 마산교대, 창원대, 부산교대, 경북대, 부산대, 전남대, 한국교원대 등에서 국악실기와 이론을 강의하는 한편 (…) 2001년에는 국가 중요무형문화재 제30호 가곡예능보유자로 지정, 2006년 9월에는 창원시 마산회원구에 ‘중요무형문화재 제30호 가곡전수관’ 을 설립하기에 이른다.

이밖에도 1969년 개국한 마산MBC(현 창원MBC)의 초창기 시절부터 초대손님으로 출연하다가 1983년 MBC FM 개국 후 ‘FM음악회’, ‘우리가락 한마당’, ‘국악으로 여는 아침’, ‘우리가락 시나브로’ 등의 고정출연자 및 진행자로 40년 세월을 함께 하는 등 지역방송인으로도 활약 중이다.(…)”

이렇듯 조순자 관장은 명실공히 우리나라 국악계의 대표적인 인물이다. 게다가 그가 보유하고 있는 가곡(歌曲)은 지난해 11월 유네스코 인류무형문화재산으로 등재되었다. 역사에 가정은 없다지만, 만일 미영 씨가 조순자 선생의 후계자가 되었다면 세계적인 예능보유자가 된다는 이야기다.

그렇다면 미영 씨를 자신의 후계자로 삼으려 했던 스승 조순자 관장은 어떻게 기억하고 있을까? 먼저 그것부터 물어봤다. 어떻게 처음 뜯어보는 가야금의 첫소리만 듣고도 미영 씨의 재능을 알아봤을까?

"예능을 하는 선생님들은 딱 한 번만 봐도 알지요. 단순히 소리만 듣는 게 아니라, 아이의 표정과 악기를 만지는 태도를 함께 보는 거죠. 아이가 정말 그걸 좋아하는지 단번에 알아차릴 수 있어요. 안 배운 노래도 시켜봤는데 재능이 느껴졌어요."

3개월 만에 초등학생들을 가르치게 했다는 건 무슨 말일까?

"지금도 (문하생들에게) 가르치면서 배우도록 하고 있어요. 가르치는 능력도 중요하거든요. 모든 사람에게 똑같은 교습법이 다 통하는 게 아닌데, 그건 타고나는 것이에요. 좋은 연주자는 많지만, 좋은 교육자를 겸비하기는 정말 어려워요. 걔는 그것도 자질이 있었어요."

게다가 미영 씨는 머리도 아주 똑똑했다고 한다.

"알고 보니 고등학교를 중간에 그만뒀더라고요. 그래서 검정고시를 보게 하려고 공부를 시켜봤어요. 그런데, 아휴~. 공부도 잘해! 수학문제도 그렇고 영어도 그렇고 막히는 게 없어요."

연주와 교육, 거기에다 공부까지 잘하는 미영이를 수양딸로 들여 키워보고 싶은 마음을 가질 만도 했다.

"머리 없이 국악 배워서 대학 가려고 하는 아이들도 있잖아요. 그

런데 얘는 머리도 있고…. 제가 정말 좋은 예술가로, 학자로 키워보려 했어요. 게다가 내가 딸이 없으니까 딸로 삼으려고 했죠. 그래서 어렵게 물어물어 집에 찾아갔는데…."

마산 두척동 미영의 집을 찾아간 조순자 관장은 거기서 "아! 얘는 도저히 내가 데려올 수 없는 아이구나" 하고 깨달았다고 한다.

"미영이가 그 집 딸이 아니라 강제로 끌려와 있는 아이였거나, 설사 딸이었다 하더라도 그 집을 싫어하기라도 했다면 어떤 수를 써서라도 데리고 왔을 거예요. 그런데 아이가 거기 있는 사람들을 너무 사랑하더라고요. 장애인들이 방마다 가득한데, 얘가 물을 덥혀서 목욕을 다 시키는 거야. 밥도 다 지가 해먹이고…. 어머니는 피를 걸러내야 하는 병인가를 앓고 있었고, 아버지는 장애인들을 봉고차 같은 데 태우고 나가고…. 그런데 그 엄마 아버지를 세상에 둘도 없이 사랑하더라고. 엄마 아버지뿐 아니라 피도 살도 섞이지 않은 장애인들에게도 그러는 걸 보니 '아! 못 데려오겠구나. 내가 억지로 데려다 놔도 저 사람들이 있는 한 다른 삶을 살도록 하진 못하겠구나' 하는 생각이 들었어요."

이후 조 관장은 미영을 만날 수 없었다. 다만 당시 함께 있었던 문하생 중 누군가로부터 미영 씨가 '선교사가 되어 중국으로 갔다'는 소문을 한참 뒤에 들었다.

"그래서 2007년인가요? 우리나라의 한 교회에서 아프간에 무리하게 선교활동 하러 갔다가 탈레반에 납치됐던 사건이 있었잖아요. 미영이가 워낙 고지식해서 혹시 저런 데 간 것 아닌가 걱정이 되어 납치된 사람들 이름을 하나하나 확인하기도 했어요."

미영 씨가 한때 선교사를 꿈꾼 적이 있었던 건 사실이다. 그러나 미영 씨의 현실에선 선교사의 꿈조차 사치였다. 비록 선교사는 되지 못했지만, 그 누구 못지않게 나눔을 실천하며 살고 있으니 그리 아쉬워할 일은 아닌 것 같다. 그게 바로 미영 씨가 돈을 많이 벌어야 할 이유다.

8. "착하게만 살지 않았어요"

지금까지 미영 씨의 희생적인 삶이 주로 소개됐지만, 그녀가 오로지 성실하고 착하게만 살아온 것은 아니었다. 그녀는 또한 자신의 삶도 평탄하진 않았지만, 아들(13 · 현재 중학교 1학년)에게도 평생 씻을 수 없는 고통을 줬다는 죄책감에 시달리고 있다.

조순자 선생과 그렇게 헤어진 지 얼마 되지 않아 오랜 병석에 있던 어머니가 돌아가셨다. 미영 씨의 나이 스무 살 때였다. 장례식에는 수많은 장애인들이 빈소에 줄을 이었다. 어느새 어머니는 '앵벌이 장애인들의 대모'가 되어 있었던 것이다.

어머니의 죽음은 슬펐지만, 한편으로는 미영 씨에게도 자유가 주어졌다. 비로소 어머니의 병수발에서 벗어난 것이다. 게다가 몇 개월 후 아버지가 재혼을 했다. 덕분에 양 손목이 없는 아버지와 장애인들 뒤치다꺼리에서도 해방될 수 있었다. 미영 씨가 마산 내서읍 중리에 반석미용원을 차릴 수 있었던 것도 그 덕분이었다. 미용실을 하면서 남편 김도연 씨를 만났고, 결혼 후 경북 구미에서 시집살이를 했다는 것은 앞에서 이야기한 대로다.

이 대목에서 미영 씨가 왜 굳이 안 해도 될 시집살이를 자청해 그 고생을 했을까 의문이 생길 법하다. 실제 그 이야기가 연재된 후 많은 독자들로부터 그 질문을 받았다. 심지어 한 독자는 "미영 씨의 답답한 선택에 같은 여자로서 화가 난다" 고도 했다.

"지금은 아버지를 이해해요. 만일 그때 아버지가 재혼이라도 하지 않았다면, 양손도 없고 눈도 잘 안 보이는 아버지를 누가 보조해주겠어요? 하지만 그땐 어려서 그랬는지, 엄마 돌아가신 지 1년도 되지 않아 새엄마를 들이는 아빠가 너무 미웠어요. 그래서 결혼을 핑계로 아빠와 멀리 떨어져 살고 싶었던가 봐요."

어쨌든 그렇게 아버지가 미워서 떠났던 시집살이였지만, 1년 후 다시 아버지에 의해 마산으로 돌아왔다. 딸을 마산에 데려온 아버지는 이렇게 말했다.

"딸아, 미안하다. 내가 아무리 장애인이지만, 너에게 해준 게 아무것도 없었다. 내 비록 빌어먹더라도 도둑질은 안 하고 살아왔는데, 이젠 돈을 벌어야겠다. 사위자식도 자식이니 저놈하고 같이 벌자. 우리도 이제 한번 편하게 살아보자."

그렇게 해서 시작하게 된 게 사채업의 일종인 '일수놀이' 였다. 아버지와 남동생, 남편 도연 씨는 수금책을 맡았고, 미영 씨는 사무실에서 회계를 봤다.

"일수놀이라는 걸 해보니 돈이 사람을 거만하게 만들더군요. 일수라는 게 그렇잖아요. 사람들 피고름 뽑는 거…. 항상 금고에 천만 원이 넘는 돈이 있었어요. 남동생도 점점 조직폭력배들과 어울리게 되고, 나태해지고, 사람 타락하고…. 따지고 보면 아버지가 자식들 살리려고 나쁜 짓을 가르친 거죠."

하지만 돈맛을 알게 된 그들이 이 일을 그만두는 것은 쉽지 않았다. 그렇게 6~7년이 흘렀다.

"사람이 할 짓은 못 되지요. 돈 받으러 갔는데, 어른은 보이지도 않고 아이들만 쫄쫄 굶고 있는 걸 보면 참…. 결국 수금은커녕 라면 한 박스 사서 던져주고 돌아오는 경우도 많았어요." 미영 씨 남편 도연 씨의 말이다. 그는 오히려 술집에 수금하러 가는 게 쉬웠다고 한다. "그땐 젊었으니까 겁나는 것도 없었죠. 돈 안주면 두들겨 패고, 부수고 하는 일도 비일비재했죠."

미영 씨의 아버지 송병수 씨는 종교를 알고 난 뒤, 자식들과 함께하던 사채업을 정리했다. 지금도 그는 당시의 사채업을 참회하는 마음으로 살고 있다. 독실한 기독교 신자이자 장로인 그는 불편한 몸이지만, 인터넷에 글을 올리는 게 중요한 일과 중 하나다.

제법 돈도 모았다. 땅도 사고, 승용차도 샀다. 하지만 아버지 역시 그렇게 버는 돈이 부담스러웠는지 어느 날 하루 사위와 자식들을 불러모았다.

"이러다가 사위·자식 죄다 전과자자 만들겠다. 내가 돈 때문에 자식들을 망쳐놓았구나. 굶어 죽더라도 돈은 개같이 고생하면서 벌어야 한다. 이 짓 그만 때려치우자."

폭탄선언이었다.

"그 무렵 미영이의 소개로 교회에 다니게 됐는데, 이게 성경적으로 옳지 않은 일이더라고. 그래서 딱 접어야겠다고 결심했지." 그때가 1997년 IMF 구제금융 무렵이었다.

다시 미영 씨의 말이다.

"정말 희한한 일이죠. 폭리로 그렇게 번 돈은 한순간에 날아가게 되더군요. 다 팔아서 빚 갚고 난 뒤, 남은 돈으로 '777 오락실' 같은 걸 했는데, 쫄딱 망했어요. 그 다음엔 세탁소를 차렸는데, 그것도 망했죠. 결국 다 날려먹고 다시 무일푼이 됐어요."

이들 가족은 먹고살 길이 없었다. 아버지도, 미영 씨도, 남편도, 남동생들도 직업이 없었다. 결국 다시 미영 씨가 '총대'를 매야 했다.

"사채업을 하던 우리가 거꾸로 사채 2000만 원을 얻었어요. 그걸 밑천으로 창원 중앙동에 대동관이라는 중국집을 냈죠."

미영 씨의 딸이 초등학교도 들어가기 전이었고, 아들은 서너 살쯤이었다. 바로 그중국집 때문에 미영 씨는 아들에게 큰 죄책감을 안게 된다.

9. 냄새도 맡기 싫은 중국 음식

가족이 모두 달라붙어 중국음식점을 차렸지만 장사는 쉽지 않았다. 평소 요리 솜씨가 있는 사람이라도 중국음식은 아무나 할 수 있는 게 아니었다. 따로 배워야 했지만, 월급을 200만~300만 원씩이나 주면서 고용한 요리사는 절대 요리를 가르쳐주지 않았다. 그렇게 1년 후, 장부를 정리해보니 돈을 벌기는커녕 빚만 남았다. 결론은 요리사 인건비 때문.

안 되겠다 싶어 미영 씨가 팔을 걷어붙이고 나섰다. 너댓 살밖에 안 된 아들은 뒷전에 두고 주방에서 설겆이를 하면서 어깨너머로 요리법을 익히기 시작했다. 어느 정도 자신감이 붙자 요리사를 내보냈다. 그러나 미영 씨의 손목이 워낙 약해 후라이팬을 돌리는 건 무리였다. 남편 도연 씨도 주방에 투입됐다.

"주방도 맡고, 배달도 했죠. 보통 중국집과 달리 우리는 새벽까지 배달을 했어요. 하루는 비가 많이 오는 날이었는데, 미끄러지는 바람에 짬뽕과 자장면을 길바닥에 다 쏟아버렸어요. 그걸 바로 앞 여관집 주인 할머니가 본 거예요."

그 할머니는 쏟아진 음식을 다 치우고 가라고 고함을 쳤다. 그때가 새벽 두 시였다.

"할머니, 제가 다 치우긴 할 텐데요. 빗자루하고 쓰레받기 좀 빌려주세요."

그때 할머니가 받아친 말을 미영 씨는 평생 잊지 못한다.

"이년아, 니는 손도 없나?"

미영 씨는 쏟아진 국수를 손으로 그러담는데, 빗물과 눈물이 섞여

지금도 식당을 운영하고 있지만, 미영 씨에게 중국집은 쳐다보기도 싫고, 중국음식은 냄새도 맡기 싫은 대상이다.

흘러내렸다. 이를 악물었다.

그렇게 악착같이 번 결과 미영 씨 가족은 1년 만에 빚을 다 갚을 수 있었다.

이때 남동생이 독립해 나가 새로 중국집을 차렸다. 그러나 그 식당도 장사가 잘 되지 않았다. 창원 중앙동 대동관을 처분하고, 이번엔 남동생의 중국집에 미영 씨가 구원투수로 투입되었다.

"PC방이나 당구장, 오락실에서 손님이 자장면을 주문하면 한 번 주문할 때마다 그 업소에 500원의 리베이트를 줬어요. 그랬더니 8개월 만에 그 일대에서 가장 장사 잘되는 중국집이 돼버렸죠."

그러나 두 번의 중국집 운영으로 인해 미영 씨는 아들에게 정말 못할 짓을 하고 말았다. 너댓 살바기 아들을 방치하는 바람에 큰 상처를 남긴 것이다.

"딸은 초등학교에 가야 하니까, 그동안 반지하 단칸방에 김밥 한 줄과 요강단지만 넣어놓고, 그 어린 것을 가둔 채 문 밖에서 자물쇠를 잠갔어요. 아이를 개처럼 키운 거죠."

밤에는 식당에 아들을 데려다 상다리에 묶어놓은 후 새벽까지 빈 그릇을 찾으러 다닌 적도 있었다.

"그때 아들이 너무 큰 스트레스를 받았나 봐요. 초등학교에 들어갈 무렵 머리가 빠지기 시작하더니, 나중엔 아예 다 빠져버렸어요. 병원에 가보니 스트레스 때문이라더군요."

미영 씨 인생에서 유일하게 미안한 사람이 있다면 그게 바로 아들인 까닭이다. 지금 중학생이 된 아들 녀석은 그래도 엄마 걱정만 한단다.

"쬐그만 게 '엄마 고생 좀 그만해라' 는 말을 달고 살아요. 엄마 고생한다고 용돈 달라는 소리도 안 하는 녀석이에요."

미영 씨의 눈에 눈물이 그렁그렁했다. 방안에 있는 아들을 보니 지금은 머리가 까맣다.

"지금도 병원 치료를 계속 받고 있는데, 자세히 보면 아직도 듬성듬성 빠진 데가 있어요."

남동생 중국집에서 나온 후부터 중국음식은 이제 냄새도 맡기 싫다고 한다. 중국요리에 일가견이 있지만, 굳이 호호국수를 창업한 이유다. 호호국수가 배달을 하지 않는 이유이기도 하다.

호호국수를 창업하기까지도 무수히 많은 직업을 거쳤다. 낮에는 분식집, 밤에는 갈비집에서 서빙을 하고, 그것도 모자라 새벽에는 24시 찜 배달업소에서 설거지를 하기도 했다. 쉬는 날에는 스티커 작업도 했고, 목욕탕 청소, 신문 배달, 물티슈 납품업도 해봤다. 비정규직 용접공으로 일했던 공장도 여럿 된다. 정수기 필터교환 코디로도 일했고, 보험회사 콜센터 근무도 했다.

콜센터 근무 때 문제가 생겼다. 하루종일 앉은 채 전화통을 붙잡고 있다 보니 덜컥 허리 디스크가 왔다. 물건을 들다 뚝! 했는데, 움직일 수가 없었다. 병원에 실려 가 바로 수술날짜를 잡았다.

수술 당일, 남편도 일하러 보내고 혼자 병원에 갔다. 마취 직전 의사가 물었다.

"왜 혼자 왔어요? 가족이 없나요?"

"오지 말라고 했습니다."

"이 아줌마가 간도 크네. 그래도 전신마취를 하는데, 죽음도 겁나지 않아요?"

"그게 뭐가 무서워요? 죽으면 죽는 거지."

"마취 들어가기 전에 꼭 물어보고 싶은 게 있는데, 만일 이곳에서 죽는다면 가장 보고 싶은 사람이 누구예요?"

"아들이 보고 싶습니다."

"남편도 아니고?"

"남편과 아버지에겐 그동안 내가 줄 수 있는 걸 모두 줬습니다. 그러나 내 아들에겐 아무 것도 해준 게 없습니다."

눈물이 주르륵 귓전을 적셨다. 의사가 미영 씨의 눈물을 닦아주며 말했다.

"마취 들어갑니다. 수술 자~알 될 겁니다."

10. 돈을 더 많이 벌어야 할 이유

그때가 2010년 5월이었다. 허리 수술을 받은 후 병원에 누워 지나온 삶을 곰곰히 반추해봤다. 거기에 송미영 자신의 삶은 없었다.

그동안 남동생 둘은 물론 남편과 아버지까지 자기 아들이라고 생각하며 살아왔다. 막내 애영 씨는 물론 딸이었다. 미영 씨가 인고의 세월을 견디기 위해 자신에게 걸어온 일종의 최면이었다. 치매에 걸려 미영 씨 집에 온 할머니와 오랜 병수발을 들어야 했던 어머니, 그리고 1년여 짧은 기간이었지만 경북 구미에서 모셨던 시아버지까지….

이제 자신의 삶을 찾고 싶었다. 퇴원을 하자마자 창원소상공인지원센터를 찾았다. 거기서 창업교육을 받으면서 호호국수를 구상했다.

우선 곱배기 메뉴를 따로 두지 않고 누구든 먹고 싶은 만큼 배불리 먹이고 싶었다. 적어도 내 집에 온 손님은 국수든 밥이든 얼마든지 더 먹을 수 있도록 했다. 그리고 모든 음식재료는 100% 국산만 쓴다. 김치도 직접 담근다. 국수의 육수는 100% 멸치를 우려내 쓴다. 합성조미료는 절대 쓰지 않는다. 단돈 500원이라도 다른 집보다 싸게 판다.

"내 인건비를 생각하지 않고, 내가 좀 부지런히 움직이면 가격은 낮출 수 있어요. 알다시피 사골을 24시간 끓이는 가마솥은 연탄을 쓰죠. 가스를 쓰면 감당이 안 돼요."

야채는 팔용동 농산물도매시장에서 직접 구입하고, 돼지고기는 김해 주촌면 도살장에 직접 가서 사 온다. 간장, 된장, 고추장, 고춧가루, 마늘, 설탕 등 천연재료 말고는 아예 조미료를 쓰지 않는다.

"재료는 절대 거짓말을 안 해요. 사람의 입맛이라는 게 워낙 예민해서 조미료로 낸 맛은 금방 질리게 되죠. 사골 국물을 내도 정직하게 들어간 재료만큼만 50그릇이면 50그릇만 뽑지, 거기에 물을 타거나 하지 않아요."

그게 호호국수를 창업한 미영 씨의 철학이었다. "진심은 통한다"는 것이다.

소상공인지원센터서 창업자금 4000만 원을 빌렸다. 거기에 보태 총 6000만 원 이상이 호호국수에 들어갔다. 앞서 중국집은 아버지와 형제들 소유였지만, 호호국수는 온전히 미영 씨 이름으로 창업한 첫 가게다.

호호국수 송미영 씨가 육수를 내는 데 쓰일 멸치를 가리고 있다. 호호국수는 다른 조미료 없이 100% 멸치 육수만 쓰기 때문에 멸치가 많이 든다. 오른쪽은 동생 애영 씨의 아들.

그렇게 하여 차려진 메뉴가 김밥 1000원, 물국수 3500원, 비빔국수 3500원, 콩국수 4000원, 돼지국밥 5000원, 순대국밥 5000원, 수육백반 8000원, 수육(중) 1만 5000원, 수육(대) 2만 원, 모듬수육(순대+수육) 3만 원이다. 메뉴판 아래에는 이런 안내문이 붙어 있다.

"곱빼기를 드실 분께서는 주문 시 말씀해주세요. (쓰리곱빼기도 요.) 추가요금은 없어요."

막내동생 애영 씨가 홀에서 서빙을 하고, 미영 씨는 주방에서 요리를 맡았다. 창원시 성산구 내동 내동상가 뒤편 동우상가 1층인데, 도로와 맞닿은 식당이 아니라 상가 안쪽으로 들어가야 한다. 그래서 식당 위치로는 별로 좋지 않다.

그래서인지 3개월 전 개업 당시에는 하루 매출액이 5만 원 내외였다. 하지만 언젠가 미영 씨의 '진심'을 알아주는 손님들이 생길 거라 믿었다.

과연 한 사람, 두 사람 입소문이 나기 시작했다. 먹어본 사람들이 친구들을 데리고 다시 찾았고, 음식 맛과 주인의 넉넉한 인심에 감동한 사람들이 인터넷 소셜네트워크에 사진을 찍어 올리기 시작했다. 단골도 점점 늘어갔다. 심지어 점심 때 국수를 먹고 간 손님이 저녁에 국밥이나 수육을 먹으러 다시 찾는 경우도 있다. 하루 평균 매출도 30만 원이 넘어갔다. 회식 손님이 있을 땐 50만 원이 넘는 날도 생겼다. 신문에 나온 뒤에는 점심 때 손님들이 줄을 서서 기다리기도 했다. 종업원도 한 명 더 채용해야 할 상황이다.

물론 착한 가격에다 무한리필 철학 때문에 남는 건 별로 없다. 하지만 미영 씨는 돈을 좀 많이 벌어야 한다. 가족의 기본적인 생활비와 대출금 상환 외에도 써야 할 돈이 많기 때문이다.

미영 씨는 필리핀의 수도 마닐라 외곽의 한 고아원에 매달 20만 원씩 우윳값을 보내고 있다. 아는 선교사 한 분이 운영하는 고아원이다. 게다가 고등학교 1학년 딸도 마닐라의 국제고등학교에 보냈다.

"작은 딸아이가 중 3

때였어요. 하루는 딸이 '엄마, 나 외국 가서 살고 싶은데 밀어줄 수 있겠나' 하고 묻더라고요. 우리 딸이 좀 조숙하거든요. 없는 살림에 고민을 하긴 했지만, 내가 어릴 때 하고 싶은 것 하나도 못 해보고 살았던 경험 때문에 결심해버렸어요. 그래 우리 딸, 너만이라도 훨훨 날아라. 엄마가 못 해본 것들 니가 다 해봐라. 땡빚을 내서라도 엄마가 밀어줄게."

필리핀의 국제고등학교는 미영 씨가 후원하는 고아원 선교사를 통해 알게 됐다. 올해는 학교 기숙사에 있지만, 내년부턴 고아원에서 함께 생활할 계획이라고 한다. 그럴 경우 월 100만 원 정도면 학비와 생활비가 해결된다.

경북 구미에 있는 시아버지께도 매월 30만 원씩 꼬박꼬박 생활비를 보내주고 있다. 필리핀 고아원에 보내는 돈도 이번 달부터 30만 원으로 올렸다.

"비행깃삯이 아까워 저는 가보지도 못했지만, 40명 정도의 고아들을 키우고 있어요. 아버지가 교회에서 봉사활동 하러 갔다가 알게 된 게 인연이 되어 후원을 하게 됐죠. 이번에 움막을 새로 짓는다고 해서 10만 원씩 더 보내기로 했어요."

좀 더 여력이 생기면 지역의 가난한 예술가들을 돕는 게 미영 씨의 꿈이다. 물론 아직은 꿈이긴 하지만 호호국수가 커지면 1층은 식당, 2층은 미용실, 3층은 어려운 장애인들과 함께 일도 하고 월급도 주고 그렇게 살고 싶다.

그러나 이에 대해 조순자 선생은 "아직도 못 벗어났어. 이젠 너를 위해 살아야 해. 그런 사회복지사업은 나라에서 해야 할 일이야"라고 일갈했다.

11. 다시 잡은 가야금, 그리고 에필로그

미영 씨가 가야금을 다시 잡았다. 지난 3일 옛 스승이었던 조순자 가곡전수관장으로부터 호통을 들었던 바로 그날 저녁부터였다. 조 관장은 "너 가야금 줄이 그게 뭐냐? 신문에 난 (가야금) 사진 보니 기가 막히더라. 내가 어떻게 가르쳤어? 가야금 줄 항상 가지런히 매어놓는 것부터 가르쳤지?"라고 나무랐다.

그날 밤, 미영 씨는 식당 문을 닫고 집에 들어가자마자 벽에 걸려 있던 가야금을 내렸다. 한때 고급 한정식집에서 그녀가 가야금을 배웠다는 말을 듣고 "손님들 앞에서 한복 입고 가야금 연주를 해주면 돈을 많이 주겠다"고 제안한 적이 있었다. 그때도 단번에 거절했던 미영 씨였다.

"그건 제게 가야금을 배워준 선생님에 대한 모독이잖아요."

그녀는 흐트러진 채 방채해뒀던 가야금 줄을 다시 맸다. 그러나 두 대의 가야금 중 정악 가야금은 수리점에 보내야 했다. 그날부터 미영 씨의 가야금 공부가 다시 시작되었다.

퇴근 후 집에서 가야금 줄을 맞추고 있는 송미영 씨.
그의 표정에서 행복감이 묻어났다.

"사실 언젠가는 (조순자) 선생님이 찾아오실 거라는 예감이 있었지만, 예상보다 훨씬 일찍 오셨어요. 하지만 하늘이 준 기회인데, 이걸 왜 마다하겠어요? 다시 선생님께 배울 수 있는 기회가 온 것만 해도 너무 행복해요."

미영 씨는 그래서 동생 애영 씨의 남편 서 서방을 호호국수로 불러 들이기로 했다. 국수 육수와 국밥 사골은 미영 씨가 준비해놓으면 된다.

"제가 지금와서 가야금을 배워 그쪽으로 성공을 바라는 건 아니에요. 그냥 백지에서 새로 시작하는 거죠. 단지 가야금이 좋고, 장구가 좋고, 내가 좋아하는 걸 좋아하는 선생님께 배우고 싶을 뿐이에요."

미영 씨는 오는 16일(목) 오후 7시 창원시 마산회원구 회원2동에 있는 가곡전수관을 찾아갈 예정이다. 전수관 내 영송헌에 열리는 상설공연 '목요풍류' 도 보고, 조순자 선생과 앞으로의 일을 의논할 계획이다.

조순자 선생은 앞서 제자에게 "이제는 그 누구를 위한 삶이 아니라, 송미영 자신을 위해 살아라" 고 충고한 바 있다.

"그래야지요. 호호국수를 시작한 것도 그러려고 한 거예요. 엊그제 페이비(페이스북 창원시그룹의 애칭) 사람들이 벽시계를 선물로 가져왔어요. 제 마음을 어떻게 알고 그걸 사오셨는지….

페이스북 창원시그룹(페이비) 회원들이 선물한 벽시계.

(벽의 시계를 바라보며) 저 시계가 걸린 바로 그 순간부터 '아, 지금부터 송미영의 시간이 돌아간다' 고 생각하기로 했어요."

이제 이 이야기를 마무리 지을 때가 됐다. 그동안 많은 독자들로부터 과분한 관심과 함께 "미영 씨의 삶을 보면서 작은 고생에도 힘들어하는 나를 반성하게 됐다" 거나 "내 삶에 위안을 받았다" 는 격려도 받았다. 그러나 한편으로는 "너무 연재가 길다" 거나, "고난으로 점철된 한 개인의 인생사를 너무 적나라하게 드러내는 것 같아 읽기가 불편했다" 는 반응도 있었다. 이 또한 글을 쓰는 기자로선 고마운 피드백이다.

다만 한 가지 중요한 것은 이야기의 주인공인 미영 씨로부터 "이렇게 한번 털어놓고 나니 속이 후련하다" 는 이야기를 들었다는 것이다.

다음은 조순자 관장의 말이다. "미영이를 만나고 돌아온 뒤, 다시 찬찬히 연재된 글을 읽으면서 사실 걱정이 많이 되었어요. 이렇게 세세한 과거사가 신문에 공개되는 게 어쩌면 그 아이에게 새로운 부담이 되는 게 아닌지…. 걱정스런 마음에 전화를 걸었죠. 그런데 미영이가 너무 밝은 목소리로 '아무 걱정하지 마세요' 라며 오히려 저를 안심시키려는 거예요. 참, 다행입니다. 다행이에요."

천상 스승과 제자다.

글을 쓴 기자 역시 취재하고 연재하는 내내 행복했다. 조순자 관장이 공언했던 대로 한복을 고이 차려입고 단아한 모습으로 목요풍류 무대에 선 송미영 씨의 모습이 벌써 그려진다.

사람 중심 월간지 창간, 어려움에 봉착하다

사람 이야기에 대한 독자들의 높은 관심에 자신감을 얻은 우리는 '사람 중심의 월간잡지' 창간을 검토하기 시작했다. 그러나 쉽지 않았다. 우선 내부의 반대가 심했다. '뉴미디어 시대에 일간지나 방송도 올드미디어 취급을 받는데, 월간지가 웬 말이냐' 는 것이었다.

모자라는 인력도 문제였다. 사실 월간지를 위해 사람을 신규채용해서는 수지타산이 맞지 않았다. 우리의 고정관념으로는 적어도 3~4명 정도의 전담 인력이 있어야 월간지 창간이 가능하다는 거였다.

우리 내부의 우려와 고민은 주로 이런 내용이었다.

1. 너무 쉽게 생각하는 것 아닌지요? 신문 독자 확장도 갈수록 어려워지는데, 익숙하지 않은 잡지는 더더욱 필요 없다고 느낄 겁니다.
2. 회사에서 판매 할당하면 어차피 신문 보는 사람한테 가서 떠안기는 수밖에 없습니다. 그들 입장에서는 괜히 기자 잘못 알아서 이중부담인 것입니다. 나쁘게는 기자 실적은 채워줘야겠고 이중 부담 안 하려고 신문 끊고 잡지구독 하는 사례도 생길 듯합니다.
3. 기자들이 인물잡지에 '차출' 될 경우, 업무 부담이 가중될 겁니다.
4. 만약 잡지가 실패할 경우 신문의 신뢰성에도 타격을 받을 우려가 있습니다.
5. 수익사업이 가장 큰 목적이라면 일견 수긍이 갑니다. 하지만 인물네트워크 강화가 주목적이라면 신문의 주말섹션 제작 정도로도 가능하지 않을까요?

그러나 이런 고민은 의외로 간단하게 풀렸다. 앞에서도 소개했던

2011년 6월 영국 지역신문 연수에서였다. 영국의 지역일간지들은 우리와 같은 인력으로도 이미 매체 다각화를 하고 있었던 것이다.

영국 연수 결과를 놓고 내부에서 끊임없이 토론하고 설득했다. 나중에는 '단 한 명이라도 끝까지 반대하면 계획을 포기하겠다' 는 말까지 했다. 맨 처음 월간지 창간계획을 밝힌 지 약 1년 만에 내부의 공감대를 형성할 수 있었다.

영국신문, 적은 인력으로 매체 다각화 비결은?

믿을 수가 없었다. 어떻게 그 인력으로 그렇게 많은 매체를 생산할 수 있는지. 영국 맨체스터 지방의 유일한 지역신문 《맨체스터 이브닝뉴스》 이야기다.

이 신문은 주 6일 동안 하루 64면(타블로이드 판형)의 일간지를 찍는다. 게다가 맨체스터 주변 23개 소지역 단위의 커뮤니티 주간신문도 매주 찍어낸다. 뿐만 아니다. 《비즈니스 위크》라는 40페이지짜리 주간지도 발행한다. 이렇게 매체만 스물다섯 개다. 일간지와 주간지의 한 부당 가격은 약 500~1000원이고, 《비즈니스 위크》는 3400원 정도에 판매한다.

그런데 이걸 만들어내는 편집국의 취재 및 편집 인력은 54명에 불과하다. 전체 인력 100명 중 54명이 저널리스트이고, 나머지 46명은 행정과 총무, 비서, 그래픽 디자이너, 그리고 소수의 관리자들이다. 사진기자는 전적으로 프리랜서만 쓴다고 한다.

저널리스트가 54명이라면 우리 《경남도민일보》와 비슷한 인력이다. 믿기지 않아 두 번, 세 번 다시 확인했다. 물론 본사 근무인력 외에 거리에서 판매에 종사하는 비정규직까지 모두 합치면 400여 명이라고 했다. 영국의 신문은 정기구독이라는 개념이 없다. 가정으로 배달도 하지 않는다. 모두 거리에서 판매한다. 그러다 보니 판매 쪽 인력이 많을 법도 했다.

그래도 저널리스트가 54명뿐이라는 것은 잘 이해가 되지 않았다. 우리 일행 중 언론노조 간부를 겸하고 있는 한 기자가 물었다.

그 인력으로 그만한 매체를 제작하려면 노동강도가 엄청날 텐데, 기자들의 불만은 없나?

"물론 하드워킹이긴 하다. 당연히 스트레스가 심하지만, 모두들 여기서 일하고 있는 데 대해 행복해한다."

취재시스템은 지역별로 6~7명이 팀을 이루는 방식이다. 54명이라는 타이트한 인력은 2년 전 강도 높은 구조조정을 거쳐 절반으로 감원된 결과라는 말도 덧붙였다. 영국 언론도 한국, 아니 전 세계적인 종이신문의 위기에서 예외는 아니었던 것이다.

맨체스터 인구는 39만 명, 인근지역까지 포함한 '그레이트 맨체스터'(우리나라의 광역자치단체 정도의 규모)의 인구는 200만 명이 조금 넘는다. 그런데 하루 판매부수는 약 2만 부(월 50만 부) 정도로, 23개 주간지와 《비즈니스 위크》까지 합쳐 총판매부수는 월 150만 부 정도라고 한다. 전성기에 비해 3분의 1 정도 줄어든 숫자다.

이안 우드 편집부국장은 "6개월 전에 창간한 《비즈니스 위크》의 경우 1만 2000부만 찍어 2파운드에 판매하는데, 주로 상류층과 지식인을 타깃 층으로 하여 지면을 제작한다"면서 "독자층이 누구인지 분명한 매체라서 광고료도 가장 비싸게 받고 있다"고 말했다.

그러면《비즈니스 위크》는 몇 명이 만들까? 8명이었다. 이안 우드 부국장은 "처음엔 일간지 비즈니스 섹션면을 2명의 기자가 담당했지만,《비즈니스 위크》 창간을 계기로 8명으로 스페셜 팀을 만들어 운용하고 있다"며 "하지만 이들 8명이 일간지와 다른 주간지의 비즈니스 섹션도 함께 맡고 있으므로 잡지 전담인력이라고 할 순 없다"고 말했다. 게다가 8명의 인력에는 데스크와 편집자까지 포함되어 있었다. 우리나라의《한겨레》처럼 팀별 에디터제였던 것이다.

영국 신문사의 이런 인력 운용은 따로 방문했던《레스터 머큐리》라는 지역일간지에서도 역시 같았다. 거기도《라이프》라는 월간지를 내고 있는데, 일간지 편집국장이 월간지 편집장을 겸임하는 것은 물론 콘텐츠도 모두 일간지 기자들이 함께 생산하고 있었던 것이다.

이안 우드 부국장은 "비즈니스 위크에 이어 다음 프로젝트는 다운타운을 누비는 젊은 층을 겨냥한 패셔너블한 잡지"라고 계획을 밝혔다.

월간《피플파워》창간에 성공하다

우리의 사람 중심 월간지 원칙은 단 한 가지였다. '어떤 경우라도 인터뷰 대상이 되어 책에 실린 사람에게 책 구입을 강요하거나 권유하지 않는다.' 이미 일부 사이비 인물잡지들이 그런 식으로 연명하고 있는 것을 잘 알고 있었기 때문이다.

2011년 10월 창간호를 낸 월간《피플파워》의 창간 취지문은 다음과 같다.

오늘 저희는 또 한 번의 두렵고도 설레는 마음으로 월간지 한 권을 세상에 내놓습니다. 1999년 IMF라는 암흑의 터널 속에서 6200여 명의 시민주주를 모집해 《경남도민일보》를 창간할 때만큼은 아니겠지만, 스마트 시대에 인쇄매체 하나를 더 창간한다는 게 어쩌면 무모한 도전으로 보일 수도 있습니다.

하지만 저희는 믿습니다. 온라인을 통한 SNS(Social Network Service)가 아무리 확산된다 하더라도 깊이 있는 알짜정보는 결국 사람이 만든다는 사실입니다. 또한 우리는 확신합니다. 우리 사회에서 가장 중요한 것은 돈도 아니고, 땅도 아니고, 공장도 아닙니다. 바로 사람입니다. 사람이 가장 큰 자산이고 희망입니다. 더 나은 세상, 더 풍요로운 삶을 만들어내는 것도 결국 사람의 힘입니다. 경남을 이끄는 힘 《피플파워》가 사람에 주목하는 이유입니다.

사실 일간지인 《경남도민일보》가 담아낼 수 있는 사람은 한정되어 있습니다. 좋은 일이든 나쁜 일이든 뉴스의 중심인물이 되지 않는 한 신문에는 등장하지 않습니다. 이 때문에 드러나지는 않지만 묵묵히 지역사회를 이끌고 있는 분들이 훨씬 더 많습니다.

《피플파워》는 그런 분들에게 주목하겠습니다. 경남의 지도력을 발굴해 네트워크를 구축하겠습니다. 그분들이 꿈꾸는 살기 좋은 경남을 묶어내겠습니다. 《피플파워》가 경남 PSNS(Power Social Network Service)의 중심이 되겠습니다. 온 · 오프라인을 통해 '파워엘리트 DB(database)' 를 만들어나가겠습니다.

무릇 지역의 역사는 해당 시기의 지역사회를 구성하는 지도적 인물의 역사입니다. 그런 관점에서 그들의 삶과 업적을 기록함으로써 사료화(史料化)하는 작업도 함께 하고자 합니다. 아울러 한국은 물론 세계 각지에 포진한 경남 출향인사를 찾아 소개하고 기록함으로써 고향과 소통의 가교를 마련하고, 소속감과 공동체의식을 고취하는 역할도 게을리하지 않겠습니다.

《피플파워》는 보수와 진보라는 어설픈 정치적 잣대로 사람을 구분 짓지 않겠습니다. 진보와 보수는 건강한 사회를 지탱하는 필수적인 구성요소입니다. 두 개의 축이 균형과 조화를 이룰 때 더 나은 사회로 나아갈 수 있습니다.

1999년 《경남도민일보》의 무모한 도전이 경남을 바꾸고 있듯이 2011년 《피플파워》를 통한 경남의 인물 네트워크가 대한민국의 힘으로 우뚝 서는 그날까지 독자와 함께 하겠습니다.

이렇게 창간한 《피플파워》는 지난 1년간 《경남도민일보》의 경영에도 큰 도움이 되는 효자상품으로 성장했다. 독자들의 만족도도 비교적 높은 편이다. 현재 유료독자 3500명, 구매독자 1500명으로 월 5000부가 소비되고 있다. 권당 5000원, 연간 구독료을 선납하면 5만원이어서 부담도 적다. 유료독자 3500명의 구독료만 계산해도 월 1750만 원 수입이 된다. 거기에다 매월 판매수익와 광고수익은 플러스 알파가 되고 있다. 비용은 인쇄, 편집, 인건비, 발송료 등을 합쳐 1000만 원 내외.

창간 1주년을 맞아 우리는 독자에게 이런 편지를 썼다.

독자님들께 감사말씀 올립니다

얼마 전, 지역의 한 기관장으로부터 '고맙다'는 인사를 받았습니다. 《경남도민일보》가 펴내는 월간 《피플파워》 9월호를 통해 고영진 경남도교육감에 대한 몰랐던 사실을 많이 알게 됐다는 말이었습니다. 특히 평소 진주외고 고영실 교장과 우연히 알게 돼 교류하고 지내는 사이였는데, 그가 고영진 교육감의 동생이라는 사실을 이번 《피플파워》에서 알게 됐다고 덧붙였습니다.

사실 그렇습니다. 저희도 이번에 고영진 교육감 인터뷰를 준비하면서 의외로 그에 대해 알 수 있는 자료가 없다는 걸 알고 놀랐습니다. 수많은 언론 보도가 있었지만, 정작 그의 가족력이나 성장과정, 교직에 몸을 담게 된 이유, 39세의 젊은 나이에 교감이 되고 46세에 교장이 될 수 있었던 배경, 그런 과정에서 형성된 이념과 철학 등 그의 진면목을 알 수 있는 인생 스토리는 전혀 알려진 게 없었던 것입니다.

교육감이라는 자리는 도지사와 함께 우리의 삶에 큰 영향을 미치는 양대 권력입니다. 우리가 그를 잘 알아야 할 이유입니다. 특히 그를 상대로 교섭이나 협상을 통해 뭔가를 이루려는 사람일수록 더 많이 알아야 합니다.

월간 《피플파워》는 1년 전 창간 취지문에서도 밝혔듯, 보수와 진보라는 어설픈 정치적 잣대로 사람을 구분 짓지 않습니다. 진보와 보수는 건강한 사회를 지탱하는 필수적인 구성요소입니다. 두 개의 축이 균형과 조화를 이룰 때 더 나은 사회로 나아갈 수 있습니다.

그래서 《피플파워》에는 한국의 대표적인 보수 정객이 표지를 장식하기도 하고, 목숨을 걸고 크레인 농성을 벌인 노동운동가가 표지 인물이 되기도 합니다. 고영진 교육감처럼 경남을 이끄는 리더

(leader)도 만나지만, 자신만의 행복한 삶을 꾸려나가는 평범한 사람들도 《피플파워》의 중요한 출연진입니다. 9월호부터는 민중의 삶과 역사가 살아 숨 쉬는 경남의 시장(市場)을 찾아 대를 이어, 또는 수십 년간 자리를 지켜온 터줏대감들을 만나고 있습니다. '리더(Leader)' 에서는 정치 · 행정 · 경제 · 교육 등 각 분야에서 경남을 이끄는 사람들의 면면을, '퍼블릭&소셜(Public & Social)' 에선 우리 사회의 건강성을 지키는 각종 단체와 사람들의 활동을, '컬처(Culture)' 에선 열악한 조건 속에서도 지역문화를 꽃피우기 위해 고군분투하는 문화예술인들의 삶을 조명하고 있습니다. 또한 '향기가 있는 삶', '인생은 아름다워', '청춘 쫄지마' 등 우리에게 행복을 주는 이야기들이 매월 소개되고 있으며, 경남의 맛과 볼거리, 건강정보 등 우리의 삶을 윤택하게 해주는 이야기가 담기고 있습니다.

《경남도민일보》가 우리시대의 사건과 이슈에 주목하는 매체라면, 《피플파워》는 당대의 사람과 그들의 삶에 주목합니다. 저는 개인적으로 근 · 현대사 공부를 해오면서 남아 있는 역사기록물 중 사람에 대한 자료가 너무 없다는 게 참으로 안타까웠습니다. 《피플파워》는 후학들에게 소중한 지역사 기록물을 남긴다는 마음으로 만드는 잡지입니다.

이런 《피플파워》가 이번 10월호로 창간 1주년을 맞았습니다. 그동안 250여 명의 이야기가 기록으로 남았습니다. 이분들이 2011~2012년 경남의 역사라고 자신합니다. 현재 발행부수는 5000부입니다. 그중 3500부가 정기구독자에게 배달되고, 나머지는 판매로 소비됩니다. 저희 목표는 5000명의 정기구독자와 함께

하는 것입니다.

1주년을 맞아 그동안 《피플파워》를 기꺼이 구독해주신 독자님들에 고개숙여 감사드립니다. 가까운 지인들께도 구독을 권유해주시면 저희에게 큰 힘이 될 것입니다. 더 열심히 경남사람들의 삶과 희망을 배달해드리겠습니다.

인물 스토리텔링의 힘: 송정문 이야기

《피플파워》에는 이처럼 평범한 사람들뿐 아니라 지역의 권력자들이나 시민운동가 등 오피니언 리더의 이야기도 실린다. 그러나 그저 지역현안에 대한 그의 입장을 듣는 식의 건조한 인터뷰가 아니다. 그의 성장과정과 배경, 삶의 철학에 주목한다.

아래는 2012년 10월호에 실린 '장애인 인권운동가 송정문 씨'에 대한 인터뷰를 보고 한 독자가 페이스북에 올린 글이다.

피플파워 10월호.

이렇게 감동적인 인터뷰 기사는 첨이다. 나약한 여성장애인에서 당당한 생활인으로, 그리고 활동가로의 변화 성장과정을 그리고 있다. 한 사람의 성장과정과 현재의 모습이 뚜렷이 머릿속에 그려진다.

진주의 《피플파워》 독자 황규민 씨

우리가 독자에게 기대하는 것이 바로 이런 것이다.

이처럼 '지역 인물 스토리텔링'을 통해 우리는 역시 사람이 지역신문의 가장 큰 자산이라는 사실을 다시금 확인했다. 바로 이게 우리가 바라는 지역신문의 역할이다. '이웃과 이웃을 연결해주는 소통망과 같은 신문' 말이다. 이를 통해 우리가 추구하는 것은 '지역공동체 형성'이다. 송정문 씨의 생애를 기록한 인터뷰를 소개한다.

한 여성장애인의 좌절과 도전

송정문 경남장애인자립생활센터협의회 대표

사실 예전부터 그가 궁금했다. 2000~2001년 무렵 혜성처럼 나타나 '경남여성장애인연대'를 창립하고, 진보적 장애인·여성 인권운동의 핵심 인물로 떠오른 여자. 금기로 여겨온 장애인의 성(性) 문제를 공론의 장에 올리고, 매년 관변장애인단체를 통해 시혜와 동정으로 치러져온 '장애인의 날' 행사를 처음으로 거부했던 사람, 송정문(1972년생) 씨 이야기다.

2002년에는 당시 베니스영화제에서 감독상을 받아 극찬이 쏟아지던 영화 〈오아시스〉를 정면 비판하는 글을 발표, 전국적인 논쟁을 촉발시킨 장본인이 바로 그였다. 이 일로 그는 장애인 문제를 장애인 입장에서 가장 확실히 짚어내는 논객으로 떠올랐다.

이후 《경남도민일보》 칼럼위원으로, 경남여성장애인연대 대표 자격으로 장애인 인권문제에 대한 많은 글을 썼고, 2004년에는 MBC 경남의 시사풍자 프로그램 '아구할매' 작가로 발탁돼 3년간 '갱상도 표준말(토박이말)' 로 방송 제작에 참여했다. 이 기간에 경남대 대학원 사회복지학과에 진학한 그는 또 한 차례 싸움을 시작한다. 대학이 장애인 시설을 제대로 갖추지 않아 정상적인 교육을 받을 권리를 침해했다며 손해배상 소송을 제기한 것. 석사 과정의 재학생이 학교를 상대로 이런 싸움을 벌이는 것은 그로 인해 초래될지도 모를 불이익을 감수하겠다는 각오가 아니면 어렵다. 그는 끝내 '일부 승소' 판결을 받아냈고, 판결 2년 후에는 석사학위도 받았다.

그런 그가 요즘은 '장애인 거주시설' 을 상대로 또 한 번의 힘겨운 싸움을 벌이고 있다. 이 또한 시설 운영자들의 눈치와 입김으로 인해 아무도 달려들지 않는 싸움이다.

세 살 때 사고로 하반신 마비가 된 후, 학교는 문 앞에도 가보지 못했다는 그가 오랜 '은둔형 외톨이' 세월을 극복하고 인권운동의 투사로 변신할 수 있었던 계기는 뭐였을까?

인터뷰 요청을 했더니 그는 창원에 있는 장애인자립생활센터협의회 사무실에서 보자고 했다. 하지만 그가 사는 집을 보고 싶었다. 집이 어디냐 했더니 마산 양덕동 한일타운 3차 아파트란다. 거기서 보기로 하고 약속시간에 맞춰 아파트로 갔다. 마침 퇴근길 교통정체로 그가 좀 늦게 도착하는 덕분에 그가 혼자 차에서 내리는 모습을 볼 수 있었다.

빨간색 포르테 승용차를 몰고 온 그는 주차 후 운전석을 뒤로 젖혀 뒷좌석에 놓인 휠체어를 한 손으로 들어올렸다. 족히 10kg는 넘는

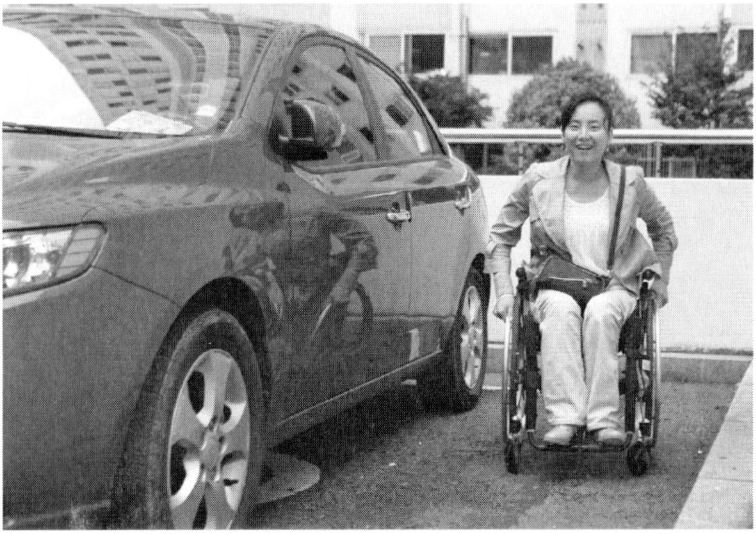

휠체어를 운전석 옆에 내려놓더니 능숙하게 옮겨 탄 후 차문을 닫았다. 이 과정을 김구연 기자가 계속 촬영하는 게 쑥스러웠던지 "아유, 이럴 줄 알았으면 좀 예쁘게 하고 올 걸…" 하며 환하게 웃었다.

13층, 열네 살 딸과 둘이 사는 24평 아파트 식탁에 마주 앉은 그는 기자에게 홍삼주스를 권했다. 집에서 직접 홍삼제조기로 만든 거라고 했다. 그래서인지 진한 맛이 느껴졌다.

세 살 때 넘어져 장애인이 되다

–지금 맡고 있는 현직이 뭐죠?

"경남장애인자립생활센터협의회 대표예요. 이름이 좀 길죠?"

–맡은 지 오래되셨죠?

"네 2007년도부터…."

–지난 총선과 2008년 총선 출마할 때는?

"그땐 휴직을 했죠."

–요즘 거주시설 장애인 인권문제를 홀로 제기하고 계시던데요. 사실 그 문제를 제기하기가 쉽지 않을 텐데. 그 시설들의 반발이라든지 압력이 만만찮을 것 같아요.

"네. 그래서 제가 계속 문제제기를 하고, 저 혼자 (블로그와 페이스북 등에) 글을 올리는 이유도 다른 분들이 다칠까 봐. 저 하나만 희생을 하더라도 하자고 작정하고 나선 거죠. 하지만 뒤에서 표나지 않게 돕는 분들도 있어요."

–일단 시설 장애인 문제는 놔두고, 원래 고향이 어디시죠?

"마산 월영동에서 태어나서 죽 자랐고, 산호동에서도 좀 살다가 결혼해서 내서읍으로 갔다가 이혼하고 양덕동으로 와서 살고 있죠. 마산토박이예요."

–부모님은 뭐 하시는 분인가요?

"장사하셨어요. 방앗간을 하셨는데, 고춧가루, 참기름 이런 거 팔고…."

–시장에서요?

"산호동에서, 마산상고 근처에서 하셨어요. 원래 거기도 시장이 있었는데 길이 나면서 골목처럼 되었죠."

–두 분 다 살아 계신가요?

"네. 지금은 신포동에 계신데 어머니가 몸이 좀 아프셔서 장사는 이제 안 하시고…."

–연세는?

"아버지가 44년생, 어머니는 46년생이죠."

–형제는 남동생이 있죠?

"네. 남동생 하나뿐이에요. 지금 서울에서 직장생활하는데, 워낙 공부벌레였던데다 지금은 일벌레라 서른아홉에 아직 노총각으로 살고 있어요. 그 때문에 부모님이 애를 많이 태우고 있죠."

–명절에는 가족이 부모님 집에 모이나요?

"네. 그런데 부모님 집이 계단이 있는 곳이라서 보통 저희 집으로 오죠."

–세 살 때 장애가 되었다고요? 넘어져서 그랬다는 게 무슨 말이에요?

"마산 월영동에 조그만 시장이 있었어요. 청과물 시장이었는데, 그 뒤편 골목에 우리 집이 있었어요. 세 살 때 제가 막 걷기 시작하면서 청과물 시장 쪽으로 걸어 나왔나 봐요. 흙바닥에 주저앉았는데, 그 길로 그렇게 되었어요."

–어떻게 주저앉았기에 그렇게 되죠?

"그러니까 어릴 땐 모든 신경들이 엉덩이뼈 쪽으로 모이는데, 거기가 약하대요. 잘못 주저앉게 되면 신경을 다치게 된다더군요."

–그 당시 병원에서도 고칠 수가 없었나요?

"그 당시엔 병명도 잘 몰랐으니까, 그땐 병명이 소아마비로 나왔었어요. 그런데 소아마비는 세균성 감염이거든요. 열나고 이런 것도 아니었는데, 진단이 잘못되어가지고…. 한참 동안 약도 엉뚱한 약을 먹고…."

–그럼 정확한 병명은 뭐였나요?

"제가 그 병이라는 걸 열여덟 살 때 알았는데, 그러니까 요추에 신경을 다쳐서 그리 됐다는 진단이 열여덟 살 때 나왔어요. 요추 신경마비."

–세 살 때 같으면 너무 어려서 잘 모를 땐데, 스스로 장애를 인식한 것은 언제쯤이었나요?

"정확히는 기억 못 하는데, 열 살 때쯤이었던 것 같아요. 제 어머니가 방앗간을 하시는데, 그 앞에 의자 하나가 있었어요. 거기 앉아 지나가는 사람들 구경하고 있었는데, 동네 아이들이 물총으로 저를 쏘는 거예요. 그러면서 잡아보라는 거죠. 너무 화가 나서 보니까 바닥에 요만한 나무 작대기가 있더라고요. 그걸 주워서 집어던졌어요.(웃음) 그래도 아이들이 거의 가까이 와서 제 몸이 다 젖을 때까지 물총을 쏘는 거예요. 그날 엄청 충격을 받은 것 같아요. 아. 내가 대항할 수 없구나. 그런 걸 그때 처음 알았죠."

–그때도 어리긴 했지만, 사는 게 힘들다는 걸 많이 느꼈겠네요.

"그렇죠. 저는 정확한 기억이 안 나지만, 어머니 말씀으로는 그때부터 (내가) 교회도 안 가려고 하고, 외출도 안 하고 집 안에만 있으려 하고 그랬다더라고요."

–원래 크리스천 집안이었나요?

"아뇨. 제가 다치고 나서부터, 옛날에 기복신앙이라고 해서 열심히 기도하면 나을 것이다, 그런 기대로 부모님하고 전부 다 교회생활 하신 걸로 알고 있어요. 정말 다들 열심히 교회 다녔어요."

–어느 교회였나요?

"동광교회. 마산 창동 코아제과에서 육호광장 쪽 가는 길에 있는…."

–지금도 동광교회 다니시나요?

"아뇨. 지금은 이쪽으로 이사 오고 나서 성은교회라고."

–예수교장로회 쪽인가요?

"네."

–예장이 대체로 보면 좀 보수적이지 않나요?

"그렇긴 하죠.(웃음)"

–그런 보수적인 교회 분위기가 현재 본인의 가치관과 맞나요?

"제가 이사를 자주 다니다 보니 워낙 많은 교회를 옮겨 다녔는데, 그런데 고신이다 뭐다, 진보다 해서 가도 목사님 따라 다르더라고요. 여긴 목사님이 너무 좋으세요. 외국인노동자도 오시고 이주민들도 많이 오시는데, 되게 많이 챙기시고…. 그리고 조그만 교횐데도 엘리베이터가 있어요. 그런 게 좋은 것 같아요."

–성장 과정에서 초·중·고등학교도 가보지 못하고, 나중에 검정고시를 거쳐 대학 가려 할 때도 아버지가 '가지 마라. 너도 힘들고 주위 사람들도 힘든다' 며 반대하셨다던데….

"어떻게 아셨어요?"

–다 조사를 해보고 왔죠.(웃음) 어쨌든 그때 상처를 많이 받으셨겠네요.

"저희 아버지가 워낙 한국사회의 보수적인 남성상인데요. 그렇게 자라시기도 했고, 그러니까 딸이라고 있는데, 아픈 딸이 밖에 나가서 그러면 다른 사람에게 피해 준다는 걱정을 하셨던 거죠. 저희 아버지

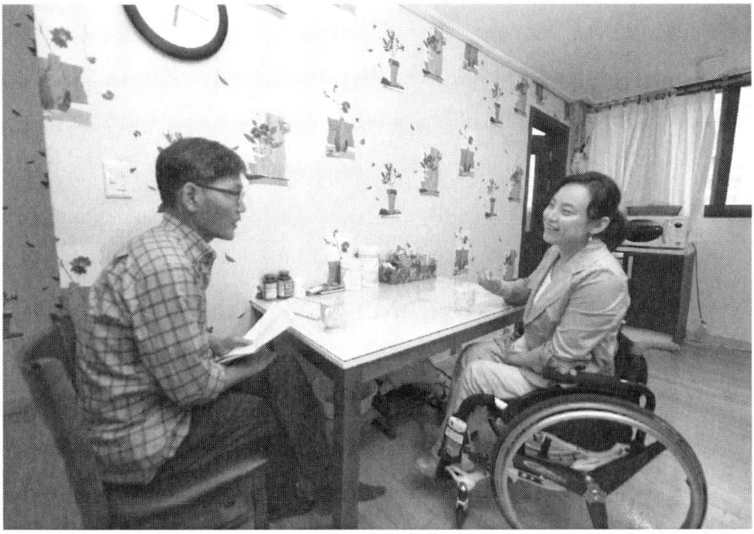

가 피해 주는 걸 엄청 싫어하셨거든요. 초·중·고등학교도 안 가본 딸이 어느 날 검정고시를 치더니 대학 가겠다고 하니까, 적잖이 당황하시고요. 그런데다 또 남동생이 워낙 공부를 잘해서 거기에 모든 투자를 하고 있는데, 딸내미가 대학을 가겠다고 하니 아버지 입장에선…."

열여덟 살까지 '은둔형 외톨이'의 삶

–그러니까 초·중·고등학교를 다닐 시기에는 학교에 갈 엄두도 못냈고, 검정고시도 생각을 못했나요?

"그런 게 있는 줄도 몰랐습니다. 한참 뒤에, 열네 살인가 열다섯인가 그쯤 되었을 때 동네 이웃분이 검정고시라는 게 있다고 해서…. 그때부터 공부를 했죠."

–그러면 그 전에는 성장기에 뭘 하고 지냈나요?

"어머니께서 바보가 되면 나중에 사기당한다고, 어머니 아버지 돌아가시면 어떻게 하냐 해서 글을 가르쳐주셨어요. 그리고 남동생이 학교에 다니니까 동생 숙제도 도와주라고 그랬었어요. 그래서 자연히 이것저것…. 졸업을 위해서는 아니었지만 책도 보고…."

–어떤 책을 주로 읽었습니까?

"소설을 좋아해가지고 세계명작 이런 걸 많이 봤고, 시집도 읽었고…."

–그때 읽었던 소설 중에서 가장 기억에 남는 건?

"음…. 『제인 에어』. 그 사람의 삶이…. 비슷한 장애도 나오고…."

–저는 가물가물한데요. 『제인 에어』가 어떤 내용이었죠?

"한 소녀가 고아원에서 자라서 자기 스스로 삶을 개척해나가는 그런 내용이었죠. 가정교사로 가게 된 집에서 한 남자와 사랑에 빠지게 되고, 그 남자가 화재로 인해 시각장애인이 되죠. 참, 여성으로서 대단하다. 어릴 땐 전혀 상상도 못하던 여성상을 보게 된 거죠."

–그걸 보고 뭔가 해봐야겠다 하는 어떤 깨달음을 얻으신 건가요?

"그것보다는 부러움이었죠. 아, 저 사람은 두 다리라도 성하니까 저렇게라도 할 수 있구나. 아. 나도 저렇게 좀 살아봤으면 하는…."

–어머니는 어떤 분이셨나요?

"저희 어머니는 정이 많으신 분이세요. 또 옳다고 하는 일은 하시는 분이셨고요. 또 워낙에 시어머니 밑에서 사시면서 눈물도 많으셨어요. 특히나 장녀가 장애가 되었으니. 저희 아버지가 외아들이시거든요. 외아들에 며느리를 맞았는데 첫딸이 장애가 되었으니 오죽했겠어요? 그래서 어린 제 기억 속에 어머니가 많이 우셨던 것 같아요. 저 때문에 할머니에게 혼나는 모습, 말다툼하는 모습, 참 속상할 때가 많았죠."

–하긴 그 시절 같으면 손녀가 잘못된 것도 모두 며느리 탓으로 돌리는 세상이었죠.

"네, 그래서…."

–아버지는?

"완고하시고, 말수가 적은 분이에요. 그래도 가끔 가슴 아픈 말씀을 하셨지만, 절대 매는 들지 않으셨어요. 그래서 제가 나중에 좀 커서 아버지에게 '참 서운하다. 왜 그렇게 딸내미에게 정 있는 말 한마디 안 하셨냐고' 얘기를 했어요. 그래서 아버지 하시는 말씀이 '어차피 사회는 너무 척박하고 장애인이 살아가기 힘든데, 집에서 고이고이 기르면 니가 어떻게 버텨나갈까 하는 생각이 들어서 더 강하게 했다' 고 하시더라고요.(웃음)"

–사실 옛날 어르신들이 다 그랬던 것 같아요.

"제 남동생은 워낙 똑똑하고 공부도 잘해서 동생에 대한 기대는 컸는데, 저에게는 아예 아무런 기대가 없었죠. 그냥 민폐 끼치지 말고 집에 조용히 있다가 나중에 엄마가 돈 벌어서 조그만 가게라도 내주면 거기서 계산이나 하고 그래라. 그런 생각이셨죠."

–열네 살 때 검정고시라는 게 있다는 걸 알게 됐고, 이후 대학을 가서 뭘 하겠다, 하는 장래에 대한 계획을 갖게 된 것은 언제 어떤 계기가 있었던 건가요?

"열여덟 살 때였는데요. 그때까지는 그냥 고등학교 졸업장이나 따자는 생각에 준비를 했다가 그때 정말 사춘기의 절정에 다다라가지고, 어머니에게 왜 날 낳았느냐 뭐 이런 막말도 하고, 어머니 마음에 못도 많이 박고 이럴 때였는데, 중학교 검정고시를 친 뒤에 고등학교 검정고시를 쳐야 하는데, 전혀 공부를 안 하고 그냥 계속 놀면서 방황했던 것 같아요. 반항의 절정에 달해가지고 죽을 작정을 했었어요. 약국에서 수면제를 조금씩 사다 모았다가 먹었는데, 그게 좀 약했는지 안 죽더라고요. 며칠 동안 비몽사몽으로 있다가 한 두어 달 고생했나? 그래서 죽는 것도 쉬운 일이 아니구나 하면서 뭘 해야 할까 하던 중 텔레비전을 봤는데, 휠체어 타고 다니는 미국사람이 학교도 가고 직장생활도 하고 하는 모습이 나오더라고요. 그때 꿈이 생겼죠. 아, 미국으로 이민 가야겠다. 이민 가려면 영어를 해야겠고, 그러면 공부를 해야 되겠다, 이렇게 생각한 거죠."

–미국의 무슨 프로그램이었죠?

"무슨 프로그램인지는 모르겠는데, 여러 장애인들이 살아가는 모습을 보여주는 것이었어요. 휠체어 장애인도 나오고 심지어 산소호흡기를 낀 사람도 나오는 거예요. 학교를 가는데 차가 와서 데리고 가고, 보조교사가 붙고, 너무 부러운 거예요. 아, 저기 가서 살면 되겠다 생각했죠. 그때 어머니에게 휠체어를 사 달라고 졸랐죠."

–아, 그때까진 휠체어도 없었나요?

"네. 없었어요."

–그러면 어떻게 생활했나요?

"집에만 있었죠. 어릴 때 물총 사건 이후로 밖에도 안 나가고, 친구가 집에 찾아오면 함께 놀고…. 집에만 있었어요. 그러다가 열여덟 살 때 드디어 나갈 생각을 한 거죠.(웃음)"

–그래서 휠체어를 사신 거군요.

"약 3개월을 조르고 졸라 결국 샀죠. 그런데 아버지가 '휠체어 사서 니가 갈 데가 어딨냐?' 고 한 말에 오기가 생겼어요. 갈 데 있다, 만들면 된다 막 이랬는데, 막상 사고 나니 정말 갈 데가 없는 거예요. 그런데 그때 집 주변에 교회가 하나 있었는데, 제가 운이 좋았는지 그 교회에 계단이 하나도 없는 거예요. 만일 계단이 있었으면 대인관계에 서툰 제가 갈 생각을 못했을 거예요. 거기서 친구들을 만났는데, 그때가 열아홉이었잖아요. 그때 친구들의 고민이 모두들 대학에 가느냐, 대학 안 가고 바로 취직하느냐 이런 거였어요. 그런 말들을 하는데 저는 아무 할 얘기가 없더라고요. 그때부터 고민을 하면서 나도 대학을 가보자, 이렇게 결심을 한 거죠."

–그때 어디에 살고 있었죠?

"산호동 살 때였어요."

–그래서 대학을 가겠다고 하니 부모님 반응은?

"당연히 반대였죠. 그런데 어머니는 당시 제가 그토록 강하게 자기 주장을 한 게 처음이었으니까, 몰래 딸내미가 다닐 수 있는 대학을 알아보셨던 것 같아요. 어느 날 대학 팸플릿을 하나 구해다 주더라고요. 아버지는 완강하게 반대하던 시기였고. 그 팸플릿이 마산대학이었어요. 안경광학과라는 곳이 있었는데, 어머니 생각은 여기 나오면 뭘 해도 먹고 살 거라고 봤던 것 같아요. 하지만 제 생각은 이걸 해서 돈을 벌면 미국에 갈 수 있겠다는 거였어요. 어머니에게 말은 안 했지만…. 사실은 영어영문학과를 가서 영어를 배우고 싶었지만, 4년제는 안 된다고 하니까…."

–왜 영어영문과를?

"미국 가야 하니까. 하하하."(함께 웃음)

–그래서 고졸 검정고시를 치고 대학 시험을?

"예. 스물한 살 때 둘 다 했죠."

–마산대학 합격 후 대학의 반응은?

"그땐 대학에 가서 시험을 쳤거든요. 그 후 학과장님이 보자고 연락이 왔어요. 택시를 타고 갔더니 하시는 말씀이 '우리 학교는 산에 있고, 장애인 시설도 잘 안 되어 있는데, 학교를 다 바꿀 수도 없고 그런데 어떻게 학교를 다니려고 하느냐' 고 묻더라고요. 그때 만약, 지금의 저라면 항의를 하거나 했겠지만 그때만 해도 워낙 민폐를 끼친다는 말을 많이 들었고 학교 가고 싶은 열망이 커서 '합격만 시켜주시면 제가 어떻게 하더라도 알아서 다니겠다' 고 말했죠. 그때 교수님이 저를 잘 보신 것 같아요. 그 시절만 해도 장애인 입학거부가 만연할 때였거든요. 다행히 그렇게 해서 면접을 패스했죠."

–그렇게 해서 2년 동안 어떻게 학교에 다니셨나요?

"집이 산호동이고 학교는 내서에 있는데, 택시밖에 이동수단이 없었어요. 택시도 시 외곽지역이라고 돈을 많이 받았어요. 두당 1만 원. 그때 제가 수업 받는 학과가 4층에 있었는데, 도와줄 사람이 필요했어요. 다행히 다니는 교회에 재수생이 있었는데, 제 도서관증을 대여해주고 함께 학교에 다녔어요. 두당 1만 원씩이니까 택시비만 2만 원인데, 그것만 받는 택시기사는 정말 좋은 분이었고요. 휠체어비 5000원을 더 보태서 보통 2만 5000원, 3만 원을 내는 경우도 있었어요.”

–지금보다 훨씬 비싸네요.

“그땐 시 외곽이라고 한 번 택시를 타면 왕복 차비를 요구했어요. 그래도 태워주는 기사님이 고마웠죠. 보통은 태워주지도 않아요. 택시 잡으려면 적어도 스무 대는 지나가야 한 대쯤 세워줬죠. 아침에 장애인이 타면 재수 없다고….”

악착같이 우수한 성적으로 대학을 졸업했지만

–매일 아침 그런 일을 겪으면 자괴감을 느꼈을 수도 있겠네요.

“그런데 그거보다는 더 컸던 게, 그런다고 내가 항의를 하거나 성질을 내거나 하면 나 말고 다른 장애인들에게도 안 태워줄 거라는 생각에 우선 예쁘게 보이려고 노력했어요. 그러다가 태워주면 ‘감사합니다’ 는 말을 수십 번은 했죠. 그것밖에 생각할 수가 없었죠. 어떻게든 학교는 다니고 싶었고…. 그렇게 한 학기를 지내고 나니 도저히 안 되겠더라고요. 그래서 방학 때 운전면허를 땄고, 차를 샀죠.”

–어쨌든 그렇게 해서 공부는 잘하셨나요?

“음, 제가 휠체어를 타다 보니 강의실 뒷좌석으로 갈 수가 없어요. 강의실 문이 강단 바로 옆이었어요. 그래서 중간 사잇길로 휠체어가 지나갈 수도 없고 해서 맨 앞자리에 늘 앉았거든요. 졸 수도 없고 뭐. 하하하. 그리고 공부가 워낙 재미있었어요. 이렇게 쉬운 줄 몰랐어요. 집에서 혼자 공부할 땐, 사촌 언니가 가끔 도와줬지만 너무 힘들었어요. 그런데 누가 앞에서 설명해주는데 너무 쉽고 재밌었어요. 그래서 열심히 했던 것 같아요. 장학생으로 졸업했었고, 재밌어서 그랬죠."

–장학금을 받고 다녔나요? 4학기 모두?

"네. 전 학년 학점이 4.2인가 4.3인가 그랬으니까. 하여튼 졸업할 땐 1등으로 졸업했어요."

–수재였군요.

"전 학년 평균은 2등이었어요. 그 당시엔 안경이 열풍이었거든요. 한 학년에 80명이나 되었어요. 그중에는 서울대나 성심여대 졸업생 이런 분들이 취업이 안 되니까 안경점 하려고 다시 마산대학 안경학과에 왔어요. 그런 분들은 정말 이기기 힘들더라고요. 그러다 졸업할 때 딱 한 번 1등을 했죠.(웃음)"

–93년에 입학해서 95년에 졸업한 거죠? 학교생활 중 특별히 힘든 건 없었나요?

"그땐 학교에 장애인 화장실이 없었어요. 양변기도 없었죠. 그래서 화장실에 갈 땐 제가 만든 매트를 갖고 가서 바닥에 주저앉아 용변을 해결했어요. 그래서 화장실 한 번 가면 30분 걸리고…, 이렇게 너무 힘드니까 화장실에 안 가려고 제가 물을 안 마셨어요. 그래서 그때 만성방광염이 걸렸어요. 지금도 그 후유증이 있어요. 하지만 그땐 그게 나에게 주어진 첫 시험관문이라고 생각했으니까 정말 악착같이 했어요. 이걸 이겨내지 못하면 내가 원하는 삶을 살 수 없을 거라고 생각했어요."

–그때 부모님은 응원을 해주셨나요? 처음엔 반대했지만?

"네. 그랬어요. 얘가 좀 적응을 하고 성적도 좋게 나오고 하니까 되게 좋아하셨어요. 어머니가 매일 도시락도 싸주시고…. 식당이 2층에 있어서 거기도 가기 힘들었거든요."

나 아닌 다른 장애인들의 아픔을 느끼고

–그토록 힘들게 졸업을 했는데, 취업은 했나요?

"안 되더라고요. 안경사 시험도 합격했는데…. 그땐 안경사가 워낙 모자랄 때라 안경사 자격증 못 딴 친구들도 취업이 되었는데, 장애인이라 안 되더군요. 저 혼자 취업을 못했죠. 그래서 안경점을 차려보려 했는데 돈이 너무 많이 들더라고요. 가게 전세금과 기계, 인테리어 등 합쳐서 계산해보니 1억 5000, 좀 괜찮은 자리는 2억은 잡아야겠더라고요. 그걸 감당할 돈이 없었죠. 결국 그때부터 또 집에 있어야 했어요."

–집에서 뭐하셨어요?

"할 일이 뭐 있겠습니까? 그냥 어머니 일 도와드리고 있었죠."

–그때 나이가?

"스물넷, 스물다섯 올라갈 때였죠. 나가서 학교 다니다가 졸업하고 다시 집에만 있으려니 정말 미치겠더라고요.(쓸쓸한 웃음) 난 정말 아빠 말마따나 아무것도 안 되는 건가? 좌절감에 빠져 있었는데, 마침 교회분 소개로 '밀알장애인선교단'에 있는 목사님을 만났죠. 거기에 간사로 들어가게 됐어요. 행정과 회계를 맡아 했는데, 2000년까지 약 5년 정도를 일했어요."

–그때 60만 원 받았다고요? 5년 동안 한 번도 오르지 않고요?

"예. 올려달라고 할 만한 상황이 아니었어요. 후원금으로 운영되는 곳인데, 목사님도 아내와 자식들 있고 그런데 100만 원밖에 못 받아 갔거든요. 그래서 다른 사람을 구하기 힘든 자리였는데, 저는 오히려 그래서 좋았어요. 경쟁자가 없으니까. 나가란 소리 안 하는 곳이잖아요.(웃음) 그 직장이라도 있어서 집을 나설 수 있다는 게 행복했었죠."

–그때 밀알선교단에 계시는 동안 나 아닌 다른 장애인들을 만나는 계기가 되신 거죠?

"네. 그것도 그렇고, 나 혼자 겪는 아픔이 아니구나 하는 걸 느낀 계기도 됐죠."

–그때 장애인 인권 문제에 눈을 뜨게 되신 건가요?

"그때는 인권까진 아니었고, 아 정말 이렇게 비참하게 사는 사람이 정말 많구나. 나는 도전이라도 해서 이렇게 (직장에) 나오지만, 이 사람들은 도전도 할 수 없을 정도로 무기력해 있구나. 그래서 도와줘야겠다는 생각만 들었어요. 어쨌든 그땐 솔직히, 평범하게 사는 게 꿈이었거든요. 어딜 가나 이목이 집중되는 장애인이었기 때문에 그냥 평범한 사람처럼 살고 싶었어요. 언젠가 좋은 사람 만나 결혼도 하고 아이도 낳고 그렇게 살고 싶었죠."

–그때 남편을 만나게 된 건가요?

"스물일곱 때, 만나긴 스물두 살 때 교회에서 만났죠."

–어떻게 만나게 된 건가요?

"교회에서 찬양단 활동을 했는데, 거기서 기타 치는 사람이 남편이었어요. 저는 피아노를 쳤고…."

–피아노는 언제 배웠나요?

"어릴 때, 할 일 없이 집에 있으니까. 그때 마침 골목 안에 피아노 학원이 있었어요. 당시 어머니에게 제가 이런 말을 했대요. '왜 나는 학교에 안 가?' 또는 '왜 나는 소풍을 안 가?' 그래서 그때 어머니가 저를 업어서 피아노학원을 보내줬는데, 또 하나의 어머니 바람은, 피아노를 잘 치다 보면 페달을 밟고 싶어질 거고, 페달을 밟으려 하다 보면 다리에 힘이 생길 수도 있다는 마음으로 보내셨다고 해요. 그런데 저에겐 오히려 그게 상처가 됐죠. 아, 내가 아무리 피아노를 잘 쳐도 페달을 못 밟으니 잘할 수 없는 것이구나 하는 걸 알게 했던 첫 물건이 피아노였어요. 그래서 좀 하다가 피아노를 그만뒀는데, 교회에 피아노 반주자가 없었어요. 그래서 조금 칠 줄 안다는 이유로 제가 하게 됐죠."

–사귀자고 한 건 누구였나요?

"(쑥스러운 웃음) 남편이었죠. 그런데 처음엔 '저 사람이 장난하나? 나 같은 사람을 누가 좋아하나? 저건 분명히 나를 희롱하는 거다' 이렇게 생각했어요. 되게 불쾌했고 교회도 안 나가고 했는데, 나중에 진심이구나 하는 걸 알게 되고, 그래서 한 번 사귀어나 보자, 이러다가 98년에 결혼하게 됐죠."

–남편은 당시 뭘 하던 분이었죠?

"신학공부를 하던 사람이었어요. 목사가 되려고 준비하던 사람…."

–그런데 왜 이혼하셨나요?

"결혼할 때만 해도 그분이 저를 좋아했고, 저도 좋아했지만 서로 맞는 사람인지에 대해서는 전혀 생각을 안 했던 것 같아요. 살다 보니 안 맞는 게 너무 많이 발견되고 성격 차이도 컸고, 그 외 여러 가지 현실적인 문제도 있었고…. 서로 좋게 헤어졌어요."

–1998년에 결혼하고, 2000년 들어와 경남여성장애인연대를 만들어 인권운동을 시작하셨는데요. 그 2년 사이에 어떤 특별한 계기가

있었던 겁니까?

"저는 결혼할 때까지만 해도 현모양처가 꿈이어서 임신하고도 너무 좋았어요. 난 임신을 못할 줄 알았거든요. 부모님도 결혼을 반대했던 이유가 '남의 집 대 끊는다'는 거였거든요. 그런데 임신을 했고, 병원도 의사 시키는 대로 충실히 다녔어요. 그런데 어머니가 아이를 지우자고 했어요. 그땐 충격이었는데, 애라도 생기면 어떻게 감당할까 걱정하셨던 것 같아요. 저도 임신하고 고민을 많이 했는데, 장애인으로서 제 삶을 되돌아봤어요. 그런데 장애인으로서 제가 살아 있는 게 좋았어요. 그래서 혹여나 애가 장애인으로 태어난다 해도 오히려 내 경험으로 잘 키울 수 있겠다 싶었어요. 엄마도 잘 산다, 너도 잘할 수 있을 거다, 라고 말할 수 있을 것 같았죠. 그래서 낳겠다고 했죠."

–그런데 후천성 장애잖아요. 그런 경우에도 아이가 장애인으로 태어날 가능성이 높은 건가요?

"실제론 그렇지 않죠. 그런 사회적 편견이 쌓여 있고, 그런데다가 제가 어릴 적 장애다 보니 골반이나 하체가 약한 상태예요. 그러니까 애 낳다가 잘못될 수도 있다는 걱정이었죠. 하지만 제왕절개가 있으니까 그럴 위험도 없는 거죠."

아이를 출산하고 장애인 인권에 눈을 뜨다

–그런데 그게 인권운동에 뛰어든 것과 어떤?

"아, 그래서 아이를 낳고 나서 저는 밀알선교단에서 휴직을 했고, 남편은 신학대에서 생활하고 주말에만 집에 오는데, 생활이 어려워

빨리 젖을 떼려고 분유를 먹일 때였는데, 어느 날 분유가 떨어졌어요. 집이 내서 상곡이라고, 처음 들어선 임대아파트였는데, 집에서 슈퍼마켓까지 가는 길이 경사진 길이었어요. 당시만 해도 휠체어를 1층에 두고 저도 집에선 기어서 생활할 때였는데, 모든 생활도구를 낮춰둔 상태라 아이를 혼자 두고 나가긴 너무 위험했어요. 애가 배고파서 자지러지는데, 요즘처럼 휴대폰이 있는 것도 아니고 정말 난감하더라고요. 한참 생각 끝에 쌀을 갈아서 먹였어요. 그러고 나서 정말 많이 울었어요. 아이에게 죄를 짓는 것 같아서…. 그날 밤잠을 못 자고 고민했어요. 그러다 '아, 나 같은 여성장애인을 도와주는 제도가 있을 것이다' 라는 생각이 들었죠. 동사무소에 전화를 했죠. 생활보호대상자냐고 묻더라고요. 그런데 남편이 비장애인이라 생활보호대상자가 안 됐어요. 아니라고 하니 '그러면 도와줄 방법이 없다' 더라고요. 그러면서 시청에 전화해보라더군요. 시청에 전화해보니 오히려 저를 이상하게 생각하는 거예요. '중증이라면서요. 그런데 어떻게 애를 낳았어요?' 하며 되묻는 거였어요. 중증장애인은 애를 못 낳는 거라고 생각하는 공무원이 사회복지과에 앉아 있더라고요. 경남도청에도 전화를 했는데 역시 그런 제도는 없다더군요. 이건 뭔가 문제가 있다는 생각을 했죠. 언론에는 장애인에게 각종 혜택이 있다고 광고하면서 삶에 절실히 필요한 여성장애인의 출산과 육아를 위한 아무런 지원제도가 없다는 게 이해할 수 없었어요. 그때부터 여성장애인들의 모임이나 단체가 있는지 알아보기 시작했죠. 서울에 '빗장을 여는 사람들' 이라고 장애여성들의 모임이 있더군요. 거기서 나온 책들을 구해 읽기 시작했어요. 여성장애인들이 자기 이야기를 써놓은 책이었는데 다들 나랑 비슷한 거예요. 결혼할 때 고민, 애 낳으면서 고민, 학교 가면서 고민, 아…… 이렇게 많은 사람들이 똑같은 고민을 하고 있다는 것은 뭔가 문제가 있다는 생각을 했죠. 그러고 나서 저도 이런저런 문제의식을 이야기했더니 인권에 관한 책들을 읽어보라고 하더라고요. 그때부터 마구잡이로, 막 주는 대로 읽기 시작했죠. 메일로 보내주는 각종 토론회 발제문이나 그런 것도 닥치는 대로 읽었어요. 그러는 과정에서 '여성의 전화'라는 단체에 찾아가 이경희 대표를 만났고, 그렇게 해서 여성장애인연대라는 단체를 만드는 걸로 이어졌죠."

–그런데 지금까지 송 대표님이 쓰신 글을 보면 단순히 장애인 문제뿐 아니라 사회구조적인 모순이라든지 그런 전반적인 지식의 바탕이 없으면 쓸 수 없는 글들을 많이 쓰셨잖아요? 어떻게 그런 공부를 하신 거죠?

"그런 글을 어디서 보셨어요?"

–우리 경남도민일보에도 많이 쓰셨잖아요.(그는 2002년부터 몇 년간 경남도민일보에 칼럼을 썼다.)

"아, 칼럼 쓸 때요? 사실 어릴 땐 텔레비전과 라디오뿐이었고요. 이후 토론문이나 자료집 같은 걸 보면 많은 사람들이 사회구조적 문제를 압축적으로 쓴 글들이 많더라고요. 또 그런 글에서 추천한 참고서적도 찾아보고 그런 거죠. 그때가 2000년 즈음이었는데 정신없이 책을 읽었던 것 같아요."

–그때쯤 이경희 대표를 만났고, 그게 여성장애인연대 결성 계기가 된 건가요?

"그건 아니고, 제가 읽던 책 중에 '여성학' 책이 있었는데, 그 내용을 보니 여성을 장애인으로 바꾸면 처지가 똑같은 거에요. 그래서 제가 '여성의 전화'에 찾아갔었죠. 이런 일을 해보려고 하는데 좀 도와주십시오, 했죠. 그때 몇몇 여성장애인들 모임을 하고 있었어요. 그 모임에 이경희 대표께 강의를 해달라고 부탁했고, 그때 흔쾌히 우리 모임에 와서 강의를 해주셨죠. 그리고 그때 또 많이 도와주셨던 분이 MBC 임나혜숙 국장이었어요. 이분은 진짜 우리 단체가 똑바로 설 수 있게 물심양면으로 다 도와주셨죠."

–초창기에 모였던 몇몇 분들은 어떻게 알게 되신 거죠?

"밀알선교단을 통해 알게 됐던 분들, 그리고 다리 건너 이런 문제에 고민하고 있는 분들을 소개받기도 하고, 또 저 외에 이런 모임을 준비하고 있는 분들이 이미 있었어요. 다섯 명인가 되는 분들인데, 어떻게 해야 할지 몰라서 3년째 준비모임만 하고 있었다더라고요. 그 팀을 만나게 되고…."

영화 비평을 쓴 후 '논객'으로 등극하다

–임나혜숙 국장은 어떻게 만나게 된 건가요?

"우리가 여성장애인연대 창립과 관련해 방송국에 홍보를 좀 하려고 안내지를 보냈어요. 그런데 전화가 왔더라고요. 그분이 임나혜숙 국장이었어요. 사무실이 어디 있냐? 보고 싶다. 그래서 만났는데 무슨 일을 하려느냐고 물었어요. 그래서 취지를 이야기했더니 홍보도 해주시고 여러 가지로 도움을 주셨죠."

–그래서 경남여성장애인연대가 출범하게 된 거로군요. 제가 송정문 회장을 확실히 기억하게 된 건 2002년 9월 10일자 경남도민일보에 기고한 '영화 〈오아시스〉에 담긴 장애인 편견'이라는 글이었

는데요. 공개적으로 언론매체에 글을 쓴 것은 그게 아마 처음이었죠?

"네. 사실 저도 그 글이 신문에 실리고 사회적인 반응이 워낙 커서 부담이 될 정도로 깜짝 놀랐어요. 난리가 났었죠. 글이라는 게 이렇게 무섭구나, 하는 걸 알았어요. 이창동 감독도 어떤 자리에서 제 글을 거론했다고 하더라고요. 그 글을 도민일보에 보내라고 추천한 사람도 임나혜숙 국장이었어요. 도민일보는 실어줄 것이라고 했죠. 그때 우리가 급여도 없을 때여서 임 국장이 밥 사주러 왔는데, 영화를 보고 와서 흥분해가지고 막 이야기를 하니까 그걸 정리해서 글을 써 오래요. 그래서 글을 써서 가져갔는데, 기고를 하라고 해서 자의 반 타의 반으로 도민일보에 보낸 거죠."(당시 그 글은 파격적으로 1면에 실렸다.)

–그 글 이후 자연스럽게 경남도민일보 칼럼위원이 됐잖아요.

"네, 그게 저에겐 너무 귀한 행운이었어요. 글을 체계적으로 쓰게 된 첫 번째 계기가 도민일보 칼럼이었죠. 처음엔 칼럼 부탁을 할 땐 두 달에 한 번 쓰라고 하더니 나중엔 3주에 한 번씩 쓰라고 하셔서 부담이 좀 됐지만, 1년 정도 쓰면서 많은 생각과 공부를 하게 됐고, 제가 성장하는 데 많은 역할을 했었죠. 요즘도 글을 좀 써보려 하는데 그게 잘 안 되네요. 그때처럼 강제적이지 않으니까.(웃음)"

–여성장애인연대 초대회장을 맡았는데, 몇 년 하신 건가요?

"임기가 3년이에요. 준비기간 1년까지 합쳐서 총 4년을 했는데, 너무 지쳤어요. 단체 하나를 만들어서 꾸려간다는 게 예삿일이 아니더라고요. 그래서 임기 마치고 그만뒀죠."

–그러고 나서 당시 마산MBC에 '아구할매' 작가로 들어가셨죠?

"네. 그때 임나혜숙 국장이 우리 단체 이사님이었는데, 총회 직전에 임기 마치고 좀 쉬려 한다고 했더니 '뭘 해서 먹고 사려고 하느냐' 고 묻더군요. 그래서 아무 생각 없이 좀 쉬고 싶다고 했죠. 그랬더니 '본인이 몰라서 그러는데 갑자기 쉬면 심리적으로 자괴감에 빠질 거다' 하시더니, 며칠 후에 전화가 왔어요. '아구할매' 작가로 일해 보면 어떻겠느냐고요. 그래서 자연스럽게 그 일을 하게 된 거죠."

–여성장애인연대 활동에서 특별히 기억에 남는 것은?

"여성장애인들, 아니 남자 여자 할 것 없이 장애인들이 거리로 나와 시위를 한 것은 2003년 여성장애인연대 시위가 처음이었어요. 그때 요구안이 장애인 이동권이었죠. 저상버스 도입, 장애인 콜택시 도입, 여성장애인 출산비 지원, 여성장애인 운전면허 비용지원, 산후도우미 제도 도입 등이었어요."

–그게 다 관철이 되었나요?

"산후도우미는 국가적 차원에서 다음 해 해결됐고요. 김혁규 도지사 말기였는데 모두 다 해주겠다는 약속을 받아냈어요. 그 다음 도지사가 김태호였는데, 약속 지키겠다 했는데, 여성장애인 관련 약속만 해주고 나머진 안 해줬어요. 저상버스는 5년 안에 100대 도입하겠다고 해놓고선 네 대인가밖에 안 해줬죠."

–여성장애인연대 회장은 월급이 있나요?

"네 있어요. 처음에는 없었는데, 나중에 성폭력상담소를 하면서 후원회가 생기고 후원금이 좀 들어오면서 그때 돈으로 60만 원을 월급으로 책정했죠."

–그것 갖고 아이 키우면서 어떻게 생활했나요?

"정말 하고 싶은 일이었으니까요. 우리 딸이 어느 날 사고가 생기면 여성장애인이 되는 거잖아요. 나처럼 살아선 안 되겠다 싶어 60만 원을 받고도 정말 밤이고 낮이고 열심히 일했던 것 같아요. 그러고 나서 임기 마치고 나니까 1000만 원 빚이 남더라고요."

–그 빚은 어떻게 했나요?

"방송작가 하면서 다 갚았죠. 그때 임나혜숙 국장님이 배려해줘서 '아구할매' 뿐 아니라 다른 프로그램도 맡고 하면서 제법 많이 벌었어요. 갑자기 많은 돈을 벌게 되니까 웬 횡재인가 싶더라고요.(웃음)"

–아마도 임 국장이 〈오아시스〉 영화평부터, 그 후 써온 칼럼까지 죽 보시면서 작가로서 자질 같은 걸 관찰해오다 발탁한 것 아니었을까요?

"그건 모르겠는데요. 방송작가로 들어가서 제가 가장 많이 들었던 게 '너 성명서 쓰니?' 라는 말이었어요. 여성장애인연대 활동하면서 계속 강력한 글만 쓰다 보니 그렇게 굳어졌나 봐요. 들어가서 3개월 정도는 작가수업만 받았어요. 그런데 그때도 임 국장님이 개인적으로 챙겨줬는지는 모르겠지만 돈이 들어왔어요. 그건 지금도 말을 안 하시니 몰라요.(웃음)"

–방송작가 하면서도 많은 공부가 되었겠군요.

"우선은 사람을 설득하는 방법이 다양하다는 사실을 배웠고요.(웃음) 많은 공부를 했죠."

교수가 꿈이었던 대학원생, 학교와 싸움을 벌이다

–그 시기에 대학원 진학도 했죠?

"예. 경남대 사회복지학 석사과정에 들어갔는데요. 2005년에 입학해서 2009년에 졸업했어요."

–그때도 조용히 공부만 하지 않고, 대학을 상대로 싸움을 벌였잖아요.

"장애인 편의시설 소송을 했죠. 명색이 장애인운동을 한 사람인데, 부당한 걸 보고 그냥 있을 순 없잖아요. 우선 학교에 엘리베이터가 없었어요. 입학하자마자 대학 측에 요구를 했는데, 돈이 없다느니 건물이 노후하다, 새로 지을 계획이다 하면서 1년이 지나도 감감 무소식인 거예요. 리모델링할 계획이라 하여 행정실장도 만나고 했는데 안 되더라고요. 그래서 박재규 총장 면담을 요청했더니 답변이 왔는데 '총장실에 계단이 있어 만날 수 없다' 며 거절했어요. 결국 해결이 안 되기에 소송을 내기로 했어요. 그런데 그땐 장애인차별금지법이 제정되기 전이어서 소송에서 이길 수 있는 근거법이 없다더군요. 그래서 변호사에게 말했죠. 나는 분명히 학습권 침해를 받았다. 강당도 못 가고, 도서관도 못 간다. 결국 민사로 손해배상 소송을 했고, 일부승소 판결을 받아냈죠. 그때 학교 측은 건물을 리모델링할 때 엘리베이터를 설치하겠다고 했어요. 그런데 얼마 전 리모델링을 했는데 엘리베이터 설치가 안 됐더라고요. 아마 다른 학생이 또 문제제기 하겠죠."

–지금은 장애인자립생활센터협의회 대표로 계신데, 거긴 월급이 좀 있나요?

"네. 있어요. 월 150만 원 정도."

–그걸로 생활하는 데는 괜찮나요?

"NGO 단체에서 그 정도도 많죠. 딸하고 둘이 사니까."

–임기가 언제까지인가요?

"회장 임기가 3년인데, 한 번 연임 중이에요. 아직 2년 남아 있는데, 세 번 연임은 안 할 생각이에요. 한 사람이 너무 오래하는 게 별로 좋지 않고요. 일자리도 부족하고 한데, 다른 일을 또 만들어야 하고…."

–다른 플랜이 서 있는 건가요?

"저는 사실 꿈이요. 다른 사람들은 정치가 꿈이냐고 묻던데, 사실은 교수가 되는 게 꿈이었어요. 그 꿈을 가진 건 여성장애인연대 첫 데모할 때였어요. 그땐 우리 세력이 너무 약했어요. 100여 명 남짓밖에 안 됐거든요. 그래서 사회복지관 등에 일하는 사회복지사들에게 도움요청을 많이 했는데요. 호응도 좋았는데, 단 한 명의 사회복지사도 데모하는 데 안 나타났어요. 그때 생각했죠. 도대체 대학에서 사회복지사를 어떻게 가르쳐서 양성하기에…. 그래서 생각했어요. 내가 교수가 되어서 제대로 된 교육을 하고 싶다고."

–그 플랜을 지금 가동 중인가요?

"제가 석사과정 때 학교 쪽하고 소송을 했잖아요. 그래서인지 박사과정에 안 뽑아줘요. 미달이 되어도…. 이런 상황에서 교수가 될 수 있는 길이 없잖아요. 재밌는 이야긴데, 제가 정치를 하는 것도 그걸 하면 교수가 될 방법이 있을까 해서 하는 이유도 있어요.(웃음) 정치인이 되면 박사과정에도 뽑아줄 것 아니냐는 기대가 있죠. 저는 시간강사도 관계없어요. 학생들을 가르칠 수만 있다면."

40대 이후 송정문의 '인생 3막'은?

그는 최근 조례 제정을 목표로 하고 있는 거주시설 장애인 인권 문제에 대해 할 말이 많았다. 그가 말하는 인권침해 사례만 해도 앞의 인터뷰 분량보다 많을 듯했다. 결국 그 문제는 다른 지면에서 별도로 다루기로 하고 인터뷰는 여기서 정리하기로 했다.

지면관계상 다루지 못한 게 또 있다. 민주노동당과 진보신당에서 정당 활동하던 이야기, 총선 후보로 출마했을 때의 이야기도 흥미진진했다. 그는 이야기꾼이었다. 딱딱하고 어려울 수 있는 내용을 쉽고 재미있게 풀어낼 줄 알았다. 오롯이 자신의 경험과 고민 속에서 나온 솔직한 이야기라 더 생생했다.

그는 지금 만 40세를 지나고 있다. 그의 삶을 되돌아보면, 20대 이전까지는 좌절과 포기의 세월이었고, 20대 이후에는 도전과 투쟁의 연속이었다. 40대 이후의 송정문은 또 어떤 '인생 3막'을 만들어갈지 기대된다.

제4장 블로그 지역공동체 구축

신문이 '객관 저널리즘' 인데 비해 블로그는 '주관 · 감성 저널리즘' 이다. 지역신문이 블로그와 결합하면 신문의 딱딱하고 건조함을 보완할 수 있고, 기자들이 놓친 사안을 블로거가 채워주기도 한다. 게다가 자연스레 기자와 블로거들의 경쟁관계가 형성되어 콘텐츠의 질을 높여주는 효과도 있다. 또한 140여 명의 블로거들은 《경남도민일보》의 외곽 지원세력이 되었다.

지역신문과 블로거가 협업-연대하면 어떤 일이?

《경남도민일보》는 '블로그 공동체 구축' 이라는 사업을 하고 있다. 2008년 8월부터 시작한 사업이다. 간단히 말해 매월 '블로거 강좌' 를 열어 시민들을 블로거로 양성하고, 그들이 쓰는 블로그 포스트를 《경남도민일보》 뉴스사이트 안에 있는 '갱상도 블로그' 라는 플랫폼을 통해 실시간으로 노출시키는 것이다. '갱상도 블로그' 에는 '1인 미디어 지역공동체' 라는 슬로건이 붙어 있다. 2008년 9월 1일 처음 오픈할 때의 이름은 '블로거' s 경남' 이었으나, 이후 부산 · 대구 · 경북까지 포괄하는 의미로 '갱상도 블로그' 로 바꿨다.

현재 140여 명의 블로그가 '갱상도 블로그' 에 가입해 있으며, 그들이 생산하는 콘텐츠는 하루 60~70여 건에 이른다. 이들의 글은 《경남도민일보》 뉴스사이트 메인과 '갱상도 블로그' 섹션에 모두 노출된다. 인기 글은 평균 1500건의 조회 수를 보이고 있다. 또한 《경남도민일보》는 매주 2~3건의 블로그 포스트를 골라 신문지면에 게재하고, 건당 5만 원의 원고료를 지급한다.

이는 지역언론과 블로거의 협업-연대 시스템이다. 《오마이뉴스》의 '시민기자' 모델을 뛰어넘어 '시민 미디어' , '1인 미디어' 로 진화한 블로거들을 기존 언론이 배척하고 무시하는 대신, 오히려 적극적으로 지원하고 연대함으로써 상호 영향력을 증대시키는 전략이다.

사실 소셜네트워크서비스(SNS)의 대표주자로 트위터와 페이스북을 꼽는 사람들이 많지만, 블로그만큼 콘텐츠 생산력을 가진 '1인 미디어' 는 없다. 트위터와 페이스북은 콘텐츠를 소비하고 유통하는 도구일 뿐 생산과 기록의 측면에선 블로그를 따라갈 수 없다. 게다가 트위터와 페이스북은 휘발성이 너무 강해 기록성이 거의 없고 지속적인 검색도 불가능하다. 그래서 나는 트위터를 일컬어 '시민 유통 매체' , 페이스북은 '시민 대화 매체' 라고 부른다. 블로그는 당연히 '시민 생산 매체' 다. 따라서 SNS를 가장 잘 활용하는 방법은 블로그를 진지 삼아 콘텐츠를 생산하고, 그것을 트위터를 통해 유통 · 확산시키며, 페이스북을 통해 서로의 생각을 주고받는 것이다.

신문이 '객관 저널리즘' 인데 비해 블로그는 '주관 · 감성 저널리즘' 이다. 지역신문이 블로그와 결합하면 신문의 딱딱하고 건조함을 보완할 수 있고, 기자들이 놓친 사안을 블로거가 채워주기도 한다. 게다가 자연스레 기자와 블로거들의 경쟁관계가 형성되어 콘텐츠의 질을 높여주는 효과도 있다. 또한 140여 명의 블로거들은 《경남도민일보》의 외곽 지원세력이 되었다.

'갱상도 블로그' 가 《경남도민일보》의 콘텐츠로 자리 잡게 되자 경상남도나 창원시 등의 지방자치단체 공보실에서는 기존의 신문 · 방송 뉴스뿐 아니라 블로그에 올라오는 글까지 모니터하고 스크랩하는 게 일과 중 하나가 되었다. 해당 지방자치단체의 정책이나 행정을 비판하는 블로그 글이 올라오면 《경남도민일보》에 전화를 걸어 와 '글을 내려달라' 고 호소하는 웃지 못할 일도 종종 생긴다.

물론 우리가 '블로그 사업' 에만 집중하고 트위터나 페이스북에 손 놓고 있는 건 아니다. 트위터의 경우 편집국장인 내 계정의 팔로

갱상도 블로그 메인 화면

워가 1만 2000명, 《경남도민일보》 공식 계정이 7700명, 정성인 기자는 4700명 정도 된다. 다른 기자들의 트위터까지 합치면 약 3만 명의 팔로워가 있다. 또 페이스북 《경남도민일보》 페이지 1500명, 우리가 운영해온 '창동 오동동 이야기' 페이지에 2600명의 팬을 확보하고 있다. 또한 전체 사원 83명이 모두 페이스북 계정을 갖고 독자들과 직접 소통한다.

이렇게 되니 적어도 경남에서는 《경남도민일보》가 SNS 최강자라는 점을 아무도 부인할 수 없게 되었다. 이러한 SNS 영향력은 자연스럽게 사업으로 연결된다. 앞에서도 소개했듯이 각 지방자치단체나 공공기관에서 관광 자원이나 축제 홍보를 위해 '파워 블로거 팸투어' 를 의뢰해오는 일이 많다. 지금까지 족히 10여 회는 넘게 팸투어를 진행했다. 20명 기준 1박 2일 팸투어 예산은 1200만 원 내외이다. 팸투어만으로도 지금까지 1억 원이 넘는 매출을 올린 셈이다. 재래상권 살리기 사업의 일환으로 진행된 '창동 오동동 이야기' 소셜미디어 구축 · 운영 사업도 이러한 블로그 네트워크와 SNS 인프라가 뒷받침되지 않으면 불가능한 일이었다. 각종 기관이나 단체에서 '블로거 강좌' , 'SNS 교육' 을 요청해오는 일도 많아졌다. 선거가 가까워지면 많은 정치인이나 후보자들이 '블로거 간담회' 또는 '블로거 합동 인터뷰' 를 요청해오기도 한다.

또 이러한 SNS 영향력과 '창동 오동동 이야기' 운영 실적 등을 바탕으로 2012년에는 경상남도의 인터넷신문《경남이야기》운영 입찰에서 무난히 낙찰돼 1년간 3명의 인력을 투입하여 수탁 · 운영 중이다.

그러나 모든 일이 그렇듯 하루아침에 이뤄지는 것은 없다. 2008년부터 꾸준히 지원하고 교류하며 교육, 육성, 관리해왔기에 가능한 일이다. 지난 5년 간 '1인 미디어 지역공동체 구축' 을 위해 우리가 해왔던 일들을 선별해 소개하면 다음과 같다. 시기별 상황을 그대로 이해하기 위해 당시의 시제를 고치지 않았다.

2008년 블로그 사업을 시작하면서

2008. 8. 21

블로그의 시대라고 합니다. 1인 미디어의 시대가 열렸다고 합니다. 기존의 올드미디어가 놓치거나 의도적으로 외면한 이슈와 어젠다를 블로그가 살려낸 일들도 많습니다. 특히 2008 촛불집회에서 블로그들이 발휘한 매체파워는 기존의 신문 · 방송을 능가할 정도였습니다.

대표적인 메타블로그 사이트인 올블로그에 등록된 블로그만 17만 개가 넘었고, 다음 블로거 기자도 8만 명에 육박하고 있습니다.

그러나 이들 블로그 세상에서 '지역공동체'는 찾아보기 어렵습니다. 메타블로그에서 주목받는 블로그 포스트 또한 서울이나 전국의 관심사가 될 만한 내용에 한정되어 있습니다. 인터넷의 발전이 오히려 지역공동체를 말살하고 여론의 획일화와 중앙집중화를 심화시키고 있는 게 아니냐는 회의론도 고개를 들고 있습니다.

하지만 지역을 사랑하고 고향을 사랑하는 블로거들도 많습니다. 그들은 자신이 발 딛고 사는 삶의 현장에서 나와 이웃의 이야기를 전하고 있습니다. 다만 이들이 온 · 오프를 막론하고 함께 모일 자리가 없었습니다. 넓은 온라인 세상에서 파편화한 하나의 객체일 뿐이었습니다.

경남도민일보는 이렇게 파편화해 있는 경남의 블로거들을 찾아 '블로거 지역공동체(Local blogosphere)'를 형성하고자 합니다. 그리고 경남지역의 주요현안이나 정책이슈, 대안에 대한 블로고스피어(blogosphere)의 여론을 모아냄으로써 블로그와 기존 미디어의 결합을 실현하고자 합니다.

이를 위해 경남에 적을 두고 활동해온 블로거들이 한 자리에 모일 수 있도록 아래와 같이 '경남 블로거 컨퍼런스'를 마련했습니다.

2개의 주제에 대한 발제자는 저희들이 임의로 섭외를 했습니다만, 각 주제별 2명씩 모두 4명의 토론자는 아직 공석으로 비워두었습니다. 100명 이내의 참석자 자리도 역시 비워두었습니다.

참석하시고자 하는 블로거님들은 비밀댓글로 이름과 연락전화번호, 주소, 운영 중인 블로그 주소와 이메일을 남겨주시면 순서대로 100명 이내에서 참석대상을 확정해 이메일로 알려드리겠습니다.

또한 참석희망자 가운데 해당 주제에 대한 지정토론을 하고픈 분은 토론요지를 간략하게 남겨주십시오. 그러면 저희들이 지정토론자를 확정하는 데 큰 도움이 되겠습니다.

지정토론자로 선정되신 분은 소정의 사례비를 드리며, 참석자 모두에게는 점심식사(뷔페)를 제공합니다. 또한 컨퍼런스를 마친 후 오후 2시부터는 버스편으로 창녕 우포늪을 방문, 탐방하는 행사도 준비하고 있습니다. 많은 관심과 참여 부탁드립니다.

- 주제 : 블로거 지역공동체, 어떻게 실현할까
- 주최 · 주관 : 경남도민일보
- 후원 : 지역신문발전위원회
- 일시 : 2008년 8월 30일(토) 오전 10시~오후 3시
- 장소 : 마산 3 · 15아트센터 1층 국제회의실
- 참석자 : 100명(선착순 마감)
- 행사 순서

○경남도민일보 대표 인사

○1부 블로거와 미디어(10:00~12:00)

· 주제발표 : 미디어로서 블로그의 가능성과 전망(고준성, 다음블로거뉴스 실장)

· 지정 토론 : 김정환(미디어몽구 운영자), 구자환(내가 꿈꾸는 세상 운영자)

· 종합 토론 : 참석자 전원

※사회 : 김훤주(김주완 김훤주의 지역에서 본 세상 공동운영자)

○점심 : 아트센터 1층 식당(12:00~13:00)

○ 2부 블로그 지역공동체(13:00~15:00)

· 주제발표 : 경남 블로거공동체 실현 방안(양광모(양깡), 코리안헬스로그 운영자)

· 지정 토론 : 김욱(거다란 운영자), 김대하(심장에 남는 사람 운영자)

· 종합 토론 : 참석자 전원

※사회 : 김주완(김주완 김훤주의 지역에서 본 세상 공동운영자)

※행사 후 버스편으로 창녕 우포늪 이동, 탐방 후 해산 계획

우리가 경남 블로그 컨퍼런스를 여는 까닭

2008. 08 21

촛불집회가 우리에게 알려준 사실이 있다. 온라인을 기반으로 글을 쓰고 토론하는 네티즌들이 오프라인 세상을 뒤흔들 정도로 성장

했다는 것이다. 또한 조선 · 동아 · 중앙(조중동)을 위시한 올드미디어들이 설정해온 의제가 별로 힘을 쓰지 못했다.

거기에는 한겨레와 경향의 고군분투도 있었지만, 블로그라는 1인 미디어를 무기로 맹렬한 취재 · 보도 · 비평활동을 벌여온 수많은 블로거 기자들이 포털사이트 '다음'의 아고라 전사들과 상승작용을 일으키지 못했다면 불가능했을 것이다.

따라서, 보다 더 나은 세상을 만들기 위해 조직된 진보정당이나 시민 · 사회단체의 상근활동가라면 반드시 블로그 활동을 하라고 권하고 싶다. 그들 단체에서 끊임없이 쏟아내는 성명서와 논평, 결의문, 제안서 등을 단순히 홈페이지에 게시하고 이메일로 보내거나 기자회견을 하는 데서 그치지 말고, 블로그 포스트로 활용해보라는 것이다. 또한 자기가 속한 단체의 여러 가지 활동상황을 블로그를 통해 알리면 그게 바로 뉴스가 된다. 나아가 활동가로서 자신의 신념과 미래사회의 비전을 그때그때 사회현안과 결부시켜 풀어내면 그게 바로 칼럼이 되는 것이다.

진보운동가라면 기본적으로 보다 나은 세상에 대한 자신의 비전과 플랜을 갖고 있을 것이고, 잘못된 정책에 대한 비판능력도 갖추고 있을 것이다. 그리고 글쓰기 능력도 기본은 될 것이라고 본다. 거기에다 사진이나 동영상 촬영 기술과 글을 잘 편집하고 사진과 영상을 잘 배치하는 능력만 추가하면 누구나 1인 미디어를 운영할 수 있다. 적절한 제목을 잘 뽑는 능력까지 갖추면 순식간에 파워블로거가 될 수도 있다.

물론 그러려면 인터넷과 블로그에 대한 기본적인 이해가 좀 있어야 한다. 홈페이지가 공식적인 자료를 전시해놓은 아카이브(archive)

라면, 블로그는 직접 독자를 찾아가는 미디어(media)라는 차이가 있다. 즉 홈페이지는 주소(URL)를 찾아들어 와서 봐야 하지만, 블로그의 글은 RSS와 트랙백을 통해 메타블로그라는 각종 플랫폼으로 일시에 전송된다. 현재 미디어다음 블로거기자만 8만 명이 넘었고, 나름대로 영향력을 가진 '베스트 블로거 기자' 도 240명이다. 대표적 메타블로그 사이트인 올블로그에 등록된 블로그도 17만 5000여 개에 이른다.

사실 나도 블로그를 시작한 지는 얼마 안 된다. 지난 2월 '김주완 김훤주의 지역에서 본 세상' 이라는 이름으로 팀블로그를 시작했으니 6개월이 좀 넘는 정도다. 그동안 경험한 블로고스피어(블로거들의 소통공간)는 정말 놀라웠다. 이 기간에 무려 250만 명의 방문자가 발생했으니, 하루 평균 1만 명이 넘는 셈이다. 그동안 송고한 370개의 포스트 중 대우조선노조 이세종 위원장 인터뷰는 미디어다음에서만 14만 8000회의 조회수를 기록하기도 했다. 미디어로서 블로그의 위력을 확실히 실감한 것이다.

그러나 역시 안타깝고 아쉬운 것이 있었다. 인터넷 세상이 그러하듯 블로고스피어에도 '지역공동체' 는 없더라는 것이다. 주목받는 지역뉴스라 하더라도 대개 전국의 이슈와 연결된 내용들이었고, 뉴스의 쏠림현상 역시 심각했다.

인터넷의 발전이 오히려 지역공동체를 말살하고 여론의 획일화와 중앙집중화를 심화시키고 있는 게 아니냐는 회의마저 들었다.

또한 블로고스피어에서 만난 경남의 블로거들 중 시민 · 사회단체 활동가는 찾아보기 어려웠다는 것이다. 일부 있더라도 대개 네이버 블로그에서 폐쇄적인 일기쓰기나 스크랩 정도에 머물고 있었다.

그렇다고 해서 라디오의 발명에 버금간다는 새로운 미디어의 출현을 외면하거나 거부할 수는 없는 일이었다. 그래서 아직 아무도 실험해본 적이 없는 '블로거 지역공동체(Local blogosphere)' 구축을 우리가 시도해보기로 했다. 그게 바로 오는 30일(토) 오전 10시 마산 3·15아트센터에서 열리는 '경남 블로거 컨퍼런스'다. 미리 신청을 한 블로거 100명만 참석할 수 있는 행사인데, 아직 30여 개 자리가 남아 있다.

역시 시민·사회단체 활동가들의 참석신청은 별로 없다. 아직 미디어로서 블로거 활동경험이 없더라도, 새로운 미디어를 알고 싶어 하는 분이라면 신청할 수 있다.

나는 정예 블로거 1000명만 전국적 네트워크를 형성할 수 있다면 조중동의 여론독점쯤은 손쉽게 깰 수 있다고 생각한다. 활동가들의 적극적인 참석을 다시 한번 당부한다.

운동권이 블로그를 두려워하는 이유

2008. 8. 25

사실 저도 '미디어로서 블로그'의 효용성을 알게 된 지는 그리 오래되지 않습니다. 하지만, 6~7개월 동안 블로깅을 하는 동안 알게 된 중요한 사실이 있습니다. 대부분의 시민·사회·노동단체들이 웹2.0 시대의 유용한 미디어 도구인 블로그를 거의 활용하지 못하고 있더라는 것입니다.

다른 요인도 있겠지만, 이것이야말로 운동단체들이 사회의 변화와 대중의 진화를 앞장서 이끌기는커녕 뒤따라가지도 못하고(혹은 그럴 의지도 없는) 있음을 나타내는 증거라는 생각이 들었습니다. 이번 촛불집회 과정에서도 여지없이 드러났던 이른바 구닥다리 진보의 경직성도 바로 이런 데서 비롯된 것이 아닐까요.

블로그 하나 갖고 뭘 그리 비약하느냐 할 수도 있겠지만, 무릇 운동(movement)이라는 게 뭘까요? 우리의 주장에 동조하는 대중을 한 명이라도 더 많이 만들어나가는 과정이지 않습니까? 그러려면 끊임없이 대중을 상대로 발언해야 하고, 대중의 말을 들어야 합니다. 그게 바로 '소통'이죠.

그런데 과연 운동단체들이 대중과 소통이라는 걸 해오긴 했을까요? 제가 보기에 대중과 소통은커녕 자기들끼리만 알아듣는 언어를 통해 자기들끼리 이야기하고, 자기들끼리 자위·자족하고, 자기들끼리 지지고 볶는 싸움질만 해온 것 같습니다.

무슨 근거로 그렇게 단언하느냐고 묻는다면 △이른바 진보지식인들의 난수표같이 난해한 글쓰기 습성 △80·90년대에 읽은 맑스주의 철학과 사회과학 책 몇 권으로 이미 세상을 다 안다고 생각하는 교만함 △판에 박은 성명서의 남발과 상투적인 기자회견 △자기만 옳다고 생각하고 작은 쓴소리조차 받아들이지 못하는 완고함과 폐쇄성 △족벌 빰치는 운동권 연고주의와 파벌 △자신도 없으면서 발표만 거창하게 하는 '뻥' 치는 버릇 △실제 일은 하지도 않을 거면서 이름과 직책만 걸치려는 운동권 감투주의 등 이루 다 열거할 수 없을 정도로 많습니다. 이런 문제에 대한 구체적인 사례도 다 제시할 수 있지만, 그러면 개인이나 개별단체에 대한 공격이 될까 봐 이 정도로 줄입니다.

다만 대중과 소통의 도구로서 미디어를 운동단체들이 어떻게 활용해왔는지는 한번 따져볼 필요가 있습니다. 솔직히 그동안 한국의 주류 운동권은 안티조선 운동에 한쪽 다리만 슬쩍 걸쳐놓고 적극적으로 참여해오지 않았습니다. 조중동이 아무리 악의적인 왜곡보도를 해도 별다른 대응은 하지 못했죠. 오히려 조중동이 좀 우호적인(?) 기사 한 줄이라도 써주면 감지덕지하는 모습까지 보여왔습니다.

그러면서도 한겨레나 경향이 어쩌다 쓴소리라도 할라치면, 아니 자기들이 원하는 식으로 기사가 나오지 않으면 거의 잡아먹을 듯한 표정과 행동을 보여왔습니다. 강자에겐 약하고 약자에겐 강한 전형적인 모습이었죠. 하지만 그들은 이렇게 말합니다. "조중동이야 원래 그렇다고 쳐도, 믿었던 한겨레나 경향이 이럴 수 있느냐."

하지만 이렇게 생각해볼 순 없을까요? "조중동이야 원래 그렇다고 쳐도, 한겨레나 경향마저 이러는 걸 보면 우리에게도 뭔가 문제가 있는 건 아닐까."

물론 한겨레나 경향의 보도가 모두 완벽한 건 아닙니다. 하지만 이러다 보니 한국의 주류 운동권은 조중동에게 무시당하거나 경멸받는 대상이 되었고, 한겨레 · 경향과는 서로 얼굴 붉히는 사이가 되어 버렸습니다.

이런 상황에서도 국민과 소통은커녕 담당 기자를 설득시키려는 노력조차 하지 않았습니다. 그냥 일방적으로 성명서 발표하고 기자회견만 뻔질나게 합니다. 기자회견 형식도 청와대나 정부기관보다 더 딱딱합니다. 진짜 기자회견인지, 시위의 다른 방식인지, 아니면 텔레비전이나 신문에 얼굴 내밀고 싶어서 하는 퍼포먼스인지 헷갈리는 경우도 많습니다. 기자회견 자리 말고 따로 취재를 위해 기자가 사무실을 찾아가면 바쁘다며 잘 상대도 해주지 않습니다. 제 경험상 전화를 해도 관료들보다 운동단체 간부와 통화하는 게 더 어렵습니다.

그러고 나서 자기들이 만족할 기사가 나오지 않으면 언론 탓만 합니다. 국민이 자기들을 지지해주지 않는 것도 모두 언론 탓입니다.

그렇습니다. 언론, 문제 많습니다. 기자들도 문제 많습니다. 운동단체들이 언론플레이에 좀 서툴러도 기자들이 스스로 사명감을 갖고 적극적으로 취재해 진실을 국민에게 알려야 합니다.

그러나 아무리 취재를 해봐도 운동단체가 국민을 설득할 만한 논리와 대안을 내놓지 못할 경우엔 어떻게 해야 할까요. 기자가 스스로 운동권의 싱크탱크가 되어 논리를 수혈해줄 수는 없지 않나요?

엊그제 배달되어 온 『창작과 비평』 가을호에서 성공회대 한홍구 교수는 한국의 운동권이 80, 90년대의 분위기를 벗어나지 못하고 있다고 진단하면서 이렇게 말했습니다.

"촛불집회는 운동세력에 대중과의 소통이 절실하다는 것을 깨우쳐주었다. '명박산성' 만큼은 아닐지라도 운동세력과 시민들 사이에는 어떤 장벽이 놓여 있었다. 대중의 입장에서는 그 장벽을 넘어 소통해야 할 필요성이 별로 없다. 그러나 운동세력으로선 이 장벽을 넘어 대중과 소통하는 것이 사활이 걸린 문제이다."

여기에 덧붙인다면 저는 이렇게 말하고 싶습니다.

"이명박 정부에 '명박산성' 이라는 컨테이너 장벽이 있다면, 운동세력에게는 '언어장애' 라는 장벽을 스스로 쳐놓고 있다."

저는 소위 진보지식인이라는 사람들이 단순한 이야기를 쓸데없이 어렵게 하는 것과 시민 · 사회 · 노동단체들이 쌍방향 미디어도구인 블로그를 활용하지 않고 일방적인 성명서만 줄창 내놓는 데에는 같은 이유가 있다고 봅니다.

바로 자신이 없기 때문입니다. 대중과 소통하는 게 두렵기 때문입니다. 대중 앞에 발가벗겨져 자신의 실력이 뽀록날까 봐, 자기가 얼마나 시대에 뒤떨어진 인물인지, 얼마나 대중과 유리되어 있는지, 자신의 언어장애가 얼마나 심각한 정도인지 깨닫는 것 자체가 두려운 일이기 때문입니다.

저는 블로그가 올드미디어를 대체할 최종적인 대안이라고 보진 않습니다. 하지만 현재로선 운동권이 대중과 소통하기에 가장 유용한 도구라고 봅니다. 앞서 제가 한국의 주류운동권을 싸잡아 비판하긴 했지만, 그렇지 않은 훌륭한 분들도 적지는 않습니다. 인용한 한홍구 교수도 글을 쉽게 쓰는 진보지식인 중 한 분입니다.

이런 분들이 주류가 되고, 시민 · 사회 · 노동단체의 모든 상근자들이 1인미디어로 블로거를 활용할 수 있다면 대중과 소통을 위한 첫 걸음은 내딛게 되는 셈이라고 봅니다.

지역신문이 블로거 파워와 결합하면?

2008. 9. 1

8월 30일 경남도민일보는 '블로거 지역공동체, 어떻게 실현할까'라는 주제로 경남 블로거 컨퍼런스라는 행사를 치렀다. 같은 날 국내 최초의 지역메타블로그인 '블로거's경남' 도 오픈했다. 이날 컨퍼런스에 참석했던 한 블로거가 이런 질문을 했다.

"경남도민일보가 이런 행사를 하고, 지역메타블로그를 만드는 건 결국 블로거들의 힘을 이용해 다음(Daum) 같은 포털처럼 영향력을 행사하려는 의도 아니냐?"

사실 맞다. 그분은 마치 기존 언론이 블로그와 결합해 매체파워를 키우는 것이 불순한 것처럼 말씀했지만, 나는 이것이야말로 지역언론이 당연히 해야 할 역할이라고 생각한다.

주제발표를 했던 양광모(블로거 양깡) 씨도 이야기했듯이 전체 인구의 46%가 수도권이 아닌 지역에 산다. 하지만 소위 메이저 언론에서 지역뉴스가 차지하는 비율은 10분의 1, 아니 50분의 1도 되지 못한다.

종이신문은 그렇다 하더라도 온라인세상은 또 어떤가? 인터넷 특유의 집중현상 때문인지는 모르겠지만, 거기에도 '지역' 은 없다. 메타블로그에서 주목받는 블로그 포스트 또한 서울이나 전국의 관심사가 될 만한 내용에 한정되어 있다. 이 때문에 인터넷의 발전이 오히려 지역공동체를 말살하고 여론의 획일화와 중앙집중화를 심화시키고 있는 게 아니냐는 회의가 들 정도다.

하지만 지역을 사랑하고 고향을 사랑하는 블로거들도 많다. 그들은 자신이 발 딛고 사는 삶의 현장에서 나와 이웃의 이야기를 열심히 전하고 있다. 다만 이들이 온·오프라인을 막론하고 함께 모일 자리가 없었다. 넓은 온라인 세상에서 파편화한 하나의 객체일 뿐이었던 것이다.

블로그가 1인 미디어 도구로 자리매김을 하고 있지만, 이에 대한 논의의 장도 서울에서만 펼쳐지고 있을 뿐 지역에서는 이야기를 나눠볼 기회조차 없었다. 그래서 경남도민일보가 아직은 가능성도 불투명한 '블로거 지역공동체(Local blogosphere)' 를 실험하고 나선 것이다.

사실 내가 이 실험을 주장하고 나섰지만, 나 스스로도 성공에 대한 확신은 없다. '지역' 이라는 타이틀을 걸고 시도했던 프로젝트의 대부분이 실패해왔던 데 대한 피해의식도 있다.

우리가 이 프로젝트를 한다고 하니까 중부권에 있는 한 지역신문사 관계자로부터 전화가 왔다. 이를 통한 수익모델은 있느냐는 것이었다. 나는 "없다" 고 잘라 말했다. 그러면서 우리가 리스크를 무릅쓰고 한번 해볼 테니까, 우리가 성공하면 따라하시고, 실패하면 접든지, 아니면 실패를 거울삼아 더 정교하게 추진하든지 해보라고 했다. 그러면 되는 것이다.

다행히 이번 행사에서 참석자들의 반응은 예상 외로 좋았다. 참석률도 그렇게 부진하진 않았다. 원래 목표가 선착순 신청자 100명이었는데, 88명에서 더 이상 참석자가 없었다. 그래서 아쉽다고 했더

블로거 컨퍼런스 참석자들

니, 지역에서 시민운동을 하는 한 참석자는 이렇게 말했다. "솔직히 요즘 토론회에 80명이 넘는 사람이 참석하는 경우가 있나. 많아야 50명이고, 그것도 항상 그 얼굴이 그 얼굴이지 않느냐."

상당수 참석자들은 이번 행사의 후속 모임이 예정돼 있지 않다는 데 대해 아쉬움을 표시했다. 메타블로그를 통한 온라인상의 네트워크는 이어질 수 있겠지만, 오프라인에서도 모임이 이어지길 희망했다. 그러면서 블로그의 기능과 활용방법 등에 서툰 초보블로거들을 위한 '블로그 운영 강좌' 와 같은 교육프로그램을 경남도민일보가 개설, 운영해줄 것을 요구하기도 했다. 그런 교육이 개설된다면 얼마간의 수강료를 내더라도 참석하겠다는 사람이 현장에서 확인된 숫자만 해도 20여 명이었다.

힘 닿는 대로 해볼 생각이다. 힘이 부쳐서 포기하는 일이 있을지언정, 조중동처럼 블로거와 누리꾼들을 적으로 삼고 무력화시키려는 시도는 적어도 하지 않을 것이다.

블로거 양깡 님은 앨빈 토플러의 말을 인용해 "지방분권이 실현된다고 해서 반드시 민주주의가 보장되는 것은 아니다"라고 말했다. 경남지역의 블로거 전사들이 경남도민일보와 상호보완하여 지방자치단체를 감시하고 견제하면서 상승작용을 일으켜 막강한 미디어파워를 갖게 되길 바란다. 그 파워를 통해 지역여론시장까지 장악하고 있는 조중동의 독점구조를 깨고 여론의 민주화를 경남에서부터 만들었으면 정말 좋겠다.

블로거가 만드는 신문 지면 선보이다

2008. 9. 9

'블로거 지역공동체 구축'을 시도하고 있는 경남도민일보가 국내 최초의 '지역' 메타블로그 '블로거's 경남'을 개설한 데 이어 블로거들의 글이 신분 지면에 게재되는 면도 9일 선을 보였습니다.

경남도민일보 20면에 매주 1회씩 제작되는 이 지면에는 2~3건 정도의 포스트가 실릴 예정이며, 채택된 글에는 건당 3만 원의 원고료가 지급됩니다.

물론 글을 싣기 전에 해당 블로거의 동의를 얻는 절차를 거치게 되며, 지면 사정에 따라 약간의 가감에 대한 양해도 구하게 됩니다.

처음 선보인 지면에는 '내가 꿈꾸는 세상(http://dami.tistory.com)'을 운영 중인 구자환 님과 '사진으로 읽는 고향이야기(http://blog.daum.net/mylovemay)'를 운영 중인 실비단안개 님, 그리고 '거다란닷컴(http://geodaran.com)'을 운영 중인 커서 님의 글이 실렸습니다.

현재까지 메타블로그 '블로거' s경남'에는 40여 명에 가까운 블로그가 등록되어 있습니다. 그러나 이 블로그들 중에서도 아직 남의 글을 퍼 올리거나 펌사진을 올리는 분들이 가끔 눈에 띄네요. 펌글은 '발행'을 하지 말고 '공개'만 하시든지, '비공개'로 설정해두고 혼자 참고하시면 좋을 텐데 좀 안타깝네요.

'블로거' s경남'은 등록된 블로그의 숫자를 그리 중요시하지 않을 예정입니다. 자신의 콘텐츠를 지속적으로 생산해낼 수 있는 블로거가 100명 정도만 되어도 성공이라 생각합니다.

경남도민일보

2008년 9월 9일 화요일

20 블로거's 경남

창원촛불은 왜 꺼지지 않을까

엄마에게 받은 추석 선물

개고기 논쟁에서 중요한 건 인간의 관점

블로거들의 글로 편집한 지면

정예 블로거 100명이 경남도민일보의 직업기자 60명과 상호 경쟁하고 보완하면서 상승작용을 일으켜 경남의 여론을 이끌어가는 게 저의 꿈입니다.

'블로거' s경남' 에는 경남 이외의 지역에서 활동하는 블로그도 얼마든지 등록할 수 있습니다. 하지만 지면에 게재되는 글은 아무래도 경남지역 콘텐츠가 우선적으로 선정될 수 있습니다. 물론 지역에 상관없이 널리 공유하는 게 좋은 내용이라면 굳이 지역을 따지지는 않습니다.

경남의 독자와 만나기를 원하시는 블로거님들의 많은 관심과 참여 부탁드립니다.

경남 블로거, 다시 한번 모입니다

2008. 10. 8

지난 8월 30일 경남 블로거 컨퍼런스에서 약속했던대로 '블로그 운영 강좌' 를 열기로 했습니다. 10월 13일(월) 오후 7시에 개최되며, 장소는 마산 경남도민일보 3층 강당입니다.

타 지역에서 유명강사님을 모셔오기도 여의치 않고 해서, 부족하지만 제가 진행을 맡기로 했습니다. 저 역시 블로거 경력 1년도 안된 초보라 외람된 감이 있습니다.

그래서 강좌라기보다는 일단 제 경험을 발제형식으로 말씀 드린 후, 함께 토론하고 고민하는 스터디 방식으로 진행해볼까 합니다.

함께 논의할 주제는 이런 것들입니다. (발제 후 토론과정에서 이

외에도 새로운 내용이 논의될 수도 있습니다.)

- 블로그는 무엇이며, 블로그를 통해 무엇을 할 수 있을까?
- 파워블로거들은 누구이며, 그들은 어떻게 블로그를 운영하고 있을까?
- 각종 블로그 서비스의 차이와 특장점은 뭘까?
- 블로그를 통해 얼마나 돈을 벌 수 있을까?
- 블로그 개설과 스킨 꾸미기, 어떻게 할까?
- 메타블로그와 RSS, 트랙백과 댓글을 어떻게 활용할까?
- 블로그에 무엇을 쓸 것인가?
- 블로그 글쓰기의 비법은 있을까?
- 효과적인 제목 달기의 요령은 뭘까?
- 그 외

일단 노트북과 빔프로젝터를 이용해 각 블로그들을 보면서 발제를 진행하겠습니다. 제한된 시간 안에 이 모든 걸 논의할 수 있을지 모르겠습니다. 오후 7시부터 시작해 늦어도 9시에는 마치려 하지만, 현장 상황에 따라 더 늦어질 수도 있을 것 같습니다.

그래서 가볍게 저녁 식사를 하고 오시는 게 좋을 듯합니다. 마친 후에는 간단한 뒤풀이도 계획하고 있습니다.(참가비는 없지만, 뒤풀이 비용은 갹출입니다.)

어제 저녁, 지난 컨퍼런스 참석자들을 대상으로 문자를 보내드렸더니 오늘까지 20여 명이 참석하겠다는 답신을 해주셨습니다. 생각했던 것보다는 좀 많은 듯하지만, 30명까지는 받도록 하겠습니다. 감사합니다. 13일 저녁에 뵙겠습니다.

변호사와 함께하는 블로그 오픈간담회

2008. 12. 16

올해가 가기 전에 경남 블로거님들, 한 번 모입시다.시간은 일방적으로 12월 23일(화) 오후 7시로 잡았습니다. 제목은 '변호사와 함께 하는 블로그 오픈간담회' 로 붙여봤습니다. 장소는 마산시 양덕동 경남도민일보 3층 강당입니다.

원래는 고충처리인과 기자들 간의 간담회로 잡혀 있고, 예산도 30만 원이 확보되어 있습니다. 그런데 이번에는 주제가 '인터넷과 명예훼손' 입니다. 주제가 주제인 만큼 블로거님들과 함께하는 게 좋겠다는 생각이 들어 이렇게 공개적으로 참석하실 블로거님들을 모집합니다.(물론 블로거가 아니더라도 관심 있는 분은 누구든지 참석하실 수 있습니다.)

블로깅을 하시면서 인터넷 명예훼손에 신경이 쓰일 때가 한두 번이 아니실 겁니다. 이번 기회에 우리지역의 언론전문 변호사로 활동해오신 김종숙 경남도민일보 독자권익위원과 함께 궁금증을 풀어보시길 바랍니다.

이날 간담회에서 주고받은 이야기들은 블로그에 포스트로 올려도 좋습니다.

사회는 제가 볼 예정인데, 자유롭게 질문과 답변을 주고받고 토론하는 방식으로 한 시간 정도 진행한 후, 식당으로 옮겨 한잔 하면서 편하게 이야기할 수 있도록 하겠습니다. 그러면 자연스럽게 송년회도 겸하는 자리가 되겠네요. 비용이 초과하더라도 저희가 어떻게든 충당해볼까 합니다.

참석 가능하신 블로거 여러분은 아래에 댓글로 남겨주십시오. 몇 분이나 참석하실지 미리 예측이 되면 모임을 준비하는 데 큰 도움이 되겠습니다. 그럼 그날 뵙겠습니다.

블로그를 정말 모르는 분들만 보세요

2009. 4. 9

모든 노동자가 다 블로그를 할 수도 없고, 그럴 필요도 없다. 필요하다고 생각하거나 하고 싶은 사람만 해도 족하다. 그러나 아직 블로그가 뭔지, 그게 얼마나 유용한 도구인지, 그걸 하면 좋은 게 뭔지, 어떻게 하는 건지를 몰라 못하고 있는 분들을 위해 이 글을 쓴다.

블로그를 하면 좋은 게 뭘까? 첫째, 부수입이 짭짤하다. 블로그를 어느 정도 하다 보면 누구나 '구글 애드센스' 라는 광고를 자기 블로그에 붙여 광고수익을 올릴 수 있다.

수익은 블로그를 얼마나 열심히 하느냐, 얼마나 많은 방문자가 있느냐에 따라 천차만별이다. 많은 경우 월 100만 원 이상을 버는 사람도 있고, 단돈 1000원도 못 버는 사람도 있다. 하지만 아무리 적어도 월급 들어오는 예금통장의 이자수입보다는 많을 것이다.

'구글 애드센스' 말고도 수익을 올릴 수 있는 블로그 광고는 여러 가지가 있다. '다음 애드클릭스' 도 있고 '링크프라이스' 라는 것도 있다. 인터넷서점 '알라딘' 의 책광고를 자기 블로그에 달아두면, 그걸 클릭하거나 책을 구입하는 데 따라 적립금이 쌓이는 것도 있다.

둘째, 노후대책도 된다. 정년퇴직 할 때까지 일주일에 한두 건씩 만 블로그에 글을 올렸다고 치자. 아마 수천 개의 글이 쌓일 것이다. 그러면 검색을 통해 그 글들을 보러 오는 방문객도 상당할 것이다. 소일거리도 되고, 용돈벌이도 된다. 외롭지 않아도 된다.

셋째, 블로그를 하면 저절로 내 삶의 기록이 된다. 나이 들어 이것만 정리하면 책을 출판하거나, 자서전을 낼 수도 있다. 사람이 한 평생을 살다 가면서 책 한 권 정도는 남기고 떠나야 할 것 아닌가?

넷째, 세상을 바꾸는 데 큰 힘을 보탤 수 있다. 억울한 일을 호소하기 위해 유인물 배포작업을 해본 사람은 안다. 한나절에 천 장도 돌리기 어렵다는 것을. 그러나 블로그를 하면 가만히 앉아서 수천수만 명에게 유인물을 배포하는 것과 동일한 효과를 얻을 수 있다.

이 밖에도 새로운 인맥을 쌓아 전국 곳곳에 친구를 가질 수 있고, 대중과 직접 소통하는 법을 배울 수 있다. 전국적으로 유명해질 수도 있다. 우리는 살아가면서 많은 사람을 만나는 것 같지만, 가만히 따져보면 지극히 좁은 울타리 속에 한정되어 살아가고 있다. 그러나 블로그를 하면 내 일상의 울타리 안에선 전혀 만날 수 없던 다양한 사람들을 만날 수 있다.

그런 일들이 가능한 것은 바로 블로그가 지금까지 인터넷에서 발명된 어떤 것보다도 쉽고 대중적이며, 사람과 사람 간의 연결망이 뛰어난 도구이기 때문이다.

물론 블로그가 나오기 전에도 개인이 홈페이지를 운영할 순 있었지만, 그건 만드는 것 자체가 어렵고 비용도 많이 들었다. 방문자 수를 집계하는 카운터나 게시판 하나 생성하여 붙이는 것도 업체나 전문가의 도움을 얻어야 했다. 그렇게 힘들어 만들었다 하더라도 홈페이지는 인터넷이라는 망망대해의 고립된 섬에 불과했다. 어쩌다 표류한 어선이 잠시 정박하거나, 원래 아는 사람이 즐겨찾기를 해놓고 오는 경우 외에는 방문자가 거의 없었다.

하지만 블로그를 만드는 건 채 5분도 걸리지 않는다. 글이나 사진을 올리는 것도 홈페이지 게시판과 달리 세련된 인터넷신문처럼 손쉽게 편집해 올릴 수 있다. 아래아한글에서 문서를 작성하고 사진을 삽입하는 것보다 훨씬 쉬운 편집 툴이 블로그의 기본이기 때문이다. 돈도 전혀 들지 않는다.

그리고 무엇보다 강력한 블로그의 기능은 RSS(정말 간단한 공동배포라는 뜻)라는 기능이다. 이를 통해 그냥 자기 블로그에 글을 올리기만 하는 게 아니라, 수많은 다른 사이트나 구독자들에 실시간으로 '발행' 또는 '전송' 할 수 있다는 게 블로그의 가장 큰 특징이다.

물론 그러려면 각 메타사이트에 자신의 블로그를 등록하는 절차가 필요하지만, 그 역시 방법은 간단하다. 일단 블로그를 만든 후 좀 운영하다 보면 자연스럽게 알게 된다. 그런 메타사이트를 활용하면 자기 블로그에 글을 올리는 순간, 동시에 《경남도민일보》는 물론 포털 '다음', '믹시' 등에 내 글이 전송된다.

RSS는 내 글을 좋아하는 사람들에게 '구독' 을 할 수 있는 기능도 제공한다. 공통의 관심사나 비슷한 생각을 가진 노동자들의 블로그를 한데 묶어 우리가 아예 메타사이트를 만들 수도 있다. 이를테면 '창원노동자' 라는 메타사이트를 만들어 창원지역 노동자들의 블로그 RSS를 등록해놓으면 그들이 쓰는 글들이 이곳에 실시간으로 수집되어 보여진다. 그러면 창원지역 노동자들의 블로그 연대가 자연스럽게 이루어지고, 이는 여론시장에 막강한 영향력을 가진 사이트로 성장할 수도 있다.

그럼 어디에서 어떻게 블로그를 개설하면 될까? 네이버, 다음, 네이트, 구글, 야후 등 모든 포털사이트는 회원가입만 하면 공짜로 블로그를 제공한다. 또 블로그 전문회사에서 제공하는 티스토리나 이글루스 블로그도 있다. 이들 중 아무거나 골라잡으면 된다.

나는 티스토리 블로그를 쓰고 있는데, 이건 그냥 회원가입만 한다고 되는 게 아니라 기존 블로그로부터 초대장이라는 걸 받은 사람만 개설할 수 있다. 티스토리 블로그 초대장이 필요하면 내가 많이 갖고 있으므로 언제든 보내드릴 수 있다. 티스토리 블로그는 혼자가 아닌 여러 명이 공동관리자 또는 공동편집자로 참여해 팀블로그로 운영할 수도 있고, 독립적인 도메인을 쓸 수 있으며, 블로그 콘텐츠를 백업해둘 수도 있다. 광고도 마음대로 붙일 수 있다. 또한 포털 '다음'의 자회사이므로 여러가지 기능이 연동돼 좋은 점이 많다.

블로그는 일단 개설부터 하는 게 중요하다. 글을 잘 써야 한다는 생각도 버려야 한다. 잘 쓰는 것보다 진솔하게 쓰는 게 중요하다. 길게 쓸 필요도 없다. 그냥 단상만 올려도 된다. 뉴스를 보다가, 드라마를 보다가, 토크쇼를 보다가 열받는 일이 있으면 내가 왜 열을 받았는지 그냥 블로그에 올리면 된다. 다만 남의 글을 펴 와서 그대로 올리는 것은 금물이다. 블로그는 내가 세상을 향해 발언하고자 하는 도구이지, 자료창고는 아니기 때문이다. 자료창고가 필요하다면 비공개카페를 개설해놓고 거기에 쌓아두고 활용하면 된다.

블로그는 기본적으로 '미디어'이고, 그것도 '1인 미디어'다. 단체나 조직의 블로그 개설에 앞서, 그 단체에 일하는 간부 개개인의 블로그부터 개설해 운영해보는 것이 먼저여야 한다. 그러고 나서 경험이 쌓이면 단체의 팀블로그도 만들어보고, 개인블로그들을 묶어 메타사이트도 만들면 된다.

지역신문 뒤늦은 시민기자 운영 붐, 왜?

2009. 4. 16

전국 지역신문에서 뒤늦게 '시민기자' 활용 붐이 일고 있다. 지역신문발전위원회의 '뉴스콘텐츠 지원 사업' 덕분이다. 이 사업에 선정된 신문사는 시민기자의 원고료와 교육비 등을 지역신문발전기금에서 지원을 받게 된다.

지역신문발전위원회는 전국 18개 지역일간지와 27개 지역주간지 등 모두 45개 신문사를 2009년 뉴스콘텐츠 지원사업 대상으로 선정했다. 영남권에서는 《경남도민일보》와 《경남신문》을 비롯, 《부산일보》, 《국제신문》, 《매일신문》, 《경상일보》, 《경북일보》 등이 포함됐다.

각 신문사마다 시민기자의 명칭과 운용내용은 약간씩 다르다. 《경남도민일보》는 '블로거 시민기자단' 이고, 《경남신문》은 '시민기자단' , 《강원도민일보》는 '노인기자단' 을 구성한다. '청소년기자' , '외국인여성기자' , '실버기자' , '객원기자' 라는 명칭을 쓰는 곳도 있다. 《영남일보》는 '동네늬우스' 라는 지면을 통해 신문사에 소속된 기자와 시민기자가 파트너십을 이뤄 시시콜콜한 동네소식을 다룬다.

《경남신문》은 지난 14일자 '시민기자를 찾습니다' 라는 알림을 통해 경남도내 각 시 · 군별로 1명씩 모두 20명을 시민기자로 위촉하여 지역사회의 현안을 취재하도록 함으로써 매월 1~2회 특별지면을 제작한다고 밝혔다. 《경남신문》은 시 · 군 소식을 담당하는 사회2부에서 시민기자 모집과 운영을 겸하고 있다.

이미 2005년 4월부터 인터넷과 지면을 통해 '객원기자' 제도를 시행해온 《경남도민일보》는 2008년 개설한 최초의 지역메타블로그 '블로거' s경남' 에 등록된 100여 명의 블로거 기자단을 운영하고 있다.

이들이 쓴 블로그 포스트는 매주 1회 지면(20면)에 게재되고 있다. 올해는 이들 블로거들을 상대로 정기적인 강좌와 간담회를 여는 등 전문성 강화를 위한 프로그램도 추진 중이다.

《충청투데이》도 올 들어 지역메타블로그 '충청 따블뉴스' 및 같은 이름의 지면을 개설해 블로거 기자단 운영을 시작한다. 《부산일보》와 《국제신문》은 시민기자를 통한 동영상 서비스를 강화할 계획이다.

《중도일보》는 문화유산해설사와 향토사학자, 시민단체 활동가 등 어느 정도 전문성을 갖춘 지역인사들을 객원기자로 위촉, 지역문화유산을 기사와 동영상으로 데이터베이스화하는 쪽으로 방향을 잡았다.

이들 지역신문들의 시민기자 운영이 어느 정도 성과를 거둘지는 아직 미지수다. 물론 그동안 일방적인 뉴스 소비자와 수용자이기만 했던 독자를 뉴스콘텐츠 생산의 동반자로 끌어들였다는 점은 진일보한 것으로 평가할 만하다.

하지만 이미 1세대 시민참여저널리즘으로 불리는 《오마이뉴스》의 '뉴스게릴라' 들이 블로그로 대거 빠져나가고 있는 상황에서, 이들 지역신문의 시민기자 실험 역시 한계가 있다는 지적도 있다. 또한 원고료와 교육비가 지원되는 한정된 사업기간 외에도 시민기자 운영이 지속적으로 확대되고 발전해나갈 수 있느냐도 회의적이다.

이에 따라 올해 선정된 신문사들의 다양한 실험 중 과연 어디에 성과가 집중되느냐에 따라 내년 사업의 향방이 결정될 것으로 보인다.

기자가 블로그를 하면 좋은 점이 뭘까

2009. 4. 28

얼마 전 한국언론재단 사별연수의 일환으로 《전남일보》와 《국제신문》에 강의를 다녀왔다. 《전남일보》의 경우, 박기정 사장과 임원, 간부, 기자는 물론 시군 주재기자들까지 모두 참석하여 중간 중간 메모까지 해가며 듣는 모습이 꽤 인상적이었다.

《국제신문》도 기사 마감이 임박한 오후 4시 30분이라 주로 내근기자들이 강의를 들었지만, 모두들 새로운 뭔가를 알아내려는 태도가 자기 직업과 회사에 대한 애정으로 보여 참 보기 좋았다.

이 글은 《전남일보》와 《국제신문》에서 했던 강의안 중 일부인데, 과연 기자가 블로그를 하면 자신과 회사에 어떤 도움이 되는지를 한번 정리해본 것이다. 앞으로 계속 업데이트해나갈 내용이기도 하다. 고수님들의 아낌없는 조언을 부탁드린다.

블로그가 기존 언론의 역할을 대체할 순 없을 것이다. 하지만 여론형성에는 절반의 영향력을 이미 행사하고 있다. 기존의 올드미디어인 지역신문이 이들 블로거들과 미리 네트워크를 구축하지 못할 경우, 급속도로 영향력이 위축되고 뉴미디어 시대에 도태할 수밖에 없을 것이다.

그렇다고 해서 신문이 이미 미디어 행위를 하고 있는 블로그를 경계하거나 배척해서는 안 된다. 신문이 블로그를 배척하거나 방해한다고 해서 없어질 수도 없고, 약화될 수도 없기 때문이다.

그러면 어떻게 해야 하는가. 보다 적극적인 자세로 블로그가 가진 매체파워를 지역신문이 흡수하고 활용해야 한다는 것이다. 블로그와 지역신문의 연대와 협력, 결합을 통해 지역사회의 여론시장을 주도해야 한다는 것이다. 이를 통해 새로운 미디어 모델을 탐색하고 실험하면서 변화에 대비해야 한다는 것이다.

블로그를 하면 기자에게 좋은 점

1. 내가 쓴 글을 체계적으로 정리하고 보관함으로써 2차, 3차 활용이 가능하고, 이를 통해 부가가치를 창출할 수 있다.
2. 인터넷엔 지역과 서울의 계급장이 없다. 지역을 벗어나 전국을 무대로 발언하고 활동할 수 있다.
3. 좁은 울타리를 벗어나 더 넓은 지역과 다양한 분야의 새로운 인맥과 취재원을 확보할 수 있다.
4. 출입처와 기존 취재원을 벗어나 독자 대중과 직접 소통함으로써 대중의 관심과 요구가 무엇인지 알 수 있게 된다.
5. 틀에 박힌 기사 작성에서 벗어나 새로운 글쓰기 실험을 할 수 있다.
6. 매체환경의 변화를 빨리 수용함으로써 미래형 기자가 될 수 있다.
7. 반복되는 일상과 매너리즘에서 벗어나 새로운 가치와 보람을 창출함으로써 기자인생 2라운드가 시작된다.

8. 기자로서의 능력에 블로거로서 능력을 더함으로써 몸값이 높아진다. 기자 개인의 브랜드 가치와 영향력을 높일 수 있고, 아울러 유명해질 수 있다.

9. 재직 중인 직장을 벗어나도 뭔가 할 수 있다는 자신감이 생긴다.

10. 광고수입과 간접수입이 짭짤하게 생긴다. 노후대책도 될 수 있다.

기자가 블로그를 하면 신문사가 좋은 점

1. 신문사 사이트의 트래픽이 올라간다.
2. 신문사 사이트의 콘텐츠가 풍부해진다.
3. 틀에 박힌 기사에서 벗어나 새로운 형식의 기사로 독자에게 다가갈 수 있다.
4. 스타기자 마케팅을 통한 신문사의 브랜드 가치가 높아진다.
5. 기자들의 글쓰기 실력이 늘어 돈 안 들이고 교육이 가능하다.
6. 강요하거나 따로 교육하지 않아도 멀티형 기자가 저절로 양성된다.
7. 매체환경의 급속한 변화에 미리 대응할 수 있는 분위기가 조성된다.
8. 기자블로그를 기반으로 새로운 수익사업을 모색해볼 기반이 생긴다.
9. 메타블로그 개설과 블로그 포스트를 활용한 지면제작이 가능해진다.
10. 여론주도력과 매체파워가 배가된다.

신문의 의제설정력, 블로그에 빼앗기나

2009. 8. 6

2009년 7월 16일 경남지역에 폭우가 휩쓸고 간 지 5일이 지난 21

일 화요일자 《경남도민일보》 1면에 '폭우에 떠내려간 생태하천' 이라는 명패를 단 기획기사가 실렸다. "인공시설물이 피해 키웠다" 는 헤드라인을 달고 있는 이 기사는 다음 날까지 상 · 하 2회에 걸쳐 연재됐다.

그로부터 이틀 뒤인 23일 《경남신문》 1면에도 비슷한 기획기사가 실렸다. 그 기사에는 '수마 할퀸 창원 생태하천 치수비중 줄여 화 불렀다' 는 제목이 달렸다.

이처럼 각 지역신문이 잇따라 창원 생태하천 공사의 문제점을 지적하고 나서자 시행청인 창원시는 환경단체에 '민 · 관합동조사단' 을 만들어 함께 문제점을 조사하자고 제의하기에 이르렀다.

그러나 정작 창원 생태하천의 문제를 처음 제기한 것은 '지역신문' 이 아니었다. 그보다 먼저, 아니 7월 16일 폭우보다 훨씬 앞선 7월 9일 '천부인권' 이라는 필명을 쓰는 한 블로거가 자신의 블로그에 이미 그 문제를 정면으로 제기했었던 것이다.

이 블로그는 '190ml 빗물에 무너진 창원시 생태하천' 이라는 글에서 10장에 이르는 생생한 현장사진과 함께 "흐르는 물길이 인간의 생각대로 요리조리 갈 것이라고 믿었던 그 자체가 어리석음이요 교만이었음을 190ml 빗물이 증명해 보였다" 고 지적했다. 그의 이 글은 메타블로그 '블로거' s경남' 에서만 640회 이상 조회수를 기록하며 의제설정을 주도했다.

그의 이 글은 《경남도민일보》와 《경남신문》이 기획기사를 통해 제기한 것보다 적어도 열흘 이상이 빨랐던 것이다.

뿐만이 아니었다. 7월 13일 '마창진푸르미' 라는 블로그에 올라온 '생태하천 복원의 현주소' 라는 글과, 폭우가 휩쓴 바로 다음 날인

17일 같은 블로그에 올라온 '전혀 쓸모없는 창원시 생태하천, 누군가 책임져야 한다' 는 글도 지역신문의 보도보다 나흘이나 빨랐다.

이처럼 블로그가 지역의 이슈나 의제를 신문이나 방송보다 더 빨리 선점하는 일이 빈번해지고 있다.

마산시가 (주)부영으로부터 옛 한국은행 터를 매입하려던 일도 그랬다. (주)부영이 84억 원에 매입했던 땅을 마산시가 140억 원에 되사려는 것은 명백한 특혜라는 것이다. 《경남도민일보》 등 지역신문에 이 특혜논란이 기사화된 것은 마산YMCA 시민사업위원회(위원장 김재현 경남대 교수)가 마산시청에서 기자회견을 했던 15일 이후였다.

그러나 이 특혜논란은 '100억 원대 추정치' 가 《경남도민일보》에 보도되었던 지난 4월 7일, 이윤기 씨가 자신의 블로그에 '한국은행 터 100억 원, 터무니없는 가격추정' 이라는 글을 올려 최초로 이슈화했다.

지난 3일 《경남도민일보》 1면 '월요기획' 으로 나간 '또 다른 체벌 그린마일리지' 도 마찬가지였다. 이 문제는 학부모이자 아이들에게 글쓰기를 가르치는 한 주부 블로거가 신문 보도보다 앞선 7월 26일 '그린마일리지 포인트를 아십니까?' 라는 글을 통해 적나라하게 제기했던 문제였다. '달그리메' 라는 필명을 쓰는 이 블로거는 그린마일리지 제도의 모순과 허점을 신랄하게 지적한 후, '교사들이 체벌보다 더 손쉽게 아이들을 통제하려는 제도' 라고 규정했다.

이 밖에 금속노조 경남지부 문상환 교육선전부장은 S&T중공업의 노조간부 집단해고 소식을 기존 언론보다 빨리 블로그에 올려 8500여 명의 조회수를 기록했으며, 마산시 공무원 임종만 씨도 자신의 블로그를 통해 기존 언론이 보도하지 않고 있는 공무원노조 통합추진 상황을 올리는 등 대안언론의 역할을 하고 있다.

1인 미디어로 불리는 블로그의 진화가 그동안 신문의 독점적 영역으로 불렸던 '의제 설정력' 까지 빼앗아가는 단계에 이르고 있는 것이다.

블로거가 지켜야 할 윤리 가이드라인은?

2009. 9. 13

1990년대 초반이었던가? 한 재벌기업 노동조합의 파업을 취재하던 기자들에게 회사 측이 지나친 취재편의를 제공해 물의를 빚은 적이 있었다. 기자실을 마련해주고 직원을 배치해 커피와 컵라면 등 간식을 제공해주는 정도를 넘어 최고급 호텔에 재워주고 세 끼 식사까지 대접하고 있다는 사실이 폭로되었던 것이다.

노사가 첨예하게 대립하고 있던 상황에서 취재기자들이 그처럼 융숭한 대접을 받고 있다는 사실은 언론보도의 공정성에 큰 타격을 주었다. 당시에는 인터넷도 없던 시절이어서 신문과 방송이 전하는 소식 말고는 진실을 접할 길이 없었고, 그래서 더 배신감이 컸던 것으로 기억된다.

그로부터 세월이 흘러 신문과 방송 외에도 수많은 인터넷언론이 생겨났고, 각종 블로그는 물론 다음 아고라와 같은 인터넷 게시판도 미디어로서 그 역할을 수행하는 시대가 되었다. 특히 일부 파워블로그들은 '1인 미디어' 라는 말이 무색할 만큼 웬만한 소규모 지역신문을 능가하는 영향력을 발휘한다. 그들이 쓰는 글은 수만~수십만 명이 읽고, 수백~수천 개의 댓글이 달리기도 한다. RSS나 다음 뷰, 즐겨찾기 등을 통해 그의 글을 구독하는 고정독자만 수천 명에 이르는 블로그도 적지 않다.

블로그의 커진 영향력만큼 그들을 상대로 한 마케팅도 다양해졌다. 여행사나 항공사, 자치단체들이 블로거들을 초청해 먹여주고 재워주고 구경시켜주는 팸투어는 이제 흔한 일이 되었고, 기업의 신제품 출시 때도 기자 설명회와 블로거 설명회가 따로 열린다.

어떤 기업은 특정 파워블로그와 제휴를 맺어 자기회사 제품의 사용기를 써주는 대가로 적지 않은 원고료를 주기도 한단다. 블로그마케팅 업체를 통해 아예 공개적으로 자사 제품 홍보글을 모집하고 대가를 지급하는 것도 흔한 일이 되었다.

심지어 정부 부처나 정부투자기관, 지방자치단체도 제각기 블로그 서포터즈를 모집해 취재를 지원하고, 활동비 또는 원고료를 지급한다. 시민단체나 노동단체가 블로거들을 초청해 간담회를 여는 경우도 생겨나고 있다.

그런데, 기자가 돈(이른바 '촌지')이나 과도한 취재편의를 제공받고 홍보성 기사를 써주는 것은 문제가 되는데, 블로거들은 그래도 괜찮은 것일까?

물론 블로거들은 신문사나 방송사의 기자와 달리 소속된 조직의 직업윤리에 구속받을 필요가 없는 개인이다. 따라서 한국신문윤리위원회의 신문윤리강령이나 실천요강, 광고윤리강령 및 그 실천요강을 준수할 의무도 없고, 회사의 자체 강령이나 취재준칙, 사규 등을 지켜야 하는 대상도 아니다.

대개 직업윤리란 사회구성원(소비자=언론의 경우 독자 또는 시청자)들이 해당 직업에 대해 기대하는 내용을 반영한다.

따라서 신문사나 방송사는 상품을 팔아먹기 위해 독자나 시청자의 기대에 부응할 필요가 있고, 그걸 반영한 것이 '공정한 보도'라든지 '금품수수 및 향응금지' 등을 규정한 윤리강령인 것이다. 《한겨레》나 《경남도민일보》 등 시민주주신문이 기존의 신문윤리강령보다 훨씬 강력하고 엄격한 자체 강령과 실천요강을 제정해 시행하고 있는 것도 그들 신문에 대한 독자들의 기대와 요구가 다른 신문보다 높기 때문이라고 볼 수 있다.

이처럼 신문과 방송에 대한 소비자의 기대와 그걸 반영한 윤리강령 때문에 언론은 '공정성'을 인정받는 것이고, 그 상품이 가치를 갖는 것이다. 앞서 예를 든 재벌기업의 과도한 취재편의 제공이 여론의 지탄을 받은 것도 기자들이 스스로 윤리강령을 위반함으로써 그 파업 보도에 대한 '공정성'이 훼손되었기 때문이다.

따라서 신문사 기자가 원고료를 받고(또는 받을 것을 조건으로) 특정 회사와 회사제품에 대한 홍보성 글을 자기회사가 발행하는 신문에 실었다면 명백한 신문윤리 및 기자윤리 위반이다. 마찬가지로 기자가 법무부나 행정안전부, 보건복지부 등 정부부처의 블로그 서포터즈가 되어 정책 홍보성 글을 자사 신문지면에 싣는 것도 당연히 용납될 수 없다. 백배 양보해 그런 글을 실어주고 어떤 대가를 받을 수 있다고 하더라도, 그것은 해당 신문사가 받아야 할 몫이지 기자 개인이 챙겨선 안 된다. 기자는 취재활동의 대가로 이미 회사로부터 월급을 받고 있기 때문이다.

그러나 블로거는 다르다. 블로그에 글을 쓰는 것도 개인자격이고,

그 블로그가 독자의 신뢰를 얻느냐 마느냐 하는 것도 오롯이 개인의 선택이다. 타인의 명예를 훼손해 법의 처벌을 받거나 돈을 받고 홍보성 글을 쓴 사실이 탄로나 비난을 받더라도 그건 개인의 책임일 뿐이다. 사회고발성 블로깅을 하든, 홍보성 블로깅을 하든 그것 역시 자기 마음이다.

또한 블로거는 언론의 '공정성' 을 지켜야 할 의무도 없다. 기자와 블로거의 근본적인 차이는 이른바 '객관저널리즘' 이냐, '주관저널리즘' 이냐는 것이다. 블로그를 읽는 독자들은 신문이나 방송에서와 같은 '객관적 사실보도' 나 '공정성' , '불편부당' 을 기대하지 않는다. 사람들이 굳이 신문 · 방송의 뉴스가 아닌 블로그를 보려는 것은 그 사람의 생각을 알고 싶기 때문이다. 물론 팩트 자체를 왜곡시켜선 안 되겠지만, 블로그에서 왜 한나라당과 민주당에 대해 공평하게 보도하지 않느냐고 항의하는 사람은 없다. 또한 너는 왜 원더걸스만 좋아하고 소녀시대는 미워하냐고 따질 사람도 없다.

하지만 적어도 다음 뷰나 티스토리, 올블로그 등에서 베스트블로거나 우수블로거쯤 되고 어느 정도 파워블로그 대접을 받는 사람이라면 전체 블로고스피어의 발전을 위해서라도 최소한의 자율적인 가이드라인 정도는 가지는 게 바람직하다고 생각한다. 커진 영향력만큼 사회적 책임도 커지기 때문이다.

그들이 가져야 할 '최소한의 가이드라인' 이란 '블로그를 통해 공개하지 못할 대가나 협찬은 받지도 말자' 는 것이다. 기자의 촌지수수나 공짜 해외여행이 독자들 모르게 이뤄지는 것도 그것이 떳떳하지 못하기 때문이다. 떳떳하다면 공개하지 못할 이유가 없다.

예컨대 나는 신문사 기자라도 (촌지는 어떤 경우에도 안 되지만)

기업이나 행정기관의 협찬이나 지원을 받아 해외 취재를 할 수 있다고 생각한다. 시민단체가 정부의 지원을 받아 프로젝트를 수행하는 것도 마찬가지다. 다만 그것이 충분히 공익에 도움을 주는 가치 있는 일이고 내용이 알찼을 경우에서이다. 그게 충족된다면 시민의 세금 일부가 기자의 해외취재에 지원된다 하더라도 비난받을 일은 아니라는 것이다.

문제는 대개 공공의 예산이나 기업의 협찬으로 이뤄지는 기자들의 해외취재가 오히려 공공의 이익에 반하거나 내용없는 유람성 여행으로 끝나는 경우가 대부분이라는 것이다. 기자들도 스스로 그런 문제가 있음을 알기 때문에 떳떳하게 공개하지 못하는 것이고, 그게 알려졌을 때 비난을 받는 것이다.

블로그도 마찬가지다. 지원이나 협찬을 받아 쓴 글이라는 사실을 공개하지 못한다는 것은 스스로 떳떳하지 못함을 인정하는 것이다. 그런 떳떳하지 않은 일들이 공개되지 않은 상태로 만연돼 '공공연한 비밀' 이 되었을 때, 전체 블로고스피어의 신뢰성은 한순간에 추락해버릴 수도 있다. 마치 프로레슬링이 짜고 치는 고스톱이란 소문 때문에 그렇게 되었듯이….

따라서 스스로 떳떳하다면 반드시 그 사실을 글 속에서나 글머리 또는 글꼬리에 어떤 지원이나 협찬을 받았는지를 공개하자. 그건 독자에 대한 기본 예의이며, 알 권리를 보장하는 것이다. 글의 내용으로 지원과 협찬의 정당성을 평가받아 보자.

언론시민단체, 이젠 뉴미디어운동 나서라

2009. 10. 9

나와 경남민주언론시민연합(경남민언련)은 아마도 애증의 관계인 것 같다. 아니 경남민언련이라는 자리에 시민단체라는 말을 넣어도 되겠다. 기자 노릇을 해오면서 적어도 시민단체보다는 더 정의롭고 깨끗해야 한다는 경쟁의식을 은연중에 품고 살아온 것 같다. 특히 경남민언련은 언론을 상대로 한 운동단체였기에 더 그랬던 것 같다.

나는 또한 시민단체와 관계에서 나름대로 이런 원칙을 갖고 있다. 첫째, 웬만하면 회원으로 가입하여 회비 후원이라도 한다. 둘째, 회원이 되더라도 의사결정에 주요한 영향을 미치는 간부직은 맡지 않는다. 셋째, 내가 회원인 시민단체라도 문제가 있을 땐 기사를 통해 비판할 수 있어야 한다.

이런 원칙 때문에 한때 이런저런 단체 사람들로부터 '회원이 그럴 수 있느냐' 는 욕을 듣기도 했다. 지역의 한 시민단체가 행정기관의 예산지원을 받아 해외 시민운동 견학을 떠났는데, 그걸 살짝 꼬집는 기사를 썼다가 당한 일이었다. 그 일 이후 그 단체에는 자의반 타의반으로 탈퇴하고 말았지만, 어쨌든 지금도 월 5000원 내지 1만 원씩 회비를 내는 시민단체가 10여 개쯤 된다.

그러나 경남민언련에는 애초부터 회원으로 가입조차 하지 않았다. 그것도 내 나름대로의 원칙 때문이었는데, 민언련의 감시와 비판을 받아야 할 현직 기자가 회원이 되는 것은 뭔가 맞지 않다는 생각이었다.

그런데 어느 날 아내가 말했다. 구체적으로 무엇이었는지는 기억이 잘 나지 않지만, 뭔가 민감한 사회현안에 대해 다른 시민단체들이 짐짓 모른 척하고 있을 때 경남민언련이 용감하게 문제제기를 했던 것 같다. "이런 일에 시민단체가 나서 싸워야지, 다른 시민단체들은 도대체 뭘 하고 있는지 모르겠어. 민언련이 그나마 제일 낫네? 나 민언련 회원가입 해야 할까 봐." 아내는 자기도 시민단체 직원이면서 그렇게 말했고, 실제 민언련에 회원가입을 했다.

아내의 말처럼 경남민언련은 언론 문제뿐 아니라 다른 시민단체들이 지나치게 민감하다는 이유로, 또는 너무 급진적이라는 이유로 나서지 않는 현안들에 대해서도 거침없이 발언하고 연대하고 투쟁해온 단체였다. 마산에서 벌어진 조두남 · 이은상 기념관 반대투쟁도 그랬고, 각종 노동탄압과 사학비리 등에 대해서도 적극적으로 개입해왔다. 최근에도 마산 수정만 STX 조선기자재 공장 문제라든지, 거창 북상초교 교장공모제를 둘러싼 갈등, 공무원노조 탄압 등에 대해 계속 개입해오고 있는 것 같다.

좋은 일이고, 잘하는 일이기도 하다. 하지만 기자 입장에서 볼 때 좀 아쉬운 점도 있다. 이름 그대로 '민주언론'을 위한 운동에 더 전념해줬으면 좋겠는데, 그런 연대활동이 워낙 많아서인지 본연의 언론운동에 약간 소홀해진 부분은 없는지도 되돌아봤으면 좋겠다는 것이다.

예컨대 이명박 정권 들어 지역언론이 더 죽을 맛이다. 민언련과 언론노조, 학계가 힘들여 제정했던 지역신문발전지원법도 빨리 개정하지 않으면 내년에 폐지된다. 정부광고도 서울지역일간지, 그중에서도 조 · 중 · 동에 몰아주려고 하고 있다. 언론악법으로 신문사 간 복수 소유를 허용함으로써 서울지역 일간지의 지역신문시장 진출이 곧 본격화될 전망이다. 신문, 방송 겸영 허용으로 조 · 중 · 동의 종합편성채널 또는 보도채널 진출도 코앞에 있다.

이런 와중에 그동안 비교적(다른 지역에 비해) 깨끗했던 경남에도 별의별 사이비신문과 사이비기자들이 준동하고 있다. 엊그제도 진주에서 서울에 본사를 둔 '듣보잡 신문사'의 사이비기자들이 무더기로 경찰에 적발됐다.

지방자치단체의 광고(또는 공고) 배정에 대한 기준도 제멋대로이다 보니 지자체 예산이 사이비신문에 영양제의 역할을 하고 있다는 문제도 여전히 상존하고 있다. 이 문제의 경우 지역신문발전지원법에 따른 지원 대상 자격조건을 적용해 그 자격에 미달하는 신문사는 정부나 지자체, 공기업의 광고를 주지 않도록 훈령이나 지침만 만들어도 간단히 해결될 수 있다는 주장을 끊임없이 해오고 있지만 정부와 지자체는 모르쇠로 일관하고 있다.

이런 산적한 지역언론계의 문제에 대해 언론전문 시민단체인 경남민언련이 나서서 언론현업인단체와 함께 토론하고 고민하며 대안을 만들어 운동으로 발전시켜줬으면 좋겠다는 바람을 갖고 있다.

과거 한동안 벌여온 연감 강매 근절운동이라든지, 조중동의 신문 불법경품 신고대행센터 운영도 요즘은 좀 시들해진 느낌이다. 그런 문제들이 해결된 것은 아닐진대 시들해진 것은 아무래도 주관 단체의 의지가 약해진 탓이 아닐까 하는 생각도 든다.

무엇보다도 이런 문제들이 1~2년, 길어도 3년 내 해결되지 않으면 현재의 지역신문은 모두 사라질 가능성이 높다는 것이다. 그렇게 되면 고작 10~20여 명의 현지 주재기자와 영업직원만으로 운영되는 서울일간지의 지역계열사가 지역 신문시장을 장악하게 된다. 이른바

'경남조선일보', '경남중앙일보'가 현재의 지역신문을 대체할 거란 이야기다.

물론 그런 상황이 되어도 경남민언련이 할 일이 없어지는 것은 아니겠지만, 그만큼 존재이유는 반감될 수밖에 없을 것이다. 따라서 경남민언련이 진정한 지방자치와 풀뿌리민주주의를 바란다면 지역언론을 지켜내는 일부터 해줬으면 좋겠다는 것이다.

물론 그동안 경남민언련이 해왔던 언론개혁운동의 성과도 적지 않다. 관언유착의 고리로 지목되어왔던 '계도지(주민홍보지)'를 전국에서 가장 먼저 폐지시켰던 것도 경남민언련과 《경남도민일보》의 공조에 의해 가능했던 일이었다.

마찬가지로 노무현 정부의 기자실 개혁보다도 훨씬 먼저 경남의 자치단체 기자실을 개방형 브리핑룸으로 바꿔내고, 시민 누구나 그곳을 기자회견장이나 억울함을 호소할 수 있는 공간으로 만들어낸 것도 경남민언련의 공로였다.

그런 경남의 앞선 언론개혁 성과들은 전국적으로 계도지 폐지운동과 기자실 개혁운동이 확산되도록 하는 데 큰 역할을 했다. 아마 모르긴 몰라도 노무현 정부 시절 정부부처의 기자실 개혁도 경남의 기자실 개혁이 모티브가 되었을 가능성도 크다.

적어도 경남의 신문 3사(경남도민일보, 경남신문, 경남일보)만큼은 선거 때 노골적인 편파 · 왜곡보도를 할 수 없는 분위기를 만들어낸 것, 무분별하고 공공연하게 이뤄지던 공짜 해외취재 관행이 물밑으로 자취를 감춘 것 등도 경남민언련이 없었다면 가능하지 않았을 것이다.

그리고 한 가지 더 바람이 있다면 경남민언련이 웹2.0시대 시민미디어('시민기자'를 한 단계 뛰어넘은) 운동에도 좀 더 적극적으로 나서줬으면 하는 것이다. 물론 경남민언련도 자체적으로 블로그를 운영하고는 있지만, 지금 세계의 미디어환경은 상상을 초월할 정도로 빠르게 변화하고 있다. 예전에는 '시민도 기자가 될 수 있다'는 게 하나의 진보로 여겨졌지만, 지금은 '모든 시민이 미디어를 직접 소유하고 운영할 수 있다'는 개념으로 바뀐 것이다. 시민이 소유하고 운영하는 미디어가 바로 블로그와 트위터 등 소셜미디어네트워크다.

시민운동도 이제 이러한 시대의 변화에 발맞춰 '시민운동2.0'을 개척해야 할 때가 되었다고 본다. 즉 성명서나 논평, 기자회견을 통해 기존 언론에 단체의 주장과 활동이 보도되길 기대하는 수준에서 나아가, 시민 한 사람 한 사람이 직접 자신의 개인미디어를 소유하고 적극적으로 발언할 수 있도록 도와주는 역할을 경남민언련이 해줘야 한다는 것이다. 그러기 위해서는 이미 그 효용성와 약발의 한계가 드러난 UCC 동영상 교육이나 시민기자 양성교육 등에 더 이상 매달리지 말고, 앞서가는 시민미디어교육에 나서야 한다는 말이다.

경남민언련은 그야말로 '언론' 시민단체이다. 그렇다면 언론분야에서 가장 전문성을 갖춰야 할 단체다. 과거의 올드미디어 환경에서는 경남민언련의 전문성이 흠잡을 데가 없었을 수 있다. 하지만 급변하는 뉴미디어 환경에서도 경남민언련이 과연 걸맞은 전문성을 갖추고 있는지는 자문해봐야 할 때가 바로 창립 10년을 맞는 지금인 것 같다. 향후 20주년이 되는 해에는 경남민언련이 시민미디어를 기반으로 한 직접민주주의를 실현시킨 단체로 우뚝 서기를 바란다.

한국의 10 · 20대가 블로그를 모르는 까닭

2009. 11. 27

시민단체나 언론사 초청을 받아 블로그에 대한 강의를 하러 다녀보면 청중이 주로 30 · 40대 장년층이며 50대 이상도 적지 않음을 알 수 있다.

가끔 대학의 언론 관련 학과나 대학신문 · 방송사 기자들을 대상으로 강의를 하는 경우도 있는데, 인터넷에 가장 익숙할 것 같은 20대 학생들이 의외로 블로그를 잘 모른다는 사실을 확인하고는 적잖이 놀라게 된다.

물론 대학생들도 대개 네이버 블로그나 싸이월드의 미니홈피는 갖고 있지만, 소셜미디어로서 블로그를 어떻게 활용하는 건지를 아는 학생이 거의 없다는 말이다. 그들의 블로그나 미니홈피는 개인 일기장이나 좋아하는 연예인 사진을 펌질하는 용도에 머물러 있었다. 중고등학교의 방과후 학교나 진로에 관한 강의를 하러 가본 적도 있는데, 역시 마찬가지였다.

실제 각종 메타 블로그 사이트에서 10 · 20대가 운영하는 블로그를 보기란 쉽지 않다. 한국의 블로고스피어는 30 · 40대가 주류를 이루고 있고, 50대 이상의 진입도 갈수록 늘고 있는 추세다. 이는 한국의 블로그 관련 각종 통계와도 일치한다.

물론 여기에는 여러 가지 이유가 있을 것이다. 학업과 취직이 당면 과제인 10 · 20대에겐 블로그를 꾸준히 운영할만큼의 심적 · 시간적 여유가 없어서일 수도 있고, 아직은 사회에 대한 관심이 낮아서일 수도 있다.

또한 우리나라의 경우 공적 네트워크인 블로그보다 개인과 개인 간의 사적 네트워크인 미니홈피가 앞서 대중화했던 것도 원인일 수 있다. 즉 미니홈피를 이미 경험했거나 익숙해진 세대에겐 '1촌'을 넘어선 공개적인 글쓰기가 부담스럽다는 것이다.

뿐만 아니라 포털로서는 우리나라에 가장 먼저 블로그를 도입했고 가장 많은 가입자를 갖고 있는 네이버 블로그가 미니홈피의 '1촌'과 비슷한 '이웃블로그' 기능을 제공했고, '스크랩' 기능을 통해 펌질을 권장하는 정책을 쓴 탓도 크다고 본다. 그래서 우리나라에선 아직도 블로그를 미니홈피의 또 다른 버전으로 오해하는 사람이 많고, 유난히 펌질 블로그가 많다고 보는 것이다. 네이버에 블로그를 갖고 있는 사람들 대부분이 블로그의 핵심 기능인 RSS를 잘 모르거나 메타사이트를 활용하지 못하는 것도 그런 데서 연유한다고 본다.

어쨌든 나는 한국의 10·20대가 블로그를 활용하지 못하는 데 대해 안타깝게 생각하는 사람이다. 특히 10대에게는 블로그가 글쓰기 능력과 논리적 사고력 등을 길러 대학입시에서 논술 실력을 갖추는 데 더없이 유용한 도구임에도 여기에 주목하는 이는 별로 없는 것 같다. 논술뿐 아니라 자기가 공부하면서 새로 알게 된 내용을 블로그에 정리해 올리면 복습 효과뿐 아니라 가장 효과적인 학습노트가 될 수도 있다. 또 그렇게 축적된 학생들의 블로그는 이후 입학사정관제가 정착되었을 때 아주 중요한 평가자료가 될 수도 있을 것이다.

블로그는 입학사정의 중요한 실적자료다

2009. 11. 28

앞에서 한국의 10대와 20대가 블로그를 잘 활용하지 않는 데 대한 안타까움을 이야기한 바 있지만, 나는 블로그가 학생들에게도 아주 유용한 학습 도구가 될 수 있다고 생각하는 사람이다.

또한 인터넷이 발전하면 할수록 어차피 웹을 통한 사회적 인맥(소셜 네트워크) 구축의 중요성이 높아질 수밖에 없고, 웹을 통한 자기표현 능력 또한 사회생활에서 필수요소가 될 것이다.

따라서 학생 때부터 블로그를 통해 정보를 나누고 자기 생각을 표현하는 데 익숙해진다는 것은 장차 그들이 주도해야 할 미래사회에 성공적으로 안착하기 위해서도 반드시 필요한 과정이다.

뿐만 아니라 당장 현실적으로도 대학입시에서 논술의 중요성이 높은데다, 입학사정관제 또한 확대되고 있는 상황에서 학생들의 블로그 운영은 크게 도움이 된다. 즉 논술에서 필요한 논리적인 사고력 향상과 글쓰기 실력을 키우는 데 블로그만 한 도구가 없다. 또한 학생의 블로그에 축적된 각종 정보와 자료는 입학사정관의 평가에서도 아주 좋은 포트폴리오(실적 자료)이자 성장 기록이 될 것이다.

그래서 나는 2008년 3월 중학교에 입학한 아들녀석에게 블로그를 권했다. 티스토리에 블로그를 만들어주면서 블로그 주소를 정하는 것과 필명을 짓는 것, 그리고 블로그 스킨도 자신이 택하도록 했다. 블로그 이름은 녀석이 선뜻 정하지 못하고 망설이기에 "그냥 태윤이의 놀이터라고 하면 되지"라고 말해줬더니 그렇게 했다.

우선 녀석이 블로그에 너무 부담을 갖지 않도록 하는 게 중요했다.

“너 어차피 책 읽고 나면 선생님에게 제출하는 독서노트 썼잖아. 이제 중학생이 되었으니 공책에 쓰는 대신 블로그에 써봐.”

그리곤 ‘태윤의 독서노트’ 라는 카테고리를 만들어줬다. 또한 ‘즐거웠던 일’ 과 ‘짜증났던 일’ 이란 카테고리도 함께 생성해줬다.

드디어 2008년 3월 30일, 녀석이 처음으로 블로그에 글을 썼다. ‘〈아인슈타인처럼 생각하기 1〉을 읽고’ 라는 글이었다. 글은 굉장히 짧았다. 딱 일곱 문장이었다.

지금은 고등학생이 된 김태윤 블로그

나는 어머니께서 갖다주신 〈아인슈타인처럼 생각하기1〉을 보았다.

그 책에는 내가 알지 못하는 지식이 많이 들어 있었다.

과학은 너무 재미있는 것 같다.

나도 커서 아인슈타인처럼 지능을 높여서 이런 책을 많이 내고 싶다.

물론 쉽게 되지는 않겠지만… 최대한 노력하겠다.

그래서 꼭 유명한 과학자가 되겠다.

자신감을 갔자! 나는 꼭 유능한 과학자가 될 수 있을 것이다!

약간 아쉬움이 많은 글이었지만 칭찬을 해줬다. "잘 썼네. 그래 그렇게 쓰면 되는 거야." 그리곤 이렇게 댓글을 달아줬다. "글 잘 썼는데, 맨 마지막 줄 '자신감을 갔자' 에서 '갔자' 는 '갖자' 의 잘못된 표현인 것 같다."

같은 날 녀석은 '즐거웠던 일' 카테고리에도 '오늘 내 블로그를 만들었다' 는 글을 썼다. 그 글은 여덟 문장이었다.

나는 오늘 아버지께서 블로그로 초대를 해주셨다.

그래서 나는 나의 블로그를 만들 수 있었다.

바탕색은 검은색으로 하였지만 아버지께서는 검은색을 하는 것을 싫어하셨다.

그래도 나는 검은색으로 하였다.

정말 멋있었다. 나의 네이버블로그보다 훨씬 멋있었다.

나는 오늘 만든 블로그에 내가 쓴 독서기록을 게시물로 올리기로 하였다.

아버지께서도 그 말에 찬성하셨다.

나는 정말 즐거웠다.

녀석에게 블로그 글쓰기에 대한 재미와 동기부여 차원에서 글 한 건을 올리면 무조건 1000원씩 용돈을 주겠다고 약속했다. 지금도 녀석은 글을 올린 날이면 내가 퇴근하자마자 손을 내민다.

다음 뷰와 믹시 등 메타블로그에도 글이 송고될 수 있도록 RSS 등록을 해줬다. 글이 30건 이상 누적된 후에는 다음 애드클릭스와 구글 애드센스 광고도 붙여줬다. 다음 뷰 베스트 글에 오르면 특별 상금으로 1만 원을 주겠다고 했다.

그 후 녀석이 2009년 11월까지 총 20개월 동안 141건의 글을 썼으니, 건당 1000원씩 받은 용돈만 해도 14만 1000원이다. 또한 다음 뷰에서 보내는 계정을 바꾸는 바람에 기록에는 7건만 남아 있지만, 실제론 총 14건이 베스트에 걸렸으니 그 상금도 14만 원이다. 애드클릭스는 총 3000원, 애드센스는 15달러 정도 수익이 누적되어 있다. 녀석은 20개월 동안 약 30만 원 정도를 번 셈이다. 그동안 누적 방문자 수는 10만 명에 육박하고 있다. 독서노트나 영화, 드라마, 학습방법 등에 대한 검색으로 유입되는 수도 꾸준히 이어지고 있다.

물론 어릴 때부터 아이에게 '돈 맛(?)'을 보여주는 건 바람직하지 않다는 견해도 있을 수 있다. 그렇게 생각하시는 분은 다른 보상을 해줘도 좋다. 하지만 나는 그렇게 생각하지 않는다. 어차피 엄마가 주는 용돈이 충분하지 않은 상태에서 자신의 노력으로 용돈을 벌게 하는 것도 교육적으로 나쁘진 않다는 것이다.

틀린 글자나 잘못된 띄어쓰기가 보이면 그때그때 지적해주고 스스로 고치도록 했다. 틀린 문장도 그렇게 고쳐줬다. 자연스레 '첨삭지도'가 된 셈이었다. 녀석의 글쓰기 실력은 나날이 좋아졌다. 요즘은 200자 원고지 7~8매 분량의 글을 30분 만에 작성할 정도로 속도도 빨라졌다. 맞춤법이나 띄어쓰기도 눈에 띄게 좋아졌다. 무엇보다 글쓰기에 대한 두려움과 부담이 사라졌다는 것도 큰 성과다. 제목도 스스로 알아서 척척 잘 붙이는 단계가 됐다.

녀석에게 어떻게 글을 그렇게 빨리 쓸 수 있느냐고 물었더니 "뭘 쓸지 생각하는 시간은 좀 걸려요. 그런데 생각을 하고 나면 글 쓰는 것은 쉬워요"라고 대답했다.

어느 정도 탄력이 붙고 나니 녀석은 텔레비전 드라마나 오락프로그램을 보고 난 후기도 블로그에 올리기 시작했다. 그래서 'TV와 영화보기' 카테고리도 만들어줬다. '즐거웠던 일' 이나 '짜증났던 일' 에 해당되지 않는 글은 '태윤이의 생각' 이라는 카테고리에 썼다.

그러던 중 녀석이 다니던 학원을 끊고 혼자 스스로 공부를 해보겠다고 선언했다. 녀석의 의견을 존중하면서 한 가지 약속을 받았다. 혼자 알아서 공부하는 대신 반드시 그날 뭘 공부했는지를 짧게나마 블로그에 올리기로 한 것이다. (카테고리는 '알게 되는 즐거움') 그랬더니 두 가지 효과가 나타났다. 블로그에 올리기 위해서라도 반드시 공부를 해야 했고, 그 내용을 글로 올리는 과정에서 저절로 정리와 복습이 되었던 것이다.

아래는 녀석이 최근에 혼자 공부한 결과에 대해 쓴 글이다.

2009/10/22 오랜만에 집에서 공부해봤더니…

2009/10/26 EBS를 들으니 문제풀기가 쉬워졌다

2009/10/27 역시 사회 과목은 흐름을 이해해야 쉽다

2009/10/27 역시 수학을 위해 학원을 다녀야겠다

2009/10/30 영어 최상급 공부가 조금 어려웠다

2009/10/31 공부, 새로운 것을 알게되는 즐거움

2009/10/31 EBS 선생님의 실수하는 모습을 보고…

2009/11/01 나에게 영어를 쉬운 과목으로 만들겠다

2009/11/03 공부는 외우기보다는 이해해야 한다

2009/11/05 우리와 나의 모습에 대해 배우는 즐거움

2009/11/08 수학공부, 어렵지만 열심히 하겠다

2009/11/08 이상하게 해석해서 더 잘 외워졌다

2009/11/10 잘못 알았던 것을 바르게 알았다

2009/11/12 공식의 중요성을 깨달았다

2009/11/14 주말에 학원 가서 공부를 했다

2009/11/15 쉽게 외우는 요령을 터득했다

2009/11/17 도서관에서 친구들과 먹는 컵라면의 맛

녀석은 그렇게 한 달을 해보더니 "수학과목만큼은 학원에 다시 다녀야겠다" 고 말했다. 그래서 요즘은 이틀에 한 번 학원에 간다. 학원 가는 날은 피곤하니 블로그에 글을 올리지 않아도 좋다고 말해주었다. 그러나 녀석은 가끔 학원에서 공부한 내용도 블로그에 올린다.

녀석의 블로그에 찾아와 격려 댓글을 달아주는 단골 방문객들도 생겼다. 어린 학생이 기특하다고 생각해서인지 악플은 거의 없다.

나는 녀석의 블로그가 4년 후 대학입시에서 입학사정관제로 학생을 선발하게 될 때 중요한 성장기록물로 제출될 수 있을 것임을 믿어 의심치 않는다. 어떤 이는 '과연 그게 자신의 블로그임을 입증할 수 있을까' 라는 우려를 제기하기도 하지만, 블로그에 생생하게 남아 있는 개인의 다양하고 세밀한 삶의 기록을 보면 아무리 의심하려야 의

심할 수가 없다. 그때쯤이면 누적된 글의 건수만 해도 500건에 이를 텐데, 그걸 벼락치기로 만들 수 있는 사람도 없을 것이다.

1인미디어, 동네밀착형 뉴스로 뜬다

2009. 12. 17

지역 블로거들의 힘이 정말 대단하다. 지난 7월 초 '천부인권' 이라는 필명을 쓰는 창원의 강창원(49) 씨가 '190ml 빗물에 무너진 창원시 생태하천' 이라는 글을 올려 지역신문과 방송이 놓친 뉴스를 이슈화한 것을 비롯, △중학교의 강제 우유급식 문제 △마산시의 옛 한국은행 터 매입 특혜 논란 △학교 그린마일리지 카드제도 도입 논란 등도 모두 블로거들이 의제화시킨 것들이다.

이 덕분에 창원시는 생태하천 공사를 전면 재검토하기 위해 민관합동위원회를 만들기로 했고, 강제 우유급식은 학부모 희망조사를 거치게 되었으며, 마산시의 옛 한국은행 터 매입은 보류되었다.

'창원시 생태하천' 으로 블로그 특종을 했던 '천부인권' 은 최근 또다시 지역신문 기자들을 따돌리고 그야말로 '동네밀착형 특종' 을 날렸다. 지난달 15일 자신의 블로그에 올린 '비닐하우스 속 작은 음악회' 가 그것이다.

창원시 봉림동의 한 비닐하우스 농원(주인 최두영)에서 매월 둘째 주 토요일 저녁 6시 30분에 열리는 동네주민들의 음악회 소식을 전한 글이었다. 이 글은 포털 다음에서 고작 28회의 조회수에 그쳤으나 '1인미디어 지역공동체' 를 표방하는 '갱상도블로그' 에서 320회의 조회수를 기록하면서 주목을 받았다.

결정적으로 다음 날《경남도민일보》20면에 이 글이 다시 실리면서 KBS와 MBC 등 지역방송사에서도 관심을 갖기 시작했다.

우선 마산MBC 라디오 프로그램인 '좋은 아침' 에서 취재를 나왔다. 이 프로그램은 지난 14일 오전, 약 10분에 걸쳐 봉림동 비닐하우스 음악회를 자세히 소개했다.

이어 KBS창원의 TV프로그램인 '생생투데이 사람과 세상' 에서도 지난 11일과 12일 이틀에 걸쳐 풀빛마당의 작은음악회를 취재해 갔다.

이처럼 지역 1인미디어들의 활약이 두드러짐에 따라 전국을 방송권역으로 하는 시사프로그램에서도 관심을 갖기 시작했다. KBS 1TV '미디어 비평' 제작팀은 이달 말 '갱상도블로그' 를 무대로 활동하는 1인 미디어들을 취재하고 싶다고 연락해 왔다. '미디어 비평' 제작팀은 '천부인권' 등 지역 블로거들의 특종 사례와 매월 열려온 블로그 강좌와 간담회 등을 취재해 전국적인 모범사례로 소개할 예정이다.

'천부인권' 강창원 씨는 "사실 2007년 4월부터 블로그를 운영해 왔지만, 1인 미디어로서 사회적 영향력을 발휘할 수 있음을 알게 된 것은 '갱상도블로그' 에 참여하면서부터였다" 며 "비록 우리 동네의 작은 이야기라도 그걸 블로그를 통해 알리면 뉴스가 된다는 것을 실감하고 있다" 고 말했다.

한편 '갱상도블로그' 는 지난 8일부터 15일까지 2009년 최고의 블로그에 대한 인터넷 투표를 통해 △대상 이윤기 △우수상 천부인권(강창원) △장려상 구르다(이종은)의 블로그를 선정했으며, 오는 23일 시상식을 연다.

신문과 방송이 침묵하면 블로그가 외친다

2009. 12. 31

회사원 최 모씨는 지난 24일 밤 12시께 황당한 일을 겪었다. 음주단속 경찰관들의 눈앞에서 뺑소니 사고가 났는데 추격할 생각은 않고 오히려 피해자에게 '가서 잡으라' 고 했다는 것이다.

이날 최 씨는 여자친구와 함께 승용차를 몰고 마산시 양덕동 홈플러스에서 석전사거리 쪽으로 주행하던 중 음주단속을 하고 있던 경찰관들을 발견하고 차를 세웠다. 순간 옆 차로에서 뒤따라 오던 아반떼 승용차가 음주단속을 위해 세워둔 차단시설을 충격하고 이어 최 씨의 차량 후문을 들이받았다.

단속 중인 경찰관들도 바로 눈앞에서 이 장면을 목격했다. 사고 직후 피해자는 물론 가해차량 운전자도 차에서 내렸다. 최 씨는 증거를 위해 현장을 촬영하려 했다. 그러나 경찰 지휘관으로 보이는 간부는 '뒤에 차가 많이 밀리니 일단 차량을 우측 편으로 빼라' 고 말했다. 이 때문에 차를 빼는 동안 가해차량은 경찰이 보는 앞에서 도주해버린 것이다.

더 황당한 것은 뺑소니 차량이 전방 50m 앞 신호등에 멈춰 있는 동안에도 경찰은 추격할 생각은 하지 않고 피해자인 최 씨에게 '가서 잡으라' 고 말했다는 것이다.

최 씨는 "경미한 추돌사고이긴 했지만, 가해차량이 도주한 것으로 보아 음주상태였을 가능성이 높은데도, 경찰은 뻔히 보고서도 추격하지 않았다" 고 분개했다. 그는 특히 사고 후 자신이 직접 112에 신고하여 마산 동부경찰서에서 조사를 받는 과정에서 조사 경찰관들 역시 동료 경찰관을 두둔하는 데 급급했다고 말했다.

과거 같으면 이런 일을 겪어도 혼자 분을 삭이거나 언론사에 제보해보는 수밖엔 없었을 것이다. 제보를 해도 언론사가 써주지 않으면 그만이다. 최 씨와 그의 여자친구는 다른 방법으로 이 문제를 공론화하기로 했다.

여자친구는 직장동료의 아내가 블로그를 운영하고 있다는 사실을 알고 그에게 도움을 요청했다. 사고 현장을 묘사한 그림도 메일로 보내주었다. 또한 최 씨는 경찰청 인터넷 홈페이지에도 이 같은 사연을 올렸다.

이 이야기를 들은 블로거 조정림 씨는 이튿날인 25일 오후 자신의 블로그에 '경찰아저씨, 시민들에게도 총과 수갑을 주세요' 라는 글을 올린 후, 메타블로그인 경남도민일보 갱상도블로그와 포털 다음에 송고했다.

다음에서는 조회수가 56회에 그쳤지만, 갱상도블로그에선 400명이 넘는 네티즌이 이 글을 읽었고 일부는 경찰을 성토하는 댓글을 남겼다.

바로 다음 날, 최 씨는 경찰서 간부로부터 전화를 받았다. 잘못을 인정하고 사과한다는 내용이었다. 현장 지휘관이었던 경찰 간부도 사과 전화를 걸어왔다. 경찰은 상황 대처가 소홀했음을 인정하고 최 씨의 승용차 수리비 전액을 부담하겠다고 약속했다. 또한 뺑소니 차량에 대해서도 수배 조치를 취했으며, 경찰관의 직무소홀에 대한 감찰 조사도 진행 중이다.

최 씨는 "사과 전화를 해온 경찰이 인터넷의 글을 내려줄 것을 부탁했지만, 엄연한 사실에 대한 기록인 만큼 지우거나 내릴 생각이 없다는 뜻을 분명히 전했다" 고 말했다.

이 과정에서 기존의 신문과 방송은 아무런 역할도 하지 않았다. 블로그의 글을 보고 조정림 씨에게 연락이 온 언론사는 지역의 케이블방송사뿐이었다.

이처럼 블로그가 기존 언론의 역할을 대체하는 사례가 늘고 있다. 블로거 이윤기 씨는 최근 엉터리로 시공된 점자 보도블록을 지적하는 글을 블로그에 올렸다. 그리고 며칠 뒤 자신이 지적한 도로의 점자 보도블록이 다시 시공, 설치돼 있는 것을 발견했다. 해당 관청에서 블로그의 지적을 보고 급히 보수한 것이었다. 이 과정에서도 기존 언론의 역할은 없었다. 이윤기 씨는 동료 블로거인 강창원(천부인권) 씨와 함께 다시 시공된 점자블록조차 엉터리라는 점을 추가로 제기하고 있다.

뿐만 아니라 지난 11월 20일 미국령 사이판에서 벌어진 총기난사 사건 피해자의 안타까운 사연이 《경남도민일보》에 보도된 후, 이 문제 해결을 촉구하는 블로거들의 릴레이 보도가 확산되고 있다. '한사의 문화마을' 과 '고재열의 독설닷컴' , '땅아래' 등 국내 파워블로그는 물론 해외에서 활동 중인 '바누아투에서 행복찾기' , '나의 네덜란드 이야기' 등도 한국정부와 사이판정부, 여행사의 성의 있는 대응을 촉구하는 글을 잇따라 올리고 있다. 이런 블로거들의 활약에 힘입어 《국민일보》와 《시사인》이 다시 이 문제를 제기하는 등 블로거와 기존 언론이 서로 협업하는 모습도 나타나고 있다. 이 문제의 해결을 촉구하는 다음 아고라 청원 서명도 1300명이 넘었다.

이런 사례에서 보듯 블로거들은 동네밀착형(하이퍼로컬) 보도나

부당하고 억울한 일을 바로잡는 데 기존 언론보다 큰 강점을 나타내고 있다. 기존 언론이 이 분야에서 제 역할을 못할수록 1인 미디어의 역할과 힘은 더욱 커질 수밖에 없을 것으로 보인다.

우리가 무료 블로그강좌를 시작하는 이유

2010. 4. 10

기술이 발달하고 산업이 고도화하면 '글쓰기 능력' 따위는 별로 필요하지 않을 것이라 생각한 사람들도 있을 것이다. 처음 컴퓨터가 나왔을 때, 굳이 자판을 두드리지 않아도 말만 하면 음성을 인식하는 기술이 나올 거라고 기대한 사람들이 많았던 것도 같은 맥락일 것이다.

하지만 인터넷이 삶의 필수도구가 되면서 사람들의 그런 기대와는 반대로 글쓰기 능력은 현대인의 사회활동에서 필수적인 요소가 되어버렸다.

텔레비전과 신문 등이 일방향적 수용매체였던 데 비해 인터넷은 쌍방향일 수밖에 없는 특성을 갖고 있다. 따라서 글을 통한 소통능력이 없는 사람은 사회생활을 영위할 수 없는 상황이 되어버린 것이다. 당장 편지만 해도 예전엔 한 달에 한두 번 쓸 일이 있었다면, 요즘은 전자편지(메일)를 하루에도 몇 통씩 써야 하는 시대가 되어버렸다.

지금도 이미 그렇지만, 앞으로는 기업에서 인재를 채용할 때도 인터넷을 통한 소통능력, 즉 인터넷 글쓰기 능력과 소셜미디어 활용능력이 주요한 기준이 될 것이다.

그러나 글쓰기 능력이란 벼락치기 시험공부처럼 해서 갖춰질 수 있는 게 아니다. 남의 글을 많이 읽고, 많이 생각하며, 많이 써봐야 한다. 그러는 중에 서서히 갖춰지는 게 글쓰기 능력이라는 것이다.

그런 점에서 블로그만큼 글쓰기와 논술실력 향상에 도움이 되는 도구가 없다. 블로그를 하다 보면 저절로 남의 글을 많이 읽게 되고, 생각도 깊어지게 된다. 또한 자신의 블로그 포스팅을 통해 자연스럽게 글쓰기 훈련이 되는 것이다.

특히 블로그는 익명으로 운영이 가능하므로 처음부터 자신의 이름을 내걸고 생각을 표현해야 한다는 부담이 없다. 따라서 자신의 생각을 드러낸다는 데 대한 두려움이나 거부감을 상당 부분 제거한 상태에서 글쓰기가 가능하다.

하지만 불행하게도 지금의 아버지 · 어머니 세대에게 인터넷이나 소셜미디어, 블로그는 어릴 때부터 익숙했던 도구가 아니다. 아이들을 가르치는 학교의 선생님들도 마찬가지다. 그러다보니 아이들에게 블로그 글쓰기나 소셜미디어 활용능력을 길러줘야 한다는 필요성을 느끼는 분들이 그리 많지 않다. 스스로가 잘 모르니 아이들에게 가르칠 수도 없다.

그래서 경남의 블로그 연구단체인 '경남블로그공동체(경남블공)' 가 자체 예산으로 시민을 위한 무료 블로그 강좌를 매월 열기로 했다. 지난 2009년 한국언론진흥재단으로부터 우수연구모임으로 선정돼 받은 100만 원의 상금이 종잣돈이 됐다. 강사는 경남블공 회원들이 돌아가면서 맡게 된다.

첫 무료 시민강좌는 4월 20일(화) 오후 7시 창원시 봉곡동 경남정보사회연구소 교육장에서 열린다. 강사는 지역의 영상활동가이자 인터넷신문 기자 겸 블로거로 활약하고 있는 구자환 기자다.

그는 블로그를 운영하게 된 계기, 그동안의 블로그 운영 경험, 나름대로 터득한 블로그 운영 노하우, 그리고 블로그에 올리는 영상 촬영기법 및 편집 방법 등에 대해 1시간 가량 강의를 할 예정이다. 나머지 1시간은 경남블공 회원 및 수강생들과 간담회 방식으로 진행할 것이다.

블로거들이 후보자 합동인터뷰를 하는 이유

2010. 5. 6

몇 년 전 한국언론(진흥)재단에서 전국의 지역일간지 기자들을 상대로 강의를 할 때였다. 두 시간짜리 강의였는데, 50분을 하고 10분간 휴식시간이었다. 강의를 듣던 기자들이 컴퓨터가 설치된 옆방으로 우르르 들어갔다. 뭘 하는지 봤더니 검색창에 내 이름 석 자를 쳐 넣고 있었다. 도대체 자기들 앞에서 강의를 하고 있는 자가 어떤 인물인지 궁금했던 게다.

요즘 사람들은 궁금한 게 있거나 필요한 정보를 찾으려 할 때 자연스레 인터넷을 연다. 그리곤 포털 검색창에 원하는 정보의 키워드를 친다. 관심 있는 연예인의 근황이나 10년 전 헤어진 연인의 소식이 궁금할 때도 그렇게 한다.

마찬가지로 이번 지방선거에 출마한 우리동네 후보자가 누군지 궁금하거나, 오늘 길거리에서 명함을 받은 후보자가 대체 어떤 사람인지 알고 싶을 때도 인터넷에서 그의 이름을 검색해보면 된다. 만일 포털에서 그의 이름을 넣었는데도 아예 나타나지 않거나 정보가 빈약하다면 그야말로 '듣보잡'(듣도 보도 못한 잡스러운 인물을 뜻하는 인터넷 속어) 취급을 받게 된다.

이런 모습은 인터넷 이용자 수가 국내에만 4000만 명에 육박하는 시대에 너무나 당연한 것이다. 선거에 출마한 후보가 인터넷을 소홀히 여겨선 안 될 이유가 여기에 있다. 이런 시대에 우리가 지방선거 국면에서 해야 할 역할이 뭘까?

고민 끝에 생각한 것이 후보자들에 대한 블로거 합동 인터뷰였다. 블로거들이 후보 한 사람 한 사람을 인터뷰하여 그가 어떤 사람인지, 어떤 생각과 소신을 갖고 있는지, 정책과 공약은 뭔지를 기존의 신문·방송보다 소상히 취재해 궁금해하는 유권자에게 정보로 제공하자는 취지였다.

사람들은 특히 그냥 건조한 팩트만 전달하는 신문의 스트레이트 기사보다는 직접 만나본 사람이 전하는 후보자의 인상, 말투, 표정, 그리고 느낌까지 전하는 블로거의 글에 더 큰 재미와 공감을 느낀다. 또한 요즘은 포털 검색에서도 뉴스보다 블로그의 글이 더 상위에 올라오는 경우가 많다. 뿐만 아니라 일회성으로 지나가버리는 뉴스에 비해 블로그의 글은 훨씬 오랜 기간 동안 끊임없이 검색을 통해 많은 사람에게 읽힌다는 강점도 있다.

그럼에도 아직 블로거는 기자에 비해 환영받지 못할 가능성이 높다. 사실 '갱상도 블로그'에 속한 블로거들은 나름대로 영향력을 가진 파워블로거로 구성돼 있지만, 아직은 개인블로거가 후보자를 인터뷰하자고 하면 거절당할 확률이 높다. 블로그의 영향력이 신문기자에게 못 미친다는 말이 아니라, 블로그나 소셜미디어의 영향력을 잘 모르는 후보자나 그의 캠프 관계자들 인식이 그렇다는 것이다. '합동' 인터뷰 형식을 택한 것은 그런 이유에서다.

그래서 일단 경남에서 활동하는 블로거들에게 의향을 물어봤다. 다들 좋다고 했다. 블로거는 기자들처럼 '전업'이 아닌지라 매일 할 수는 없고, 1주일에 한두 번 정도로 할 경우 경남도지사 후보 셋, 통합 창원시장 후보 셋, 이렇게 여섯 명 정도는 투표일까지 무난히 소화할 수 있다. 그래서 우선 도지사와 창원시장 후보를 모두 릴레이 인터뷰한다는 계획을 잡고, 여력이 될 경우 경남도교육감 후보까지 해보자는 생각이다.

먼저 인터뷰 당일 아침 야권단일후보로 결정된 민주노동당 문성현 후보가 제일 먼저 성사됐다. 장소는 후보의 선거캠프로 약속하고 미리 블로거들의 질문을 취합했다. 취합된 질문은 하루 전날 후보 측에 전달됐고, '100인닷컴'에도 공개됐다.

2010년 5월 3일 오후 4시, 창원시 중앙동 한국일보 빌딩 5층에 있는 문성현 후보 캠프에 여덟 명의 블로거들이 모였다. 두 시간 가량 질문과 답변이 오갔고, 재미있는 일화나 에피소드도 나왔다. 인터뷰를 마치고 나니 저녁 6시가 넘어 있었지만, 선거법을 확실히 준수하기 위해 블로거들끼리 밥을 먹었다. 물론 밥값은 우리가 부담했다.

이튿날부터 블로거들의 인터뷰 기사가 쏟아지기 시작했다. 제일 먼저 인터뷰 전문(全文)을 인터넷에 띄웠고, 이후 올라오는 각 블로거의 인터뷰 글을 메인페이지 우측 사이드바 상단에 배치했다. 이 글들은 투표일까지 계속하여 메인에 걸려 유권자들의 선택을 돕는 역할을 할 것이다.

지금까지 모두 여덟 건의 글이 올라왔고, 포털 검색에서도 상위에 배치되고 있다. 또한 다음 뷰와 경남도민일보 메타블로그인 '갱상도 블로그' 에도 노출됐다.

다음 인터뷰는 미래연합 경남도지사 후보인 이갑영 후보로 정해졌다. 5월 6일 오후 4시 창원시 용호동 이 후보 사무실에서 열린다. 또한 한나라당 이달곤 후보와 무소속 김두관 후보도 날짜를 섭외 중이다. 만일 인터뷰를 거절하는 후보가 있으면 그 경위도 올릴 예정이다. 유권자인 독자 여러분의 많은 관심과 조언 부탁드린다.

블로그도 열심히 하면 직업이 된다

2010. 5. 22

"취미를 10년 하면 직업이 된다는 말이 있잖아요. 정말 그런 것 같아요. 저는 6년밖에 안 했는데 이게 직업이 되었으니까요."

생태전문 블로거 크리스탈(안수정) 님은 막 40대에 접어든 아줌마다. '크리스탈' 은 그의 이름 '수정' 에서 따온 것이다.

'경남블로그공동체(경남블공)' 와 '100인닷컴' 이 개최한 '시민을 위한 무료 블로그 강좌' 에 강사로 나선 크리스탈 님은 생태블로그의 생태와 생태사진 촬영기법에 대해 아주 알기 쉽게 설명해주었다. 그의 강의를 듣고 '요리' 와 '일상' 분야가 대부분일 것으로 생각했던 '와이프로거' 에 대한 선입견이 깨졌다.

그는 2005년부터 네이버에 '크리스탈 블로그' 를 개설해 운영하면서 지금까지 모두 2600여 건의 사진과 글을 올렸다. 주로 곤충과

들꽃, 나무, 새, 동물에 관한 내용이다.

"작년 9월에 김주완 기자와 이종은 소장의 강권에 못 이겨 티스토리에도 같은 이름의 블로그를 개설했어요. 그때부터 두 개의 블로그에 사진과 글을 동시에 올리고 있죠."

그는 또한 2006년에 개설된 네이버카페 '곤충나라 식물나라'의 매니저이다. 곤충에 관한 한 최고, 최대의 카페인 이곳의 멤버는 6300명이 넘는다.

"카페가 좋은 점은 이름을 모르는 식물이나 곤충 사진을 올려놓으면 많은 전문가들이 동정(同定: 생물의 분류학상의 소속이나 명칭을 바르게 정하는 일)을 해준다는 거죠."

그는 블로그와 카페가 한 평범한 아줌마의 인생을 바꾸었다고 말했다.

"가정 일을 하는 주부로서 블로그와 카페가 없었더라면 어떻게 이렇게 많은 사람을 만날 수 있었을까요? 생태 관련 마니아들과 곤충 관련 학계의 석 · 박사들, 그리고 사회 저명인사 등과 인맥을 형성하게 되었죠. 또 이를 계기로 20년 만에 다시 대학원 박사과정에 진학하게 되었습니다."

그는 지금 경상대학교 대학원 응용생물학과 곤충 전공 박사과정을 밟고 있다. 학부와 석사 과정도 응용생물학이었으니 자연스레 전공을 찾은 셈이다. 생태전문 블로그를 운영하다 보니 저절로 관련 일도 생겼다. 생태해설사라는 직함도 생겼고, 학생들의 생태체험 캠프나 각종 답사에 단골로 초청받는 인사가 됐다. 또 낙동강환경유역청에서 위촉한 환경강사로 학교나 단체의 강연도 다니고 있다. 생태해설사 양성과정의 강사로도 활동한다.

뿐만 아니라 그동안 블로그에 쌓아두었던 곤충과 식물 사진을 판매하여 얻는 수입도 쏠쏠하다.

“처음에는 돈을 생각하지 않고 한 일이지만, 사진이 돈이 되더라고요. 과학책이나 도감, 리플렛, 학습지 등에서 사진 사용권을 구매하는 경우가 많아요. 함평 나비축제의 입장권에 제 사진이 실리기도 했죠. 보통 한 장씩 단건 판매가 많지만, 단행본 책에 실을 사진을 수십 장씩 세트로 구매하는 경우도 있어요.”

궁금했다. 얼마씩 받을까? 그래서 물었다. 수정 씨는 의외로 순순히 대답해줬다.

“단건 판매는 장당 5~6만 원씩 받아요. 상업용 화장품 용기 라벨에 들어가는 사진은 10만 원을 받은 적도 있어요. 세트로 팔면 좀 할인이 되죠. 얼마 전 한 출판사에 70장 세트로 구매해서 총 250만 원을 받았죠. 그 돈은 제 다음 학기 등록금으로 고이 보관하고 있죠.”

사진이 좋은 점은 똑같은 사진을 여러 번 계속 판매할 수도 있다는 것이다. 저작권을 파는 게 아니라 사용권을 파는 것이기 때문이다. 그러나 아직은 많은 출판사들이 블로거가 찍은 사진을 책에 실어주는 것만으로 마치 선심 쓰듯 무료로 달라고 하는 경우도 많다고 한다. 그럴 경우 “제 사진은 유료입니다. 그래도 관심 있으면 연락 주세요”라고 응답한다고 한다.

“출판사에서 책을 내자는 제의도 종종 들어와요. 하지만 돈보다도 더 좋은 것은 블로그를 통해 제가 살아 있는 것을 느끼고, 제가 사회에서 뭔가 하고 있다는 걸 느낀다는 거죠. 그래서 블로그가 저에겐 친구 같고 고마운 존재예요.”

여기서 자신의 블로그에 대한 설명이 끝났다. 여기까지 듣고 난 뒤 드는 생각. '와~. 생태전문 블로그야말로 확실한 노후대책이 될 수도 있겠구나. 곤충과 식물은 크리스탈 님이 이미 선점했으니, 다른 틈새는 뭐가 있을까?'.

이어 '사진 잘 찍는 법'에 대한 강의로 넘어갔다. 다음은 크리스탈 님의 사진 강의를 메모한 것들이다.

"사진은 초점이 흐리면 버려야 한다. 초점을 정확히 맞춰야 한다. AF를 싱글 중앙초점으로 맞춰라."

"반 셔터를 이용하여 구도를 잡아라. 반 셔터 소리가 나면 바로 눌러라. 특히 컴팩트카메라는 셔터를 누르고 나서도 손을 움직이지 마라."

"광(빛) 위치를 파악하고 찍어라. 특별한 경우가 아니면 순광이나 측광으로 찍는 게 좋다. 석양에 사람의 실루엣을 강조하려면 역광이 예쁘다. 하지만 그 외엔 사람을 역광으로 찍으면 안 된다. 스튜디오에서 찍는 사진은 측광으로 찍어 약간의 그림자를 보이게 하는 경우가 많다."

"식물 접사는 60mm, 곤충은 너무 가까이 다가가면 도망가기 때문에 대개 105mm 접사렌즈로 찍는다."

"초보일 땐 P모드에 놓고 노출을 조정하여 찍으면 좋다."

"사진을 잘 찍기 위해선 일단 많이 찍어봐야 한다. 그리고 생각하면서 찍어야 한다. 또한 무조건 대충 많이 찍어 그중 하나를 건지려 하기보다는 하나하나 정성을 다하여 찍어야 한다. 마지막으로 마음을 담아서 찍어야 한다. 사진은 대상을 얼마나 좋아하고 사랑하느냐에 따라 달라진다. 아빠가 딸을 찍으면 뭔가 사진이 살아 있는 것처럼 보이는 것도 그런 이치다. 곤충을 사랑하고 곤충들의 습성을 이해하고 찍으면 더 좋은 사진이 나온다."

다년간 환경 강사로 연단에 서본 경험 덕분인지 그의 강의는 매끄러웠고 재미도 있었다. 환경이나 생태 강의뿐 아니라 주부들을 대상으로 한 블로그 전문강사로 나서도 좋겠다는 생각이 들었다.

영국 언론의 '백팩 저널리즘'을 아시나요? [redacted]

2011. 7. 18

영국의 대표적인 신문 중 하나인 《가디언》(The Guardian)은 1821년 《맨체스터 가디언》(Manchester Guardian)이라는 지역신문으로 시작해 전국지, 나아가 세계적인 신문으로 성장했다. 이런 종이신문의 성장 신화는 《가디언》의 편집자이자 소유주였던 존 스콧의 철학에 기반한 정론지 전략이 영국민의 마음을 얻었기 때문이다.

스콧은 말한다. "언론은 근본적으로 정직성, 청렴성, 용기, 공정함, 독자와 지역사회에 대한 의무감을 지녀야 한다. 코멘트는 자유이지만 사실은 신성시해야 한다. 반대편의 목소리도 친구의 목소리만큼이나 귀를 기울여야 한다."

이런 《가디언》이 최근에는 세계에서 가장 앞서가는 뉴미디어 전략으로 다시 주목받고 있다. 《가디언》의 모든 기자는 백팩(back pack) 저널리스트가 되어야 한다. 기자가 펜과 수첩만 갖고 다니던 시대는 지났다는 것이다. 취재가방(back pack) 안에 카메라는 물론 동영상 장비에다 실시간 중계 시스템까지 완비해야 한다는 것이다.

가디언그룹의 지역계열사였으나 지난해 초, 트리니티 미러그룹으로 매각된《맨체스터 이브닝뉴스》 이안 우드 편집부국장은 우리와 만난 자리에서 이렇게 말했다.

"회사는 백팩 저널리즘을 요구하지만, 처음에는 기자들의 호응이 좋지 않았어요. 사진과 동영상은 어떻게 했느냐고 물으면 항상 잊어버리고 놓고 왔다고 변명했지요. 그런데 전화기를 잊어버리는 일은 거의 없었죠.(웃음) 다행스러운 것은 스마트폰 시대가 되면서 모바일 기기 하나로 오디오와 사진, 동영상 기능이 결합돼 더 이상 기자들의 변명이 통하지 않는 상황이 됐다는 거죠. 하하."

지금 한국 기자들,《경남도민일보》 기자들도 마찬가지다. 여전히 '펜 기자' 의 마인드에 머물러 있는 사람이 많다.《가디언》 사례는 기자도 이제 멀티플레이어로 변하지 않으면 살아남을 수 없다는 것을 보여준다.

《맨체스터 이브닝뉴스》는 축구스타 박지성이 뛰고 있는 맨체스터에서 발행되는 지역신문이다. 이 신문은 2010~2011 FA컵에서 우승한 프로축구팀 맨체스터 시티의 행사에서 트로피에 GPS 기능이 있는 휴대전화를 놓고 이동경로를 실시간 중계한 서비스가 큰 호응을 얻기도 했다. 백팩 저널리즘의 성과였다.

이 신문은 트위터를 통한 실시간 현장 중계 방식의 '라이브 블로그' 도 운영한다. 지난 18개월간 300개 이상의 현장 상황을 라이브 블로그로 실시간 중계해 27만 명 이상의 독자 반응을 이끌어냈다고 한다.

이안 우드 부국장은 "모바일로 찍은 15초짜리 짧은 영상은 화질도 별로 좋지 않지만 많은 사람이 좋아한다" 면서 이렇게 되물었다. "우리보다 IT 산업이 더 발달해 있는 한국 신문들도 당연히 그렇게 하고 있죠?" 나를 포함해 그 자리에 있던 한국 언론인들은 꿀먹은 벙어리가 되고 말았다.

《가디언》은 이미 2006년 종이신문 이미지에서 벗어나 스스로 디지털 회사임을 선언하고 웹 우선 정책(Web first policy)을 표방했다. 선(先) 온라인-후(後) 페이퍼가 그것이다. 종이신문 마감시간을 없애 버린 것이다. 다만 독점보도에 대해서만 웹에 올리는 시간을 보류할 수 있도록 했다. 그런 노력의 결과 《가디언》은 영국에서 BBC를 제외하고 가장 많은 온라인 사용자를 확보했고, 영국뿐 아니라 미국 등 영어권 국가들의 사용자까지 끌어들이고 있다.

《가디언》 웹사이트의 또 다른 성공 키워드는 블로그를 이용한 커뮤니티였다. 《가디언》은 현재 3000명이 넘는 블로거와 1000여 명의 전문가 블로그를 운영함으로써 온라인 의제설정을 주도하고 있다. 고백하건대, 이러한 《가디언》의 블로그 전략을 응용해 2008년 《경남도민일보》가 선보인 것이 '1인 미디어 지역공동체' 를 표방한 메타블로그 '갱상도 블로그(갱블)' 였다.

그러나 영국의 지역신문이 《경남도민일보》와 다른 점은 뉴스 유료화보다는 많은 방문자를 확보해 광고 수익을 내는 데에만 의존하고 있다는 것이었다. 물론 그들의 규모에선 그럴 수 있지만, 그들 역시 온라인에서 만족할 만한 수익을 올리지 못하는 데 대해서는 고민하고 있었다. 뉴스 유료화에 대한 질문에서 이안 우드 부국장은 "(다른 언론매체의) 성공 사례를 기다리고 있다" 고 소극적으로 답변했다.

현재 《맨체스터 이브닝뉴스》의 전체 수익 가운데 종이신문이 차지하는 비중은 95%, 온라인은 5% 정도였다. 2년 후 온라인 수익을

20%까지 끌어올리는 것이 목표라고는 하지만 확신은 없어 보였다. 온라인 광고의 종류는 종이신문에 실린 광고를 온라인에서도 서비스하는 패키지광고나 배너광고, 클릭 수에 따라 돈을 받는 CPC(Cost Per Click, 클릭당 과금) 방식의 키워드 광고 이렇게 세 가지였다. 이는 트래픽 장사에 목을 매는 우리나라 여느 신문사와 다를 바 없었다.

부록

지역신문 기자가 유념해야 할 것들

데스크의 역할

- 자기부서의 뉴스 흐름을 충분히 이해하고 장악하고 있어야 한다.
- 기자와 최소 하루 한 번은 통화하고 대화해야 한다. 취재 진행 상황을 수시로 물어보고 의논하고 자문해야 한다.
- 유능한 데스크 밑에 무능한 기자 없다.
- 후배 기자를 교육하고 훈련시키는 역할
- 기사의 포인트와 방향을 잡아주는 역할
- 취재 시 확인해야 할 것들을 짚어주는 역할
- 자신의 취재원 풀로부터 제보를 연결시켜주는 역할
- 떠오를 이슈를 잡아내고 그걸 의제화하는 역할 : 기획력
- 일을 균등하고 적절히 배분하고 쌈을 갈라주는 역할
- 그럼으로써 자기 부하를 빛나게 해주는 역할

지역신문 기자 수칙

- 기자는 사회의 흐름과 맥락을 짚어낼 수 있어야 한다.
- 기자의 능력은 좋은 기삿거리를 찾아내는 능력이다.
- 양질의 다양한 취재원 풀을 많이 확보하는 게 기자의 경쟁력이

다. 자기 핸드폰 전화번호를 SNS에 공개해두는 것도 좋겠다.

- 취재기자는 보도자료나 기자회견, 발생기사 외에 하루 한 건 이상의 기획기사를 출고해야 한다.
- 기자는 모든 분야에 대해 조금씩은 알아야 하고, 어떤 분야에서는 전문가가 되어야 한다.
- 지역신문 기자는 지방자치 전문가가 되어야 하고, 적어도 지역의 역사는 공부해야 한다.
- 자기 분야의 전문 잡지 하나 정도는 구독해야 한다.
- 《미디어오늘》, 《기자협회보》, 《신문과 방송》 등 언론전문지를 읽고 언론계 흐름을 파악하고 있어야 한다.
- 자기가 좋아하지 않는 취재지시도 따라야 한다. 하고 싶은 것만 하고 싶으면, 1인 미디어 하면 된다.
- 부서장과 수시로 의논하고 자문받는 걸 게을리 하면 안 된다.
- 합동 취재의 경우에도 어떻게든 다르게 쓰거나 더 알차게 쓸 궁리를 해야 한다. 합동 취재에서도 특종이 나온다. 기자의 실력은 합동 기사에서 직접 비교된다.
- 양으로 승부 말고 횟수로 승부하자. 질긴 놈이 이긴다.
- 때때로 관찰자가 아닌 시민단체 집행위원장, 투쟁조직의 전략가 입장이 될 필요도 있다.
- 출입처는 의무방어구역일 뿐 배타적 권리구역이 아니다. 누구든 내 출입처에 들어와 취재할 수 있고, 나도 다른 출입처를 취재할 수 있다.
- 아무리 작은 액수라 할지라도 촌지를 받는 것은 생계를 위해 몸을 파는 것보다 나쁜 짓이다. 그것은 정신을 파는 짓이기 때문

이다.

- 갑과 을의 관계에서 을이 갑에게 주는 촌지나 선물은 뇌물이다. 기자와 취재원의 관계에서 취재원이 아무리 사회적 지위가 높아도 기자가 갑이다.
- 기자이기 이전에 고향 또는 학교의 친한 선후배 사이라 하더라도, 기자와 취재원의 관계라면 뇌물이 성립한다.
- 타 언론사 선배가 촌지를 주는 경우도 있다. 그것은 취재원으로부터 받은 촌지를 전달하거나, 경쟁사 기자를 '관리' 하기 위한 목적이 있으므로 역시 받아서는 안 된다.
- 촌지를 주려는 사람은 절대로 '촌지를 드리겠습니다' 라고 말하지 않는다. 온갖 그럴듯한 이유와 미사여구를 동원하기 마련이다.
- 촌지 좋아하는 기자를 존경하거나 두려워하는 취재원은 없다. 뒤돌아서서는 비웃거나 욕한다.
- 취재원과 식사를 하고 술을 마실 수도 있다. 그러나 유흥이 목적인 노래방이나 단란주점, 룸살롱 등은 통상적인 범위를 벗어나는 향응이므로 삼가야 한다.
- 밥이나 술을 마시더라도 세 번 얻어먹었다면 최소한 한 번은 사라. 그건 기자로서가 아니라 인간으로서의 도리다.
- 촌지를 거절할 때는 정중하고 진지하게 해야 한다. 그러나 받을 수 없는 이유를 분명하게 전달하라.
- 어쩔 수 없는 상황에서 촌지나 선물을 받았다면 기자회나 노동조합에 전달하라. 대신 돌려주거나 사회복지기관에 기탁하고 영수증 처리를 해준다. 이 경우에도 가급적 그 처리 결과를 알

려줘야 한다.

- 집으로 선물이 배달되어 왔을 땐 보낸 이를 확인한 후 수취 거절 및 반송 처리하고, 보낸 이에게 전화하여 받을 수 없는 이유를 정중히 설명하라.
- 취재기자는 이익단체나 영리단체 또는 관공서에서 운영하는 각종 위원회에 참여하지 마라. 공정한 보도에 영향을 미치기 때문에 기자윤리 위반이다.
- 비영리단체나 시민단체의 경우에도 의사결정에 영향을 미칠 수 있는 운영위원이나 간부를 맡으면 안 된다.
- 취재의 목적이 아닌 개인적인 일로 행정기관이나 기업체를 접촉할 땐 기자의 신분을 밝혀선 안 된다.
- 기자는 항상 겸손하되 고위직에게는 당당하게 대하더라도, 하위직일수록 고개를 숙여라. 그러지 않으면 낭패를 당할 수 있다.
- 기자는 공인이다. 사생활에서도 문제가 생기면 안 된다.
- 취재원과 싸울 수도 있다. 그러나 기자의 품위를 잃을 정도로 싸우면 기사의 객관성을 의심받게 된다.
- 취재원과 쓸데없이 논쟁하거나 지식과 정보를 자랑하지 마라. 감정과 주장을 드러내지도 마라. 기자는 기사로 말할 뿐이다.
- 자신이나 자신의 가족이 부당한 일을 당했을 경우, 직접 취재하지 말고 동료기자에게 취재와 기사작성을 넘겨라.
- 아무리 믿을 만한 사람이라도 일방의 이야기에 현혹되어선 안 된다. 반드시 쌍방의 말을 듣고 제3자의 객관적 견해까지 들어라.
- 비판기사의 경우 크로스체크는 필수적이다. 또한 비판대상의

반론을 반드시 첫 기사 속에 포함시켜야 한다.

- 출입처에서 중요하게 여기는 기사가 독자에게는 무의미할 수 있다. 출입처의 분위기와 논리에 매몰되지 마라.
- 친구와 아내, 남편, 형제에게 기사를 보여주고 반응과 관심도를 체크하라. 그들의 반응이 일반 독자의 반응과 가장 가깝다.
- 취재원과의 거리는 '불가원 불가근(不可遠 不可近)'을 지켜라.
- 학연을 중시하는 한국사회에서 자신의 모교를 비판할 수 있어야 진정한 기자라 할 수 있다.
- 기자는 아무나 만날 수 있고 무엇이든 물어볼 특권도 있다. 그러나 답을 강요할 권한까지는 없다. 답을 하지 않을 수 없도록 만드는 것이 기자의 능력이다.
- 기자실은 취재 편의를 위해 세금을 내는 독자들의 힘으로 주어진 공간이다. 항상 감사하는 마음으로 기자실을 이용하라.
- 취재를 하는 동안에는 항상 그 기사의 제목을 무엇으로 잡을 것인지를 생각하라. 취재를 마친 후 이동하는 동안에는 기사의 첫 문장을 생각하라.
- 취재를 마친 후에는 사후취재를 위해 반드시 취재원의 개인연락처를 확보하라.
- 사람의 이름이나 기관 또는 단체명을 틀리게 쓰는 것은 치명적이다. 거듭 확인하고 확인하라.
- 중요한 인물을 만났을 때는 당장 필요하지 않더라도 사진을 찍어둬라.
- 큰 기사라고 생각하면 단발로 그치지 말고, 첫 기사를 쓸 때부터 2보, 3보를 염두에 둬라.

- 중요한 사안은 데스크가 요구할 때 언제든 해설기사를 쓸 수 있도록 충분히 사안의 본질을 취재하라.
- 특종을 잡았을 땐 보안에 주의하고 견즉살(見卽殺)하라. 아끼면 똥 된다.
- 좋은 기획안이 떠올랐다. 그러나 내가 떠올릴 정도라면 경쟁자도 이미 떠올렸을 수 있음을 항상 명심하라.
- 나의 담당분야나 출입처와 관계없이 기삿거리를 목격했다. 즉시 데스크에게 보고하라.
- 내가 아는 정보를 사내 동료나 선후배에게 떠벌려라. 거기에서 좋은 기삿거리가 나온다.
- 단순한 사안이라도 그것의 사회적 의미를 찾아내려고 노력하라. 견(見)하지 말고 관(觀)해야 기사가 커진다.
- 사무실에서 전화로 제보를 받았다. 어떤 수를 쓰든지 제보자의 연락처를 확보해라.
- 항상 메모하라. 자다가도 벌떡 일어나 메모하는 습관을 길러라.
- 기사의 가치는 인류의 보편적 가치이지, 실정법이 아니다. 법이 잘못됐으면 법을 고치라고 써야 하는 게 기자다. 기자는 법관이 아니다.
- 돈에 주목하라. 사람을 만나면 한 달 수입부터 묻고, 단체에 대해서는 어떤 돈으로 운영하는지부터 묻는 습관을 가져라.
- 지역신문 기자라면 무엇보다 지방자치에 대한 확실한 소신을 가져야 한다.
- 기사가 가져올 정치적 파장을 미리 걱정하지 마라. 기자는 정치인이 아니다.

- 작은 낙종에 연연하지 마라. 땟거리에도 연연하지 마라. 다만 낙종에 대해선 더 큰 특종으로 갚아주겠다는 근성을 가져라.
- 낙종을 했을 땐 데스크에게 자진 납세하라. 질책이 있을 때까지 시치미를 떼고 있는 건 비겁한 짓이다.
- 낙종을 했을 땐 자존심을 굽히고 특종한 기자를 구슬러 취재경위를 취재하라. 나에게 피가 되고 살이 되는 것이다.
- 기사는 어차피 새로운 동기가 생겼을 때 또 쓰는 것이다. 낙종을 한 후 '예전에 이미 썼던 기사'라고 변명하지 마라.
- 정정과 반론에 인색하지 마라. 옹졸한 짓이다.
- 기사를 쓸 때에는 주어와 술어가 호응하는지를 항상 확인하라.
- 초등학생 정도가 읽고도 이해할 수 있는 문장을 쓰도록 노력하라.
- 한 문장에는 가급적 하나의 의미만 담아라.
- 내가 확실히 이해하지 못하는 내용은 아예 쓰지 마라. 모르는 용어도 쓰지 마라.
- 단어 앞에 들어가는 수식어는 하나 이상 넘어가면 안 된다.
- 컴퓨터 상에서 문장의 길이가 두 줄을 넘어가면 길다. 가급적 두 문장으로 나눠 쓰라.
- 다 쓴 후에는 반드시 읽어보고 중복되거나 호흡이 막히는 데가 있으면 고쳐 쓰라.

다 써놓고 보니 좀 민망하다. 자랑만 늘어놓은 것 같아서다. 좀 걱정되기도 한다. 이런 책까지 내놓고 《경남도민일보》를 지역신문의 성공 모델로 만들지 못하면 어떤 비난을 감수해야 할지도 모르겠다. 그러나 여는 말에서도 못 박았듯이 결단코 성공 모델이나 성공 사례가 아니다. 어떻게든 '언론의 정도(政道)를 지키면서도 살아남기 위한 몸부림 사례' 정도로 봐주시면 좋겠다.

사실 지금까진 운이 좋은 편이었다. 2010년 이후 우리가 시도했던 새로운 사업 중 명백히 실패라고 할 만한 건 없었다. 인터넷 뉴스 부분적 유료화의 경우, 성공이라 할 순 없겠지만, 그 정도 저조한 결제 실적(1500여 명 결제)은 이미 예상했던 터였다. 결국은 돈을 내고도 안 볼 수 없는 기사를 생산하지 못한 우리 탓이다.

지금까지 해온 일보다 앞으로 해봐야 할 일도 많다. 인물 스토리텔링도 좀 더 심화하여 확대해나가야 하고, 지역 관광 스토리텔링, 문화예술 스토리텔링, 심지어 건축물 스토리텔링까지 해보고 싶다. 또한 우리지역의 대표적인 향토기업인 (주)무학과 공동으로 하고 있는 경남 인문지리지 '경남의 재발견' 같은 기획을 좀 더 세분화하여 각 분야별로 해볼 궁리도 하고 있다.

또한 《남해신문》, 《남해시대》 같은 지역주간지가 하고 있는 축하광고 시장도 개척해보고 싶고, 《제주일보》, 《한라일보》, 《제민일보》

등이 하고 있는 결혼광고 시장도 경남에 이식해보고 싶다. 2012년 지역신문 컨퍼런스에서 《원주투데이》 오원집 대표가 발표한 '실패 사례' 인 '지역 포털사이트 구축 사업' 을 우리가 재도전하여 '성공 사례' 로 바꿔보고 싶기도 하다. 또한 영국의 지역신문들처럼 우리가 시 · 군 단위의 주간신문을 흡수할 순 없더라도, 기존의 주간신문들과 네트워크를 만들어 서로 윈윈하는 모델을 만들어보면 어떨까 싶기도 하다.

우리 조직 내부에선 전문기자를 많이 키우고 싶다. 특히 지방자치 · 지방분권 전문기자, 역사 전문기자, 아파트 전문기자, 인물 전문기자, 문화 전문기자 이런 분야 말이다. 그들의 전문성으로 해당 분야 대학교수들과 대등하게 맞장을 뜰 수 있는 수준 높은 신문을 만들고 싶다.

지극히 개인적으로는 편집국장 임기를 잘 마치고 일선 기자로 돌아가 마음껏 취재하고 마음껏 쓰고 싶다. 그때 우리 구성원들이 받아줄는지는 모르겠지만….